Seleção dos textos

FREI CLARÊNCIO NEOTTI

Santo Antônio
MESTRE DA VIDA

EDITORA
SANTUÁRIO

DIRETORES EDITORIAIS:
Carlos da Silva
Marcelo C. Araújo

EDITORES:
Avelino Grassi
Roberto Girola

COORDENAÇÃO EDITORIAL:
Denílson Luís dos Santos Moreira

COPIDESQUE:
Ana Lúcia de Castro Leite

DIAGRAMAÇÃO:
Juliano de Sousa Cervelin

Dados Internacionais de Catalogação na Publicação (CIP)
(Câmara Brasileira do Livro, SP, Brasil)

Neotti, Clarêncio
    Santo Antônio: Mestre da vida / Seleção dos textos Clarêncio Neotti. – Aparecida, SP: Editora Santuário, 2007.

    ISBN 978-85-369-0101-5

    1. Antônio, Santo, 1195-1231 2. Antônio, Santo, 1195-1231 – Sermões I. Título.

07-4007   CDD-282.092

Índices para catálogo sistemático:

1. Sermões: Santos: Igreja Católica: Biografia
e obra 282.092

4ª impressão

Todos os direitos reservados à **EDITORA SANTUÁRIO** – 2020

Rua Pe. Claro Monteiro, 342 – 12570-000 – Aparecida-SP
Tel.: 12 3104-2000 – Televendas: 0800 - 0 16 00 04
www.editorasantuario.com.br
vendas@editorasantuario.com.br

SUMÁRIO

Introdução 7

Abreviaturas 13

Acolhimento 19

Adulação 20

Alegria 21

Alma 23

Amor 34

Anjos 42

Arrependimento 46

Avareza 48

Batismo 52

Bem 54

Boas Obras 57

Bondade 62

Caridade 63

Castidade 70

Cobiça 73

Concórdia 75

Concupiscência 76

Confissão/Contrição 77

Consciência 80

Contemplação 82

Cruz 85

Desapego 89

Detração 91

Deus Pai 94

Diabo 99

Doçura 102

Elogio 104

Esmola 106

Esperança 110

Espírito Santo 112

Eucaristia 119

Fé 121

Fidelidade 127

Fortaleza 128

Graça 131

Gula 136

Hipocrisia 138

Humildade 141

Igreja 155

Inferno 157

Inteligência/Entendimento 159

Inveja 163

Ira 164

Jejum 167

Jesus Cristo 169

Juízo final 194

Justiça 197

Liberdade 200

Luxúria 203

Maldade 206

Mandamentos 208

Mansidão 210

Maria 212

Misericórdia 224

Morte 234

Obediência 239

Ociosidade 242

Oração 244

Orgulho 247

Paciência 249

Palavra de Deus 255

Paraíso 258

Paz 261

Pecado 264

Penitência 274

Perdão 278

Perseverança 280

Piedade 282

Pobreza 284

Pregação 292

Preguiça 296

Providência 298

Prudência 299

Reconciliação 303

Reino dos Céus 306

Ressurreição 307

Riquezas 310

Sabedoria 318

Sagrada Escritura 321

Santidade 324

Santíssima Trindade 326

Sentidos 330

Serviço 332

Soberba 334

Sofrimento 340

Temor de Deus 344

Temperança 346

Tempo 348

Tentação 349

Unidade 352

Usura 353

Vaidade (Vanglória) 356

Verdade 359

Vício 362

Vida 364

Virtude 367

Vontade 372

INTRODUÇÃO

Em 1999, publiquei o livreto *Ensinamentos e Admoestações*. Eram pensamentos tirados dos esquemas de sermões de Santo Antônio. O livro, tamanho de bolso, tinha 150 páginas. Está inteiramente esgotado. Retomo agora o assunto em livro maior. Repassei todos os sermões. Escolhi. E, já pelo fato de escolher, inevitavelmente terá entrado meu gosto, minha ideologia, minha visão das coisas sagradas e profanas. Mas procurei ser fiel ao pensamento teológico, moral e eclesial de Santo Antônio.

Tenho consciência de que, ao tirar uma frase de dentro de um contexto, posso estar exprimindo outros sentidos que não os do contexto. Isso acontece a todos os pregadores e teólogos, quando citam uma passagem da Sagrada Escritura ou dos Santos Padres ou até mesmo de documentos recentes da Igreja. Para que o leitor possa, se sentir necessidade, ir ao contexto, cito, depois de cada pensamento sua proveniência, localizável nos três volumes editados pela Editorial Franciscana de Braga, Portugal, por ocasião do oitavo centenário do nascimento de Santo Antônio, celebrado em 1995.

Nosso Santo não tem livros publicados. O que temos dele são esquemas de sermões, escritos para seus alunos de teologia, mas escritos com intenção de editá-los. Coisa que não conseguiu fazer, porque morreu antes de terminar a obra. Falta a redação de vários esquemas. Os sermões estão escritos em latim medieval. Servi-me da tradução do padre franciscano Frei Henrique Pinto Rema, tendo consultado o texto latino, quando achei melhor, para a compreensão dos brasileiros, trocar alguma palavra ou mudar a posição das palavras dentro da frase. Algumas vezes omiti pedaços internos da frase, que enxertavam pensamento novo ou eram complementos circunstanciais que mais dificultavam a compreensão do que traziam acréscimos de esclarecimento.

Dispus os pensamentos sob itens, que se sucedem por ordem alfabética, começando por "Acolhimento" e concluindo com "Vontade". O leitor perceberá, pela diferença de tamanho dos itens, por onde caminha o interesse de Santo Antônio em suas pregações. Há temas, sobretudo de comportamento moral, que voltam com insistência marteladora. Entre eles, os temas humildade/soberba, pobreza/riqueza, caridade/usura, boas obras/avareza, mansidão/ira, obediência/vontade própria. Impressiona a ternura com que o Santo fala da Virgem Maria e a clareza de fé ao pregar Jesus Cristo, Filho de Deus feito homem por obra e graça do Espírito Santo.

Há temas que raramente aparecem, como o do batismo, o do matrimônio e o da crisma. Não me lembro de ter encontrado uma vez sequer o tema do Sacramento da Unção. Diferentemente de outros grandes oradores sacros, Santo Antônio cita, muitas vezes, filósofos e poetas latinos. Pagãos, portanto. Aproveita-se dos vários campos da ciência, como a zoologia, a botânica, a semântica, a mineralogia, a biologia e a medicina.

Aplica conceitos hoje totalmente superados e, por vezes, até ridículos. Mas era o conhecimento universal de sua época e Santo Antônio se mostra um grande estudioso de todas as disciplinas, sempre, porém, com olho na teologia, naquele tempo, sinônimo de Sacra Escritura.

Santo Antônio cita muito os Santos Padres. Quem são os Santos Padres? Há uma terminologia já fixa hoje, quando se fala dos grandes mestres da Igreja. Os escritores, que foram contemporâneos ou discípulos dos Apóstolos ou alunos dos discípulos dos Apóstolos, costumamos chamar de "Padres Apostólicos". São os grandes autores cristãos dos dois primeiros séculos da Igreja. Entre eles, podemos citar: São Clemente de Roma, Santo Inácio de Antioquia, São Policarpo de Esmirna, Pápias de Hierápolis, o Autor do livro conhecido como "Pastor de Hermas", o Autor da Carta de Barnabé. O título "Padre (ou Pai) da Igreja" é dado aos grandes mestres (bispos, sacerdotes ou leigos), que viveram do terceiro ao sétimo século. São muitos. Alguns receberam mais tarde o honroso título de "doutor da Igreja". Entre eles, podemos enumerar: Santo Atanásio, São Basílio de Cesareia, São Gregório de Nazianzo, São Gregório de Nissa, São Gregório Magno, São João Crisóstomo, São João Damasceno, Santo Ambrósio, Santo Agostinho, São Jerônimo, Santo Isidoro de Sevilha, São Leão Magno, Santo Hilário de Poitiers. Deles, os mais citados por Santo Antônio são: Santo Isidoro de Sevilha († 636), Santo Agostinho († 430), Santo Ambrósio († 397), São Gregório Magno († 604) e São Jerônimo († 420). Entre os grandes mestres, posteriores aos Santos Padres e anteriores a Santo Antônio, ele cita, sobretudo: São Bernardo († 1153), São Beda Venerável († 735), São Germano de Constantinopla († 733), Papa Inocêncio III († 1216), Pedro Lombardo († 1160), Ricardo de São Vítor († 1173).

Não sei de outro orador sacro que tenha usado tanto de simbolismos como o nosso Santo. Há páginas inteiras que chegam a dar a impressão de um verdadeiro futebol de símbolos, que ele adapta conforme a necessidade. Esta é uma das razões de serem seus textos tão difíceis. Evidentemente, embora sendo uma só pessoa, um é Frei Antônio autor desses esquemas professorais de sermões, ricos de sabedoria e de ciência humana, e outro era o Frei Antônio que arrebatava as multidões, como anota a *Legenda Assídua* (escrita em 1232): "Todos e cada um escutavam com tão grande desejo o que dizia que, não obstante muitas vezes, como consta, assistirem à pregação trinta mil pessoas, nem sequer se ouvia um sinal de clamor ou murmúrio de tão grande multidão; pelo contrário, num silêncio prolongado, como se fora um só homem, todos escutavam o orador com os ouvidos da mente e do corpo atentos" (n. 7). Outra Legenda, chamada *Benignitas* (escrita em 1280), observa: "Numa linguagem fluente e inflamada, a todos dirigia a doutrina e os conselhos mais apropriados. Às pessoas cultas expunha conceitos mais profundos e difíceis; com as pessoas de cultura mediana falava em linguagem mais acessível; e aos auditórios mais rudes expunha os assuntos com tal clareza, que por assim dizer lhes metia as coisas pelos olhos adentro" (IX, 4).

Devo ainda observar que Santo Antônio cita muitas vezes a Escritura. Porém, nem sempre literal. Com o agravante de não usar a Bíblia oficial, mas as Glosas e anotações pessoais. Por isso, as citações nem sempre batem. Mais: as traduções modernas diferem bastante das antigas. Há citações em Santo

Antônio que constam, de fato, no latim da Vulgata, mas não constam mais nas versões recentes, porque se teve outro conceito do original grego ou hebraico. Adaptei o nome dos livros da Escritura e alguns números dos versículos.

Uma observação quanto à abreviação que aparece no final de cada pensamento. Trata-se da fonte. Por exemplo: **Ad** significa domingo do Advento. O número na frente diz se é o primeiro, segundo, terceiro ou quarto do Advento. O número atrás se reporta à divisão interna do sermão. Então, **1Ad 19** quer dizer que o pensamento foi tirado do sermão do primeiro domingo do Advento, n. 19. Para alguns domingos e festas, há dois sermões. Ao segundo apus a indicação **bis**.

Todas as orações que vêm no final de cada item são de Santo Antônio.

Há algumas famosas e antiquíssimas orações a Santo Antônio. Entre elas temos o chamado "Responso", que é do poeta franciscano Frei Juliano de Spira, falecido em 1235. Dou a tradução brasileira de Amélia Rodrigues:

1. Se milagres tu procuras
Pede-os logo a Santo Antônio
Fogem dele as desventuras,
O erro, os males e o demônio.

2. Torna manso o iroso mar,
Da prisão quebra as correntes,
Bens perdidos faz achar
E dá saúde aos doentes.

3. Aflições, perigos cedem
Pela sua intercessão;
Dons recebem, se lhos pedem,
O mancebo e o ancião.

4. Em qualquer necessidade
Presta auxílios soberanos;
De sua alta caridade
Fale a voz dos paduanos.

5. Glória seja dada ao Pai
Glória ao Filho, nosso Bem,
E glória ao Espírito Santo
Pelos séculos sem-fim, amém.

Abreviaturas dos domingos e festas:

Ad = Domingo do Advento
An = Anunciação
As = Assunção
Asc = Ascensão
Cn = Conversão de S. Paulo
Cp = festa da Cátedra de S. Pedro
Cr = Circuncisão de Jesus
Cs = Ceia do Senhor
Ep = Epifania
Epl = Epílogo
Es = festa de Santo Estevão
Ft = festa de S. Filipe e S. Tiago
Ic = festa da Invenção da S. Cruz
In = festa dos Santos Inocentes
Jb = festa de S. João Batista
Je = festa de S. João Evangelista
Nm = Natividade de Maria
Nt = Natal
Pl = Prólogo
Pn = Pentecostes
Pp = festa de S. Pedro e S. Paulo

Pr = festa da Purificação de Maria
Ps = Páscoa
Qc = Quarta-feira de Cinzas
Qn = Domingo da Quinquagésima
Qr = Quaresma
Rg = Rogações
Rm = Domingo de Ramos
Rs = Ressurreição
Sp = Domingo da Septuagésima
Sx = Domingo da Sexagésima

Talvez fosse bom lembrar que Santo Antônio viveu antes da criação das festas da Santíssima Trindade, Corpus Christi, Cristo Rei do Universo, antes da proclamação dos dogmas marianos da Imaculada Conceição e da Assunção corpórea de Maria ao céu. Nossa Senhora da Assunção ou da Glória era sua devoção predileta.

Acrescento algumas datas da biografia de Santo Antônio, sem maiores comentários:

1195: nasce em Lisboa. A data não é de todo segura. No Batismo recebe o nome de Fernando.

1210: termina os estudos secundários e entra no Mosteiro dos Cônegos Regulares de Santo Agostinho.

1212: transfere-se para Coimbra, onde se especializa em estudos bíblicos.

1218 ou 1219: é ordenado padre em Coimbra.

1219: passam por Coimbra cinco religiosos franciscanos a caminho de Marrocos. Pouco depois, seus corpos martirizados retornam, por Coimbra, à Itália. O monge Fernando deixa os Agostinianos e entra na Ordem dos Franciscanos, para ser missionário na África, e recebe o nome de Frei Antônio.

1220: embarca como missionário para Marrocos. Adoece gravemente e é devolvido à Europa em março de 1221. Uma tempestade desvia o navio para a Sicília, na Itália. Recolhido pelos Frades, recupera a saúde e parte para Assis, para encontrar-se com São Francisco, em fins de maio de 1221. Depois, vai trabalhar como hospedeiro e cozinheiro no pequeno convento de Montepaolo.

1222: começa sua vida missionária no norte da Itália e sul da França. Ensina Teologia aos Frades estudantes.

1226: no dia 3 de outubro, morre, em Assis, São Francisco.

1227: é eleito superior da província franciscana do norte da Itália. Cria fama de grande pregador, taumaturgo, defensor dos pobres e injustiçados. Sua chegada em cada cidade parava tudo: todos iam ouvi-lo pregar.

1228: prega os sermões quaresmais para o Papa Gregório IX e a Cúria romana.

1230: adoentado, fixa residência em Pádua. Dedica-se ao confessionário e à pregação nos arredores da cidade. Agrava-se sua saúde. Ainda consegue, e com imenso sucesso, pregar em Pádua a Quaresma de 1231. O município de Pádua assina um decreto de libertação dos presos por dívidas, a pedido de Frei Antônio, como vem expresso no texto do decreto.

1231: em maio/junho passa uma temporada de descanso em Camposampiero, não longe de Pádua. No dia 13 de junho, sexta-feira: falece no caminho entre Arcela e Pádua, quando retornava ao Convento, deitado num carro-de-boi. As crianças de Pádua, sem aviso prévio, saem pelas ruas, gritando: "Morreu o Santo! Morreu o Santo!"

No dia 17 de junho, terça-feira, é sepultado em Pádua e o povo durante semanas não se afastou de sua sepultura. Nasce a devoção ao glorioso santo às terças-feiras.

1232, dia 30 de maio, festa de Pentecostes, o Papa Gregório IX canoniza Santo Antônio, na Catedral de Espoleto.

1263, dia 7 de abril, seu corpo foi exumado para ser posto na basílica levantada em sua honra. Encontrou-se intacta sua língua.

1946, 16 de janeiro: o Papa Pio XII declara Santo Antônio doutor da Igreja.

Termino esta introdução explicativa, com o capítulo XII da *Legenda Benignitas*: "O nosso Santo pode ter sido de algum modo prefigurado no venerável patriarca Jacó, a respeito do qual fez este rasgado elogio seu pai Isaac – que bem poderia prefigurar o Pai São Francisco: '*A fragrância do meu filho é como o perfume dum pomar carregado de frutos e abençoado pelo Senhor*' (*Gn* 27,27). No meu entender, a graça da bênção divina também regou este campo e o tornou fecundo em múltiplos e perfumados frutos de virtudes, de modo a torná-lo excepcional em humildade, brilhante em sabedoria, facundo em eloquência, ardente na caridade, notável na pobreza, distinto na delicadeza, excelso em retidão, delicado no falar, manso na convivência; numa palavra: em tudo simpático tanto a Deus quanto aos homens".

Frei Clarêncio Neotti, OFM
Rio de Janeiro, Páscoa de 2007

ACOLHIMENTO

Acolhei-vos uns aos outros como também Cristo vos acolheu para a glória de Deus. Assim como Cristo recebeu os cegos, para lhes restituir a vista; os coxos para lhes dar o andar; os leprosos, para os purificar; os surdos, para lhes restituir o ouvido; os mortos, para os ressuscitar; os pobres, para os evangelizar, também nos devemos acolher uns aos outros. Se o teu próximo é cego pela soberba, quanto está em ti ilumina os seus olhos com o exemplo da humildade; se é coxo pela hipocrisia, põe-no direito por meio das obras da verdade; se é leproso pela luxúria, limpa-o com a palavra e o exemplo da pobreza do Senhor; se é morto pela gula e embriaguez, ressuscita-o com o exemplo e virtude da abstinência; aos pobres, porém, anuncia a vida de Cristo (*2Ad* 15).

> *Irmãos caríssimos, imploremos a Jesus Cristo que humildemente nos cure das enfermidades da alma e se digne acolher-nos junto de si, ele, que é bendito pelos séculos. Amém! (2Ad 15).*

* * *

ADULAÇÃO

Assim como o ouro se prova no fogo, o homem se prova na boca do adulador (*17Pn* 5).

Há três coisas que ensurdecem nosso ouvido: as palavras soberbas, as palavras de detração e as palavras de adulação. Para superar os aduladores, cinge-te com a lembrança da própria iniquidade, crendo mais na tua consciência do que na língua dos outros (*16Pn* 5).

O homem é o único animal a ter orelhas não móveis. Quando, porém, dá ouvido atento à adulação, é digno não do nome de homem, mas de animal bruto (*Pn* 8).

Roguemos, irmãos caríssimos, a Nosso Senhor Jesus Cristo, que livre o nosso espírito das cadeias do mundo e da carne. E, com um só espírito e uma só boca, honremos e glorifiquemos aquele de cuja glória está cheia a terra. A ele honra e glória pelos séculos eternos. Amém! (2Ad 5).

* * *

ALEGRIA

Ensina-nos o livro dos Provérbios (17,1): mais vale um bocado de pão seco com alegria, do que um vitelo gordo com discórdia (*As* 3).

Se resolves ir à feira das tribulações, onde se vendem as verdadeiras riquezas, vê antes se tens na bolsa do teu coração o preço da paciência e da alegria, com que possas comprar. Se não tiveres a paciência e a alegria, te aconselho não ires, porque voltarás sem nada. Se confias no preço, vai e compra (*9Pn* 3).

A alma, enquanto está diante de Deus, é como um jardim de delícias. Que delícia maior, que alegria maior pode existir no espírito da criatura humana do que estar diante dele, com o qual e no qual tudo o que existe verdadeiramente existe, sem o qual tudo o que parece existir nada é, e toda abundância é pobreza? (*3Qr* 17).

Onde há salvação, aí há riso. Isaac significa riso. Jesus é o nosso riso e seu nome significa salvação (*Cr* 8).

Diz o Salmo (105,3): *Alegre-se o coração dos que te procuram.* Jesus, se há alegria, no coração dos que te procuram, quanto mais no coração daqueles que te encontram? (*Ep* 5).

O jejum e a esmola devem fazer-se com alegria, a oração com a esperança da divina misericórdia (*Cp* 11).

O nascimento de santos traz alegria a muitos, porque é um bem comum; quer dizer, os santos nascem para utilidade comum (*Njb* 4).

A obediência deve ser rápida e alegre (*Njb* 10).

Roguemos, irmãos caríssimos, que o Senhor Jesus Cristo nos infunda a sua graça. Com ela peçamos e recebamos a plenitude da verdadeira alegria. Rogue ao Pai para que nos conceda a verdadeira religião, a fim de merecermos chegar à região da vida eterna. Auxilie-nos ele, que é louvável, princípio e fim, admirável, inefável pelos séculos eternos. Diga toda a religião pura e sem mancha: Assim seja. Aleluia! (5Ps 13).

* * *

ALMA

Criar é fazer alguma coisa do nada. Deus cria as almas do nada, porque, no dizer de Santo Agostinho, infundindo cria e criando infunde (*24Pn* 1).

A alma é um jardim, onde Cristo é o jardineiro e planta os sacramentos da fé; rega-a, quando a fecunda com a graça do arrependimento (*Pl* 3).

A alma, enquanto está diante de Deus, é como um jardim de delícias. Que delícia maior, que alegria maior pode existir no espírito da criatura humana do que estar diante dele, com o qual e no qual tudo o que existe verdadeiramente existe, sem o qual tudo o que parece existir nada é, e toda abundância é pobreza? (*3Qr* 17).

Diz a esposa nos Cânticos (6,7): *O meu amado desceu ao seu jardim.* O jardim do amado é a alma do justo, em que há o canteiro das plantas aromáticas, ou seja, a humildade, criadora das demais virtudes (*20Pn* 7).

Assim como do Pai procede o Filho, de ambos procede o Espírito Santo, assim da inteligência procede a vontade, e de ambas procede a memória; e não pode haver alma perfeita sem estas três coisas; nem uma só, no que respeita à beatitude, fica íntegra sem as outras. E assim como Deus Pai, Deus Filho e Deus Espírito Santo não três deuses, mas um só Deus, com três pessoas, assim também a alma-inteligência, a alma-vontade e a alma-memória não três almas, mas uma só imagem de Deus. Através destas faculdades superiores somos obrigados a amar o Criador. Deve-se retê-lo sempre na memória, à medida que é objeto da nossa inteligência e amor (*23Pn* 11).

Diz o Gênesis que Deus criou dois luzeiros, um grande e um pequeno (1,16), ou seja, duas espécies de criaturas racionais. O luzeiro grande é o espírito angelical; o luzeiro pequeno é a alma humana (*1Ad* 10).

Apesar de diversas funções, a alma é uma só substância. A alma toma nomes diversos, segundo os efeitos que produz. Enquanto vivifica o corpo, é alma; enquanto comanda, é vontade; enquanto sabe, é entendimento; enquanto julga o que é reto, é razão; enquanto espira, é espírito; enquanto sente alguma coisa, é sentido (*13Pn* 13).

O que há de mais caro ao homem do que a vida? A vida do corpo é a alma, a vida da alma é Cristo (*Ic* 7).

Afirma o Gênesis (2,7) que Deus inspirou no rosto um sopro de vida e o homem tornou-se alma vivente. O sopro de vida é a graça do Espírito Santo (*6Ps* 7).

As vestes da nossa alma são as virtudes (*2Qr* 11).

Quando revestida das virtudes, nossa alma é gloriosa aos olhos de Deus (*2Qr* 11).

A veste da alma é a fé, que é de ouro se for iluminada com o brilho da caridade (*5Pn* 13).

O linho finíssimo da castidade e a púrpura da Paixão do Senhor são o vestido da alma fiel (*4Ps* 4).

O manto da alma fiel tece-se com a candura da castidade, o brilho da humildade e o calor da caridade (*2Ps* 15).

A caridade é a vida da alma (*22Pn* 12).

O espinho fere, e ferindo faz sangue. Ora, o sangue da alma é a virtude. O avarento perde a vida da alma, quando amontoa riquezas (*Sx* 8).

Que há de mais suave do que as lágrimas que manam da doçura da contemplação? As lágrimas, ensinou Santo Agostinho, são o sangue da alma (*9Pn* 1).

A caridade e a humildade saciam a alma como a água sacia a sede. Quem as possuir não terá sede jamais (*Ps* 12).

O amor de Deus é a padaria da alma (*1Ep* 3).

A alma tem dois pés que a sustentam: a esperança e o temor (*24Pn* 11).

As virtudes são uma espécie de membros da alma. Alongam-se quando se aplicam a obras de caridade (*Je* 7).

Ninguém, a não ser Deus, pode encher a alma (*An bis* 11).

Assim como a raiz suporta a árvore, também a humildade sustenta a alma (*8Pn* 10).

O Espírito Paráclito pode comparar-se ao orvalho. Assim como o orvalho umedece suavemente o solo, o Espírito Santo penetra e refrigera a alma (*6Ps* 1).

Perde-se tudo o que se deita num vaso cheio. Também na alma, se estiver cheia da graça, não pode entrar o pecado (*An bis* 11).

Bem-aventurada é a alma que, vestida com a força vinda do alto, permanece forte na adversidade e na prosperidade e vence fortemente as forças do mal (*2Ps* 15).

Sair do mundo e ir a Cristo é superar os vícios e ligar a alma a Deus com os laços do amor (*5Ps* 12).

Por que nos afastamos do Senhor e dele nos esquecemos por tão longo tempo? Como isso é possível, se nossa alma é esposa de Cristo? (*5Qr* 14).

Enquanto a alma possui arrependimento, o diabo não lhe pode fazer mal (*3Qr* 9).

A avareza corrói a alma como a traça corrói o vestido (*6Ps* 4).
A misericórdia para com os pobres cura a lepra da avareza
e torna bela a alma (*2Ps* 6).

Se o coração é a sede da vida, a luxúria mata a alma (*4Ps* 10).

Não pode suceder pior mal à alma pecadora do que o
Senhor deixar o pecador na maldade do seu coração e não o
corrigir com o flagelo da sua paterna visita (*5Ps* 10).

A alma do justo é o assento da sabedoria. O Senhor descansa na alma, exalçada pela humildade, elevada das coisas
terrenas pela contemplação das eternas e então a casa dos
cinco sentidos enche-se da sua majestade. É que todos os
membros entram em repouso quando Deus descansa na
alma (*1Ad* 11).

Jesus Cristo, rei dos reis, tem seu trono na alma do justo
(*5Pn* 13).

Senhor Jesus, olha para o teu testamento. Para não morreres
sem testamento, com o teu sangue o confirmaste a teus filhos.
Concede-lhes que anunciem confiadamente a tua palavra. Não
abandones para sempre as almas remidas dos teus pobres, que não
possuem outra herança se não tu. Sustenta-nos com o báculo do
teu poder, porque são os teus pobres; conduze-os, não os abandones, não vão perder-se sem ti, mas dirige-os até ao fim, para
que, consumados em ti, que és fim, consigam chegar ao fim, a ti.
Levanta-te, Senhor, tu que agora pareces dormir, dissimulando os
pecados dos homens por causa do seu arrependimento. E julga

(isto é, separa, dentre os iníquos o grão da palha) a tua causa, a alma. Por ela foste conduzido a tribunal diante de Pôncio Pilatos. Lemos no salmo: *Julgaste e defendeste a minha causa*; e *Não te esqueças das vozes dos que te procuram* (*12Pn*14).

Se alguém tivesse no seu quintal uma árvore frutífera e bela, e o vento a arrancasse pela raiz, não se doeria? Com certeza. Quanto mais nos devemos doer, quando a nossa alma pelo vento da soberba é separada do seu Criador? (*Ep*10).

Há três coisas: o fogo, a panela e o alimento. O fogo arde junto da panela; o alimento está dentro da panela. O fogo, no momento, não toca no alimento, e, todavia, aquece-o, depura-o e coze-o. O fogo é o Espírito Santo; o corpo do homem é como a panela; a alma como o alimento. Assim como se coze o alimento ao calor do fogo, assim o Batismo da água, inflamado pelo Espírito Santo, enquanto molha ao de fora o corpo, purifica a alma de todos os pecados ao de dentro (*Ic* 3).

Maria Madalena e Maria mãe de Tiago e Maria Salomé compraram aromas para ungir Jesus. Nestas três mulheres designam-se as três virtudes da nossa alma: a humildade do coração, o desprezo do mundo, a beleza da paz (*Ps* 3).

O corpo consta de quatro elementos: terra, fogo, água e ar; e rege-se e governa-se por dez sentidos, como se fossem dez príncipes, que são os dois olhos, os dois ouvidos, o olfato e o gosto, as duas mãos e os dois pés. Deus conferiu à alma, por seu lado, as quatro virtudes cardeais: a prudência, a justiça, a fortaleza e a temperança; e deu-lhe os dez mandamentos (*1Qr* 20).

Diz o evangelista que o rosto de Jesus, no Tabor, resplandecia como o sol. Resplandeça também o rosto da nossa alma como o sol, a fim de que transforme em obras o que vemos pela fé; e o bem, que discernimos no interior, o executemos fora, na pureza da obra, com a virtude da discrição; e o que saboreamos na contemplação de Deus se torne vida no amor do próximo (*2Qr* 10).

A perturbação ou a alegria da alma aparece nos olhos, porque de todos os sentidos são os mais próximos da alma (*4Pn* 19).

O lenitivo da sabedoria do mundo não dá saúde, porque *a sabedoria dos que sempre aprendem e nunca chegam à ciência da verdade foi devorada* (cf. *2Tm* 3,7). A alma dos que procuram o Senhor não vá atrás dos conselhos dos sábios do mundo (*2Ep* 1).

Insensato é o conselho do sábio do mundo que aconselha juntar o alheio, que não podemos levar conosco, a onerar-nos de coisas emprestadas, que não podemos fazer passar pelo buraco estreito. Com efeito, é tão estreito o buraco da morte, que dificilmente a alma sozinha e nua pode passar por ele. Quando chegarmos à porta estreita, devemos depor todo o peso dos bens temporais (*Ep* 3).

Que há de mais claro do que o ouro? Que há mais límpido do que o cristal? Pergunto eu: na ressurreição geral, que poderá haver de mais claro e mais límpido do que a alma do homem glorificado? (*Ps* 13).

Reza o Salmo (96,1): *Cantai ao Senhor Deus um cântico novo*. Todas as ciências mundanas e as que ensinam a ter lucro são cântico velho. Só a teologia é cântico novo, que ressoa doce aos ouvidos de Deus e renova a alma (*2Ps* 6).

Estavam lá seis talhas de pedra preparadas para a purificação judaica. Em Cana da Galileia, na alma, que pelo zelo do amor já transmigrou dos vícios para as virtudes, há seis talhas: a confissão, a contrição, a oração, o jejum, a esmola e o perdão sincero da injúria sofrida. Estas coisas são as que purificam os penitentes de todos os pecados. A contrição purifica. Diz o Senhor em Ezequiel (36,25): *Derramarei sobre vós água pura, e sereis purificados de todas as vossas imundícies*. E em Jeremias (4,14): *Lava, ó Jerusalém, o teu coração de toda a maldade, para que sejas salva. Até quando permanecerão em ti pensamentos pecaminosos?* A contrição lava o coração da malícia e purifica dos pensamentos pecaminosos.

A confissão purifica. Diz-se que tudo se lava na confissão. Escreve Jeremias nas Lamentações (2,19): *Derrama teu coração como água diante do Senhor*. Diz-se como água e não como vinho, ou leite, ou mel. Quando se derrama vinho, no copo fica o cheiro; quando leite, fica a cor; quando o mel, fica o sabor; quando, porém, se derrama água, não fica vestígio de qualquer dessas substâncias. O cheiro do vinho significa a imaginação do pecado; a cor do leite, a admiração da beleza vã; o sabor do mel, a recordação da iniquidade, acompanhada do deleite do espírito. Quando derramas teu coração ao confessar-te, derrama-o como água, para que as imundícies e os resíduos sejam absolutamente reduzidos a nada. E desta forma serás limpo do pecado.

A oração purifica. Diz o Senhor em Jeremias (31,9): *Virão chorando, e eu, por entre orações, os tirarei e os levarei às torrentes de água.* E no Eclesiástico (35,17-21): *Não desprezará as súplicas do órfão*, do penitente humilde, que diz: *O meu pai e a minha mãe*, isto é, o mundo e a concupiscência carnal, *abandonaram-me; o Senhor, porém, tomou conta de mim. Aquele que adora a Deus com alegria será por Deus amparado, e a sua prece chegará às nuvens. A oração humilde atravessa as nuvens.*

Igualmente o jejum purifica. Lemos em Joel (2,12): *Convertei-vos a mim de todo o vosso coração, com jejuns, com lágrimas e com gemidos.* E em São Mateus (6,17): *Tu, porém, quando jejuas, unge a tua cabeça e lava o teu rosto.* Moisés, depois do jejum de quarenta dias, mereceu receber a lei imaculada do Senhor, que converte e purifica as almas; e Elias mereceu ouvir um sopro de brisa ligeira. Grande virtude do jejum: cura as pestes da alma e vence a fraude do antigo inimigo.

A esmola purifica: *dai esmola, e todas as coisas serão puras para vós* (*Lc* 11,41). Assim como a água extingue o fogo, a esmola extingue o pecado. Dela diz o Eclesiástico (17,18): *A esmola é como uma sacola que leva consigo; nela ficará conservada a graça como os olhos guardam a pupila.* Chama-se sacola a esmola, porque se encontrará na vida eterna o que nele se põe. Isto é o que se diz no Eclesiastes (11,1): *Lança o teu pão sobre as águas que passam*, aos pobres, que de porta em porta passam de lugar para lugar, *e depois de muito tempo*, no dia do juízo, *o encontrarás*, encontrarás a retribuição em lugar do pão. És peregrino, ó homem, leva para o caminho da tua peregrinação esta sacola, para quando, à noite, chegares a um albergue, poderes encontrar nele o pão de que te alimentes.

A esmola conserva também a graça como os olhos guardam a pupila. Para a vista ser penetrante, há a córnea, membrana muito tênue sobre a pupila. Para proteger a saúde dos olhos, foram criadas as pálpebras. E todo o animal fecha os olhos quando se avizinha um objeto estranho, e fá-lo não por vontade, mas por instinto. O homem fecha os olhos muitas vezes, porque tem córnea mais sensível do que todos os animais. A ave, porém, que fecha os olhos, não os fecha senão por meio da pálpebra inferior. Assim como a pálpebra, cobrindo a pupila, a conserva, a esmola conserva a graça, uma espécie de pupila da alma, por meio da qual vê. Isto é o que diz Tobias (4,11): *A esmola livra do o pecado e da morte, e não deixa a alma entrar nas trevas.* Assim como o homem fecha instintivamente muitas vezes os olhos com as pálpebras, também deve dar esmola com frequência, a fim de poder conservar a graça. De fato, a natureza ensina-o e compele-o a proceder assim. A fragilidade da córnea simboliza a compaixão do espírito, que existe e deve existir mais no homem do que em qualquer outro animal. Prova ser animal bruto aquele que não usa compaixão. Moisés no Deuteronômio: *Mando-te que abras a mão ao teu irmão necessitado e pobre, que vive contigo peregrino na terra.*

O perdão da injúria purifica a alma dos pecados. Diz o Senhor em São Mateus (6,14): *Se perdoardes aos homens os seus pecados, também vosso Pai celeste vos perdoará os vossos delitos.* Quem assim procede assemelha-se à ave, que fecha os olhos com a pálpebra inferior. A ave, enquanto voa, não se serve de caminho. Assim, quem perdoa ao que peca, não tem no coração o caminho do rancor e do ódio. Fecha o olho com a pálpebra inferior, quando de coração perdoa a injúria.

Esta é a esmola espiritual, sem a qual todo o bem carece da recompensa da vida eterna (*1Ep* 7 e 8).

> *Eia, irmãos caríssimos, suplicantes e de espírito e voz lacrimosa, roguemos a Nosso Senhor Jesus Cristo que, quando vier a juízo, não nos mande lançar nas trevas exteriores juntamente com o homem sem a veste nupcial, mas nos faça cantar o cântico da alegria com os seus santos nas núpcias da glória celeste. Auxilie-nos ele mesmo, que é louvável e glorioso pelos séculos eternos. Diga toda a alma esposa de Cristo: Assim seja! Aleluia! (20Pn 11).*

* * *

AMOR

A lei da perfeita liberdade é o amor de Deus, que torna a criatura humana perfeita em tudo e livre de toda a servidão (*5Ps* 9).

Quem permanece na lei do amor será feliz em todas as suas obras, porque o amor de Deus confere graça na vida presente e bem-aventurança na glória da vida futura (*5Ps* 9).

É um e o mesmo amor com que se ama a Deus e ao próximo (*5Pn* 7).

Deves amar o próximo em vista do mesmo fim e pelo mesmo motivo porque te amas a ti mesmo (*1Pn* 7).

O amor a Deus e ao próximo faz perfeito quem o tiver (*Sp* 20).

Onde há caridade e amor, aí se encontra a assembleia dos santos (*5Pn* 7).

O amor torna doces as coisas amargas, leves as insuportáveis; o medo, ao contrário, faz insuportáveis mesmo as leves (*7Pn* 12).

Assim como o azeite sobrenada todo líquido, o amor de Deus deve sobrenadar a todo amor (*9Pn* 10).

Amarás o Senhor teu Deus com todo o teu coração. Diz teu e por isso mais se deve amar, pois nós amamos mais o nosso do que o alheio. Ele é digno de ser amado por ti. Com ser o Senhor teu Deus, tornou-se teu servidor, para que te fizesses dele e te não envergonhasses de o servir. *Com os teus pecados,* escreve Isaías (43,24), *como que me tornaste teu escravo.* Durante trinta e três anos, o teu Deus se tornou teu escravo por causa dos teus pecados, para te libertar da escravidão do diabo. *Amarás,* portanto, *o Senhor teu Deus,* que te criou; tornou-se criatura por causa de ti; deu-se todo a ti, para que te desses todo a ele. *Amarás,* portanto, *o Senhor teu Deus.* No princípio, antes de existires, deu-te a ti; no segundo momento, sendo tu mau, deu-se a ti para que fosses bom, e quando se te deu, restituiu-te a ti. Dado, portanto, e restituído, deves-te duas vezes e deves-te todo. *Amarás,* portanto, *o Senhor teu Deus com todo o teu coração.* Aquele que disse 'todo' não te deixou parte de ti, mas mandou que te oferecesses 'todo' a ele. De fato, ele te comprou todo, a fim de só ele todo te possuir. *Amarás o Senhor teu Deus com todo o teu coração.* Não queiras, como Ananias e Safira, guardar para ti uma parte de ti, a fim de que não morras todo com eles. Ama, pois, totalmente, não em parte, porque Deus não tem partes, mas está todo em toda a parte. Por isso, não quer partilha no teu ser, ele que é todo no seu Ser. Se reservas para ti uma parte de ti, és teu, não seu. Queres possuir tudo? Dá-lhe o que és e ele te dará o que é; e assim nada terás de ti, porque possuirás o todo dele juntamente com o todo de ti. *Amarás, portanto, o Senhor teu Deus com todo o teu coração* (*13Pn* 9).

A fé sem amor é vã; a fé própria de um cristão é a fé com amor (*19Pn* 10).

Porque ou há de odiar um e amar o outro, ou há de afeiçoar-se a um e desprezar o outro (*Mt* 6,24). Observem-se estas quatro palavras: *amar* e *afeiçoar-se, odiar* e *desprezar*. Se amas a vida, odeias a vida; se te afeiçoas ao superior, desprezas o inferior. Pelo contrário: ama-te, tal qual te amou quem te criou; odeia-te, tal qual tu te fizeste; afeiçoa-te ao que é superior em ti, despreza o que é inferior em ti. Ama-te por aquilo que te amou, a ponto de se entregar por ti. Odeia-te naquilo em que odeias o que Deus fez e amou em ti. Isso é o que disse Tobias ao seu filho (*Tb* 4,5): *Em todos dias da tua vida, tem sempre a Deus no teu coração e acautela-te não vás consentir alguma vez no pecado e não cumpras os mandamentos do nosso Deus.* Ó palavra mais doce que o mel e que o favo de mel: tem sempre Deus no coração. Ó coração mais ditoso do que o bem-aventurado, mais feliz do que todo o mais feliz, tu que possuis a Deus. Que te falta? Que se te pode acrescentar? Tens tudo, porque só te enche aquele que tudo fez, sem o qual tudo o que existe nada é. *Tem*, portanto, *sempre Deus no teu coração!* Eis o testamento legado por Tobias ao filho, eis os bens que lhe deixou: Tem a Deus sempre no coração. Ó possessão, que tudo possui! Ditoso aquele que te possui: feliz quem te tem! Ó Deus, que posso eu dar para te possuir? Acaso julgas que, se te der tudo, te poderei possuir? E por que preço te poderei possuir? És mais excelso do que o céu, mais profundo do que o inferno, mais comprido do que a terra e mais largo do que o mar. Como, portanto, te poderá possuir um verme, um cão morto, um filho de homem? Mas, como diz Jó, não será comprado a peso de prata. Não será comparado às cores mais vivas da índia nem com a pedra sardônica mais preciosa nem com a safira. Não se lhe igualará o ouro nem o cristal, e não será dado em troca, em sua compra, por vasos de ouro e coisas de grande valor. Ó Senhor Deus, não tenho estas coisas. Que devo, então, dar-te para te possuir? Dá-me a ti e eu dar-te-ei a mim. Dá-me o coração, e ter-me-ás no coração. Preserva para ti todas as tuas coisas. Dá-me somente o coração. Estou cheio de tuas palavras, não preciso dos teus feitos; dá-me apenas o coração. Observe que diz *sempre*. Queres ter sempre Deus no coração? Tem sempre olho em ti. Vejamos as três palavras: coração, olho e a ti. Deus está no coração, o coração está no olho, o olho está em ti. Se, portanto, te vês, tens Deus em ti. Queres ter sempre a Deus no coração? Possui-te tal qual te criou. Não queiras ir à procura de outro tu. Não te queiras fazer outro, diferente daquele que ele mesmo criou e, desta forma, terás sempre a Deus no coração (*15Pn* 5).

A súmula de tudo quanto foi escrito para nosso ensino consiste em três coisas: criação, redenção e julgamento no juízo final. A criação e a redenção nos ensinam a amar a Deus; o juízo final ensina-nos a temê-lo (*2Ad* 5).

O trigo, alvo no interior e avermelhado na casca, é símbolo da caridade que mantém a pureza de intenção e o amor ao próximo (*Sx* 7).

O homem justo possui duas asas: o amor e o temor de Deus (*1Qr* 1).

Ao que ama nada é difícil (*Ps* 10).

Nada é difícil a quem ama (*2Ad* 20).

Aarão devia cingir-se com um cinto de ouro. Aperta-se com um cinto de ouro quem se aperta com o amor a Deus, que é de ouro (*2Ps* 7).

Disse Deus: *Dar-te-ei uma terra, onde corre leite e mel* (*Ex* 13,5). O leite alimenta, o mel dulcifica. Também o amor de Deus alimenta a alma para crescer de virtude em virtude, e dulcifica os espinhos de todas as tribulações (*5Ps* 4).

Quando falta a doçura do amor divino, a menor tribulação parece amarga e intolerável (*5Ps* 4).

O amor aos irmãos é a introdução na ceia da vida eterna (*2Pn* 5).

Crer em Deus é amar a Deus e ir para ele e incorporar-se em seus membros. Quem assim não faz mente ao dizer: creio em Deus. É incrédulo (*1Nt* 13).

O amor de Deus é a padaria da alma (*1Ep* 3).

A natureza do homem envergonha-se de não amar quem o ama, de não abraçar com os braços da caridade quem o serve devotamente (*2Ep* 10).

Não pode haver tranquilidade de coração sem amor do próximo, porque onde há amor, aí não há ira nem indignação (*3Ep* 4).

Quanto mais amas a Deus, tanto mais recebes aumento dele e nele (*Ft* 12).

O Reino dos Céus é o amor de Deus. Não há maior dignidade ou propriedade do que ele (*Ft* 12).

Na terra da pobreza, da humildade e da vileza, cresce o amor da divina majestade (*Ft* 12).

Quando diminui o homem o amor próprio, aumenta o amor divino (*Ft* 12).

Recomendou Jesus (*Jo* 21,15.16): *Apascenta os meus cordeiros*. Observe-se que foi dito *apascenta*, e não tosquia ou munge. Se me amas por causa de mim, não a ti por causa de ti, *apascenta os meus cordeiros*, como meus e não como teus. Procura neles a minha glória e não a tua, os meus interesses e não os teus, porque o amor de Deus prova-se no amor ao próximo (*Pp* 4).

Não há maior riqueza do que o amor de Deus (*Pp* 12).

Diz o evangelista que o rosto de Jesus, no Tabor, resplandecia como o sol. Resplandeça também o rosto da nossa alma como o sol, a fim de que transforme em obras o que vemos pela fé; e o bem que discernimos no interior, o executemos fora, na pureza da obra, com a virtude da discrição; e o que saboreamos na contemplação de Deus se torne vida no amor do próximo (*2Qr* 10).

As sete vacas bonitas e muito gordas de que fala a história de José do Egito, e as sete espigas cheias e formosas e os sete anos de grande fertilidade significam os sete dons do Espírito Santo, que conferem beleza de costumes e fecundidade de virtudes àqueles sobre os quais repousam; espigas cheias e formosas, por causa da plenitude da fé em Jesus Cristo, que foi grão de trigo, e por causa da perfeição do duplo amor de Deus e do próximo (*3Qr* 22).

A balança consta de dois pratos e dum estilete no meio a equilibrar o peso. Os dois pratos são o desprezo do mundo e o desejo do reino celeste. O estilete no meio é o amor de Deus e do próximo. Esta é a balança que pesa com igualdade, dando a cada um o seu direito: ao mundo o desprezo, a Deus o obséquio, ao próximo o afeto (*2Ps* 10).

Assim como o leme dirige em linha reta o navio e não o deixa desviar para o lado, também o amor da fraternidade rege a assembleia dos fiéis, para que não se extravie e a conduz ao porto da segurança (*5Pn* 7).

Crê a Deus quem apenas acredita nas suas palavras, e nada pratica de bem. Crê, porém, em Deus, quem o ama de todo o coração e procura aderir a seus membros (*Ft* 2).

O testamento foi confirmado por Deus (*Gl* 3,17). Chama--se testamento, por ser vontade escrita e confirmada diante de testemunhas. A vontade de Deus é o amor de si mesmo e do próximo. Esta vontade foi escrita na lei da natureza, da letra e da graça, e confirmada com testemunhas, às quais disse: *Este é o meu testamento, que vos ameis uns aos outros.* Este testamento foi confirmado na morte do testador. Daí a palavra de São João (Jô 15,17): *Tendo amado os seus, que estavam no mundo, amou-os até o fim*, isto é, até a morte. Isso não significa que o seu amor termine com a morte, mas amou tanto que o amor o levou à morte (*13Pn* 14).

> Rogamos-te, Senhor Jesus, que nos ligues com o teu amor e o do próximo, a fim de com ele sermos capazes de te amar com todo o coração, isto é, fortemente; com toda a alma, isto é, sabiamente; com todas as forças e com todo o espírito, isto é, docemente; a fim de não sermos seduzidos e afastados do teu amor, e sermos capazes de amar o próximo como a nós mesmos. Auxilia-nos tu, que és bendito pelos séculos dos séculos. Assim seja! (13Pn 14).

* * *

ANJOS

Nove são as ordens dos anjos. Queremos dispô-las em três séries de igual número. Na primeira ordem estão os Anjos, os Arcanjos e as Virtudes. Os Anjos designam a obediência dos preceitos; os Arcanjos, a guarda dos conselhos; as Virtudes, os milagres da vida santa. És, portanto, de uma ordem Angélica, quando obedeces ao preceito do Senhor. Pertences à ordem dos Arcanjos, quando te esforças por cumprir não só os preceitos, mas também os conselhos de Jesus Cristo. Pertences ao coro das Virtudes, quando resplandeces com os milagres duma vida santa. Lemos em São João (14,12): *O que crê em mim fará as obras que eu faço, e fará maiores do que estas.* O que o Senhor faz em nós com a nossa cooperação é maior do que tudo o que faz sem nós. Assim, fazer do ímpio um justo é maior do que tudo: o céu, a terra, porque aquelas coisas passarão, isto, porém, permanecerá; e naquelas coisas há apenas a obra de Deus, nestas também a imagem de Deus. Mas se fez também os Anjos, parece coisa maior justificar os ímpios do que criar os justos, porque se ambas as coisas são de igual poder, esta é de maior misericórdia.

Na segunda ordem estão os Principados, as Potestades e as Dominações. Há três coisas em que devemos dominar, se não como reis, pelos menos como régulos, a saber, os pensamentos, os olhos e a língua. Na terceira ordem estão os Tronos, os Querubins e os Serafins. Somos Tronos, quando nos humilhamos e nos julgamos a nós mesmos. Ó Deus, dá-me o teu juízo, para que do teu faça o meu, e fazendo o meu me torne teu. Querubim interpreta-se a plenitude da ciência. Esta é a caridade. Quem a possui, está cheio e sabe de que modo importa comportar-se. Somos, portanto, Querubins, quando praticamos o bem por caridade. Começa primeiro pela tua caridade, e depois poderás ser caritativo para com os outros. Serafim interpreta-se ardente. Somos serafins, quando, abrasados pelo fogo da compunção, nos derretemos em lágrimas (*21Pn* 3,4,5).

Diz o Gênesis que Deus criou dois luzeiros, um grande e um pequeno (1,16), ou seja, duas espécies de criaturas racionais. O luzeiro grande é o espírito angelical; o luzeiro pequeno é a alma humana (*1Ad* 10).

A firme durabilidade do bronze me lembra a perpetuidade dos Anjos que se mantiveram fiéis ao Criador (*As* 1).

Jesus Cristo, sustento da sublimidade Angélica, é a beleza dos Anjos, pois os consolida com poder de sua divindade e os sacia com a beleza da sua humanidade (*As* 1).

Cristo, poder de Deus e sabedoria de Deus, atinge tudo, saciando no céu os anjos com sua visão, esperando misericordiosamente na terra os pecadores (*10Pn* 13).

Cristo inclinou-se diante dos pés dos Apóstolos, como se fora um servo e, inclinado, lavou-lhes os pés. Ó incompreensível humildade! Ó inefável benignidade! Aquele que é adorado pelos Anjos no céu inclina-se diante dos pés de pescadores. Aquela cabeça, que faz tremer os Anjos, submete-se aos pés dos pobres (*Cs* 2).

Para me salvar, o Salvador recebeu a minha carne e elevou-me acima dos coros dos anjos (*2Pn* 4).

Quanta dignidade a da Virgem gloriosa! Mereceu ser mãe daquele que é sustento e beleza dos anjos e figura de todos os santos! (*As* 1).

Bem-aventurado o ventre que te trouxe! Na verdade é bem-aventurado porque te trouxe a ti, Deus e Filho de Deus, Senhor dos Anjos, criador do céu e da terra, redentor do mundo! A Filha trouxe o Pai, a Virgem pobrezinha trouxe o Filho! Ó querubins, ó serafins, ó anjos e arcanjos, adorai reverentemente e prostrados o templo do Filho de Deus, o sacrário do Espírito Santo, o bem-aventurado ventre de Maria! (*3Qr bis* 3).

Bem-aventurado o ventre da gloriosa Virgem, que mereceu trazer por nove meses todo o bem, o sumo bem, a felicidade dos anjos, a reconciliação dos pecadores (*3Qr bis* 2).

Maria reina na glória, onde possui os prêmios de todos os santos, porque foi exaltada acima dos coros dos anjos (*Pr* 6).

Observe-se que uma coisa é subir, outra é ser levado. Quem sobe, sobe por própria força; aquele, porém, que é levado, é levado por força de outrem. Cristo, por força própria, subiu ao céu; todos os outros são levados com o auxílio dos anjos (*Ic* 5).

Se o Anjo da Guarda me admoestou acerca do bem e falou ao meu coração, quando a consciência me chamava a sair do pecado, e eu, desprezando as suas admoestações e o brado da consciência, continuei em pecados, terei castigo maior, porque, além de pecar, desprezei a admoestação do Anjo (*4Ps* 13).

Caríssimos, roguemos instantemente e de espírito devoto peçamos ao Senhor Jesus Cristo, que restituiu a vista ao cego de nascença, a Tobias e ao anjo de Laodiceia, se digne iluminar os olhos da nossa alma com a fé da sua Encarnação, com o fel e o colírio de sua paixão, para que, nos esplendores dos santos, na claridade dos anjos, mereçamos ver o mesmo Filho de Deus, luz da luz. Auxilie-nos ele mesmo, que vive e reina com o Pai e o Espírito Santo pelos séculos dos séculos. Assim seja! (Qn 19).

* * *

ARREPENDIMENTO

O s santos, enquanto oferecem a Deus o arrependimento de seus próprios pecados, não olham a trave no olho dos outros, não julgam ninguém, não condenam ninguém (*4Pn* 20).

No vestido da fé, operante pelo amor, devem existir o fogo da caridade, o ar da contemplação, a água do arrependimento, a terra da humildade (*5Pn* 13).

A oliveira é amarga na raiz, forte e quase imputrescível no tronco, verde nas folhas, suave no fruto. Também o cristão deve ser amargo no arrependimento, constante no propósito, fiel na palavra, suave nas obras de misericórdia ((*Si* 8).

> *Roguemos, irmãos caríssimos, que a graça do Espírito Santo derrame nas feridas das nossas almas o azeite e o vinho da sua misericórdia, nos ligue de faixas; nos ponha em cima do jumento da obediência, nos leva à estalagem, à recordação da nossa iniquidade, nos entregue ao estalajadeiro, ao espírito de contrição, a fim de que estejamos sob o seu cuidado o tempo necessário para recu-*

perar com dois dinheiros, isto é, com o duplo gênero de arrependimento, a primitiva saúde perdida; recuperada a saúde, possamos voltar a Jerusalém, donde caímos. Auxilie-nos ele mesmo, que vive e reina com o Pai e o Filho, Deus uno, por séculos eternos. Diga toda a alma penitente: Assim seja! Aleluia! (13Pn 25).

* * *

AVAREZA

Avarento é um pobre a quem o dinheiro governa em vez de se governar a si mesmo; não é possuidor, mas possuído; embora tenha muito, crê ter pouco (*2Pn* 11).

As riquezas dominam o avarento, não o avarento domina as riquezas (*20Pn* 10).

Os avarentos quanto mais têm mais desejam; e os constituídos em dignidade quanto mais se elevam tanto mais se esforçam por subir. E assim a sua queda será mais profunda, porque os ventos sopram mais fortes nas cumeeiras (*1Qr* 23).

Os avarentos se parecem aos dentes. Uns são como os incisivos: cortam pela frente, porque não tiram tudo, mas parte; outros se assemelham aos caninos: no tribunal ladram por dinheiro como cães. Outros ainda se assemelham aos molares: moem os pobres (*12Pn* 3).

Os avarentos se parecem ao lagar: oprimem e espremem os pobres e miseráveis (*23Pn* 1).

O avaro vende com uma medida e compra com outra (*23Pn* 1).

A avareza é como uma ânfora: sua boca não se fecha, mas está sempre aberta para abocanhar bens temporais (*23Pn* 13).

A avareza não é só o desejo de pecúnia temporal, mas também de grandeza, de cujo apetite nascem a inveja roedora, dissensões e detrações (*3Ad* 2).

O avarento é a comida do diabo (*3Ps* 4).

A avareza corrói a alma como a traça corrói o vestido (*6Ps* 4).

A avareza corrói o coração do avarento, a pretender sempre mais. O avarento é um infeliz: quanto mais possui, mais fome tem (*6Ps* 4).

Dizia São Bernardo que o coração do homem não se sacia de ouro, como o corpo não se sacia de ar (*6Ps* 4).

A avareza reclama a usura e a usura reclama a avareza; aquela convida esta, e esta aquela (*1Qr* 11).

A avareza cega os olhos dos sábios (*Pr* 11).

Parte da semente caiu entre espinhos. Os espinhos significam os avarentos e usurários, porque a avareza seduz, fere e faz sangue. O próprio Cristo falou que os espinhos se referem à sedução das riquezas (*Sx* 8).

O espinho fere, e ferindo faz sangue. Ora, o sangue da alma é a virtude. O avarento perde a vida da alma, quando amontoa riquezas (*Sx* 8).

A misericórdia para com os pobres cura a lepra da avareza e torna bela a alma (*2Ps* 6).

Devemos dar ao pobre não com a mão, mas com o afeto do coração, para que a avareza não fique a chorar a esmola (*9Pn* 14).

Dizia um filósofo antigo: o avarento faz uma única boa ação em sua vida, que é morrer (*6Ps* 4).

A pior coisa que se possa desejar a um avarento é que viva muito tempo (*6Ps* 4).

Disse Sêneca: É miserável, ainda que seja senhor do mundo, aquele cujos bens não lhe parecem muito amplos (*2Pn* 11).

Os soberbos e os avarentos, enquanto procuram os bens temporais, atiram fora a fé de Jesus Cristo e a graça do batismo, com que foram ungidos (*3Pn* 9).

Que aproveita ao ladrão, se é conduzido à forca através de verde prado? Que aproveitou ao rico avarento a púrpura e o bisso, se pouco depois é sepultado no inferno? Jó lembrava bem (20,4-5): *Sei que a glória dos ímpios é breve e a alegria do hipócrita dura um momento.* É manifesto que a erva das riquezas não sara a alma da doença do pecado, antes a trucida (*2Ep* 1).

Os magos ofereceram ouro. No ouro, que é brilhante, sólido e não retine quando percutido, nota-se a verdadeira pobreza, que não enegrece com a fuligem da avareza e não incha com o vento dos bens temporais (*Ep* 7).

Três coisas são, sobretudo, nocivas ao justo: o vento da soberba, o fumo da avareza, os prazeres da carne (*Pr* 11).

Jejua o hipócrita para adquirir louvores; o avarento, para encher a bolsa; o justo, porém, para agradar a Deus (*Cn* 2).

O humilde, ainda que ande no fogo das coisas temporais, não se queima nem com a avareza nem com a vanglória (*An bis* 11).

Quem seria tão avarento se considerasse bem o Filho de Deus envolvido em panos, reclinado num presépio, sem ter tido lugar onde reclinar a cabeça, a não ser a cruz, onde, inclinada a cabeça, entregou o espírito? (*4Ad* 12).

Rogamos-te, Senhor Jesus Cristo, que nos agarres com a mão da tua misericórdia, nos cures da hidropisia da avareza, para que possamos conservar a unidade do espírito e chegar a ti, Deus Trino e Uno, juntamente com o Pai e o Espírito Santo. Amém! (17Pn 11).

* * *

BATISMO

O gênero humano chamou pela salvação, pediu misericórdia, e o Senhor fez uma e outra coisa, pois, com o sangue da redenção e com a água do batismo limpou-o de toda a lepra da infidelidade e da iniquidade (*14Pn* 10).

O Senhor, ao derramar a água batismal, derrame o seu espírito e a sua bênção, para de filhos da ira fazer filhos da graça, serem posteridade e descendência, ou seja, filhos da Igreja (*2Ad* 3).

No Batismo quebra-se o poder do diabo, ficam perdoados os pecados, é-nos conferida a graça e aberta a porta da vida (*Si* 8).

Assim como o peixe nasce, vive e se alimenta sob a cobertura das águas, também a fé em Deus invisivelmente se gera no coração, se consagra pela graça invisível do Espírito Santo, através da água do batismo, se alimenta com o auxílio invisível da divina proteção, para não desfalecer, obra o bem de que é capaz com a mira nos prêmios invisíveis (*Lr* 6).

Os judeus pegaram pedras para lapidar Jesus. Os falsos cristãos, que mentem ao Senhor, violando o pacto feito no

Batismo, apedrejam todos os dias, com as duras pedras de seus pecados, o seu Pai e Senhor Jesus Cristo, do qual tiraram o nome de cristãos (*5Qr* 14).

O sacerdote entrega à criança no batismo uma veste branca e uma vela acesa. A veste branca simboliza a inocência; a luz, o exemplo da vida boa (*3Pn* 8).

Os soberbos e os avarentos, enquanto procuram os bens temporais, atiram fora a fé de Jesus Cristo e a graça do batismo, com que foram ungidos (*3Pn* 9).

Há três coisas: o fogo, a panela e o alimento. O fogo arde junto da panela; o alimento está dentro da panela. O fogo, no momento, não toca no alimento, e, todavia, aquece-o, depura-o e coze-o. O fogo é o Espírito Santo; o corpo do homem é como a panela; a alma como o alimento. Assim como se coze o alimento ao calor do fogo, assim o Batismo da água, inflamado pelo Espírito Santo, enquanto molha ao de fora o corpo, purifica a alma de todos os pecados ao de dentro (*Ic* 3).

Irmãos caríssimos, roguemos a Nosso Senhor Jesus Cristo que derrame sobre nós a palavra da sua inspiração, nos purifique com o batismo da penitência, para podermos preparar-lhe o caminho e endireitar as veredas. Auxilie-nos ele, que é bendito pelos séculos dos séculos. Amém! (4Ad 8).

* * *

BEM

Não basta afastar-te do mal, se não praticas o bem (*5Pn* 16).

A coroa de todo o bem é a humildade (*1Qr* 4).

O bem é sempre simples (*10Pn* 13).

De Deus provém todo o bem que possuímos (*6Pn* 12)

Jesus Cristo é o Bem, o bem substancial, de quem todas as coisas prendem bondade. Tudo o que há e se move, vive ou existe no céu, como nos anjos, na terra ou debaixo da terra, no ar, na água, dotado de inteligência e de razão, procede daquele Sumo Bem, causa de todas as coisas e fonte de bondade (*Ft* 9).

É tripla a oração: mental, vocal e manual. Da terceira podemos dizer que não cessa de orar quem não cessa de fazer o bem (*6Ps* 9).

Na verdade, quando matas em ti o mal, então alimentas em ti o bem; onde começa a faltar o mal, o bem começa a revigorar (*14Pn* 7).

— 54 —

O vento da vanglória amarra o intelecto que procura a verdade, e o afeto, que procura o bem (*23Pn* 8).

Escreve Isaías (7,5): *Comerás manteiga e mel.* O mel designa a divindade; a manteiga, a humanidade. Comeu manteiga e mel, quando uniu a natureza divina à humana e com isto nos ensinou a reprovar o mal e escolher o bem (*Pr* 7).

Disse Felipe: *Mostra-nos o Pai e isto nos basta* (*Jo* 14,8). Coisa semelhante encontramos no Êxodo (33,18-19), onde Moisés fala ao Senhor: *Mostra-me a tua glória!* E Deus responde: *Eu te mostrarei todo o bem.* Quer dizer, Felipe, *quem me vê a mim, vê também o Pai*, e vê todo o bem. Deste bem é bom todo aquele que é bom. Este bem, este bem substancial, estende a sua bondade a todas as coisas existentes. Tudo o que há ou se move, vive ou existe no céu, como nos Anjos, na terra ou debaixo da terra, no ar, na água, dotado de inteligência e de razão, procede daquele Sumo Bem, causa de todas as coisas e fonte de bondade (*Ft* 9).

A discrição é a ciência do bem e do mal. Esta é a verdadeira ciência. Só ela causa o saber, só ela faz sábios, capazes de distinguirem entre mundo e imundo, lepra e não lepra, vil e precioso, claro e escuro, virtude e vício (*Ic* 10).

> *Roguemos, irmãos caríssimos, a Nosso Senhor Jesus Cristo que humilhe os montes, retifique os maus, abrande os escabrosos, para que mereçamos conseguir aquele bem que a vista não alcança, porque está escondido, nem o ouvido ouviu, porque está silencioso, nem subiu ao co-*

ração do homem, porque é incompreensível. Auxilie-nos Aquele que no primeiro advento foi humilde, no segundo será terrível, amável, suave e desejável e bendito por séculos eternos. Diga toda a alma humilde: Amém! Aleluia! (4Ad 14).

* * *

BOAS OBRAS

Cessem, por favor, as palavras; falem as obras. Estamos cheios de palavras, mas vazios de obras e, por isso somos amaldiçoados pelo Senhor como a figueira (*Mt* 21,19) cheia de folhas e sem frutos (*Pn* 16).

Escreveu o profeta Sofonias: *Eu esquadrinharei Jerusalém com lanternas* (1,12). Repara que são quatro as lanternas. A primeira é a palavra de Deus, da qual diz o Salmo (119,105): *Lâmpada para os meus passos é a tua palavra e luz para os meus caminhos.* E atenda-se que primeiro disse para os meus passos e depois para os meus caminhos. De fato, quando ouvimos a palavra de Deus, primeiro somos iluminados pelo coração, para depois andarmos com passadas diretas. A segunda lâmpada é a das boas obras, acerca da qual se escreve: *Estejam cingidos os vossos rins e nas vossas mãos lâmpadas acesas* (*Lc* 12,35). Seguramos as lâmpadas acesas nas mãos, quando mostramos boas obras ao próximo. A terceira é a da intenção, que ilumina o conjunto das boas obras, de que se diz em São Mateus: *A lâmpada do teu corpo,* isto é, das obras, *é o teu olho,* isto é, a tua intenção. Se o teu olho for simples, todo o teu corpo terá luz. A quarta lâmpada é a da humanidade de Jesus Cristo, da que se lê em São Lucas (15,8): *Qual é a mulher que tendo dez dracmas, e perdendo uma, não acende a lâmpada e não sai à procura até encontrá-la? (24Pn 4).*

A linguagem é viva, quando falam as obras (*Pn* 16).

Assim como a árvore precisa do pólen para produzir fruto, o homem precisa da graça do Espírito Santo para progredir em boas obras (*4Ps* 16).

Deus vigia pelos humildes e pelos que produzem boas obras (*5Ps* 10).

Dizemos: ouve, Senhor, a minha voz, ou seja, a voz do coração, a voz da boca e a voz das obras (*6Ps* 9).

Para se fazer qualquer boa obra são necessárias duas coisas: sabedoria e virtude. A sabedoria dispõe; a virtude leva a bom termo (*5Pn* 13).

Quem se exercita em boas obras fartar-se-á com os pães da graça, na vida presente, e da glória na vida futura (*9Pn* 4).

Diz o evangelista que o rosto de Jesus, no Tabor, resplandecia como o sol. Resplandeça também o rosto da nossa alma como o sol, a fim de que transforme em obras o que vemos pela fé; e o bem que discernimos no interior, o executemos fora, na pureza da obra, com a virtude da discrição; e o que saboreamos na contemplação de Deus se torne vida no amor do próximo (*2Qr* 10).

O cristal, atingido ou ferido pelos raios do sol, transmite centelhas ardentes. Assim, a criatura humana fiel, iluminada pelos raios do sol, deve emitir centelhas de reta pregação e de boas obras que inflamem o próximo (*Sp* 5).

Todas as nossas obras são inúteis para a vida eterna, se não são condimentadas com o bálsamo da caridade (*5Qr* 4).

Obra sem devoção é como lâmpada sem azeite (*Cr* 11).

Reveste-se de justiça como se fora um vestido quem se reveste ou protege por inteiro com boas obras (*13Pn* 20).

Como disse São Bernardo, não basta ao pregador pregar a Deus frutuosamente. É preciso que o som de sua língua seja precedido pelo testemunho das obras (*3Qr* 7).

Disse Deus a Jeremias: *Eu vigio sobre minha palavra para a realizar* (1,11-12). Vigia sobre a sua palavra quem pratica o que prega por palavra (*5Qr* 5).

A pregação do Evangelho assemelha-se a uma pena de escrever. Assim como a pena escreve as letras sobre o papel, o pregador deve imprimir no coração do ouvinte a fé e os bons costumes (*2Ps* 1).

A pregação deve ser sólida, isto é, rica da plenitude das boas obras, propondo palavras verdadeiras, e não falsas ou ridículas, frívolas ou mesmo bonitas (*2Ps* 1).

Perde-se a autoridade de falar, quando a palavra não é ajudada pelas obras (*2Ps* 1).

O rosto do prelado são as suas obras, através das quais é conhecido como se fora pelo próprio rosto (*2Ps* 7).

Observe que, na Ave-Maria, no meio da palavra 'cheia de graça' e 'bendita és tu entre as mulheres', se diz: O Senhor é contigo. O mesmo Senhor conserva não só interiormente a plenitude da graça, mas também opera, no exterior, a bênção da fecundidade, isto é, das boas e santas obras (*Pn* 14).

A misericórdia do Pai é agradável, larga e preciosa. Agradável, porque limpa dos vícios; larga, porque se dilata em boas obras; preciosa nas delícias da vida eterna. Também a tua misericórdia para com o próximo deve ser tripla: se pecou contra ti, perdoa-lhe; se se afastou do caminho da verdade, instrui-o; se tem fome, dá-lhe de comer (*4Pn* 3).

Disse Jesus: Ser-vos-á dada uma medida boa, cheia, sacudida e transbordante (*Lc* 6,38). A medida da fé é boa na recepção dos sacramentos; cheia, na execução das boas obras; sacudida, no sofrimento da tribulação ou do martírio pelo nome de Cristo; transbordante, na perseverança final (*4Pn* 9).

Quantos são brilhantes em palavras, mas leprosos nas obras! (*12Pn* 13).

Se te voltares para Deus, serás puro de pensamento e de obras (*14Pn* 4).

Onde houver a glória da castidade, aí haverá a proteção da divina misericórdia, que conserva todas as obras (*1Ad* 11).

Diz São Lucas (12,35): *Tenham lâmpadas acesas nas mãos.* Temos lâmpadas nas mãos, quando mostramos ao próximo exemplos de luz por meio de boas obras (*Es* 9).

Assim como o peixe nasce, vive e se alimenta sob a cobertura das águas, também a fé em Deus invisivelmente se gera no coração, se consagra pela graça invisível do Espírito Santo, através da água do batismo, se alimenta com o auxílio invisível da divina proteção, para não desfalecer, obra o bem de que é capaz com a mira nos prêmios invisíveis (*Lr* 6).

Quem pode presumir ou gloriar-se de uma boa obra, ao ver o Filho do Pai, a sua virtude e sabedoria, preso à cruz, suspenso entre ladrões? (*Lr* 11).

Roguemos, irmãos caríssimos, ao Senhor Jesus Cristo que, quando vier com grande poder e majestade, no dia do juízo final, para dar a cada um segundo as suas obras, não exerça o seu poder, a nosso respeito, com os condenados, mas nos faça felizes com os bem-aventurados, com a sua glória, a fim de com eles merecermos, no reino dos céus, comer e beber, alegrar-nos e exultar. Auxilie-nos aquele que é bendito e glorioso por séculos eternos. Toda a alma bem-aventurada diga: Amém! Aleluia! (1Ad 19).

* * *

BONDADE

Assim como a flor, quando espalha o cheiro, não se corrompe, também o verdadeiramente humilde não se eleva quando louvado pelo perfume e sua vida de bondade (*2Nt* 12).

Não há ninguém a respeito do qual se deva obrar mal (*1Pn* 7).

Quem é mau para si não pode ser bom para com os outros (*2Pn* 5).

A Igreja está entre o céu e o inferno, por isso reúne indistintamente bons e maus, Pedro e Judas, azeite bom e borra de azeite, grão e palha (*20Pn* 6).

Roguemos, irmãos caríssimos, ao Senhor Jesus Cristo, que nos assente no último lugar, guarde o ânimo e eleve até ele, glória dos que se assentam no Reino. Auxilie-nos ele mesmo, que é sobre todos e por tudo em tudo Deus bendito pelos séculos eternos. Diga toda a alma humilde: Assim seja! Aleluia! (17Pn 16).

* * *

CARIDADE

A caridade é a principal entre as virtudes (*1Pn* 7).

Assim como o ouro está acima dos outros metais, a caridade está acima das outras virtudes (*20Pn* 1).

Assim como Deus é o princípio de tudo, a caridade, a virtude principal, deve estar antes de tudo (*6Ps* 9).

Assim como a mesa sem pão parece denotar miséria, também sem caridade as demais virtudes nada são (*Lr* 6).

A caridade é o cimento das virtudes (*Cp* 7).

A caridade é a vida da alma (*22Pn* 12).

A caridade é o Paráclito, o Espírito da verdade, que cobre a multidão dos pecados como o azeite sobrenada a todo líquido (*6Ps* 9).

A caridade de Deus e do próximo conduz à perfeição toda criatura humana (*2Ps* 10).

A amplidão da caridade alarga o coração estreito do pecador (*Sp* 1).

A caridade é mais vasta do que o oceano (*Sp* 1).

Quem não possuir a caridade, ainda que faça muito bem, bem verdadeiro, trabalha em vão (*Qn* 10).

Ó caridade, como é forte o teu vínculo! Com a caridade até o Senhor se pode ligar (*Qn* 10).

A caridade é a única virtude capaz de saborear quão suave é o Senhor (*4Pn* 1).

Onde há caridade e amor, aí se encontra a assembleia dos santos (*5Pn* 7).

A veste da alma é a fé, que é de ouro se for iluminada com o brilho da caridade (*5Pn* 13).

Lê-se no Levítico (26,5): *Comereis o vosso pão com fartura e habitareis na vossa terra com segurança.* O Senhor promete aqui duas coisas que, de modo perfeito, possuiremos no futuro: a saciedade da caridade, com o que se sacia a alma, e paz da terra, isto é, da nossa carne. Qualquer cristão, filho da graça, deve pedir este pão a Deus, para que o ame acima de tudo e ao próximo como a si mesmo (*Lr* 6).

Chama-se templo a um teto amplo: como teto, protege; como amplo, recebe a multidão. O templo é a caridade de

Deus e do próximo: a caridade de Deus protege; a caridade do próximo recebe (*Pr* 5).

Quem não ouve as palavras de Deus e não conhece a sua lei, que é a caridade, queima inutilmente o incenso da oração (*5Qr* 4).

Todas as nossas obras são inúteis para a vida eterna, se não são condimentadas com o bálsamo da caridade (*5Qr* 4).

A caridade e a humildade saciam a alma como a água sacia a sede. Quem as possuir não terá sede jamais (*Ps* 12).

A caridade deve sempre estar no meio e estender-se tanto a amigos quanto a inimigos (*OitPs* 7).

O manto da alma fiel tece-se com a candura da castidade, o brilho da humildade e o calor da caridade (*2Ps* 15).

O ouro é puro e brilhante: a caridade deve ser pura para Deus, brilhante para o próximo (*3Ps* 14).

No vestido da fé, operante pelo amor, devem existir o fogo da caridade, o ar da contemplação, a água do arrependimento, a terra da humildade (*5Pn* 13).

A alma da fé é a caridade, que a vivifica. Depois de perdida, a fé morre (*10Pn* 6).

O trigo, alvo no interior e avermelhado na casca, é símbolo da caridade que mantém a pureza de intenção e o amor ao próximo (*Sx* 7).

A falta de caridade destrói qualquer vida religiosa (*Sx* 7).

Ensina o Apóstolo: *Levai os fardos uns dos outros e assim cumprireis a lei de Cristo* (*Gl* 6,2). Não poderás levar o fardo de outrem, se não depuseres primeiro os teus. Alivia-te primeiro dos teus, e poderás levar os fardos dos outros. Quando fores como as aves do céu, como o lírio dos campos, então poderás levar os fardos, isto é, as tribulações, as fraquezas do próximo, como se fosse a tua própria carga. Assim cumprirás a lei de Cristo, ou seja, a caridade (*15Pn* 14).

Começa primeiro pela tua caridade, e depois poderás ser caritativo para com os outros. (*21Pn* 3,4,5).

Não nascemos perfeitos na caridade. A caridade nasce para se aperfeiçoar; quando nascida, nutre-se; nutrida, fortalece-se; fortalecida, aperfeiçoa-se; quando chega à perfeição quer morrer para estar com Cristo (*20Pn* 1).

São Gregório nos ensina que a caridade se levanta admiravelmente para o alto, quando, cheia de misericórdia, se aproxima do último dos próximos; ela, que desce benignamente ao mais baixo, com valentia volta às alturas (*21Pn* 12).

O lobo teme muito duas coisas: o fogo e o caminho trilhado ... Também o diabo teme especialmente duas coisas: o fogo da caridade e o caminho trilhado da humildade (*2Ps* 11).

O fogo é figura do amor de Deus: nele há o calor da humildade, o brilho da caridade e a leveza da pobreza (*18Pn* 1).

Disse Jesus: *Procurai em primeiro lugar o reino de Deus e sua justiça* (*Mt* 6,33). O reino de Deus é o sumo bem e por isso deve ser procurado. Procura-se pela fé, pela esperança, pela caridade. A justiça consiste em observar tudo o que Cristo ensinou. Buscar o Reino é transformar em obras a própria justiça (*15Pn* 15).

A caridade de Cristo, com a qual nos amou até o fim, excedeu a ciência dos homens (*16Pn* 8).

Deus repousa na casa da humildade e se recreia no jardim da caridade (*Cp* 4).

Em vão estende as mãos o que vai rogar a Deus pelos pecados, e não as estende aos pobres, segundo as posses (*Cp* 9).

Entesoura no céu aquele que dá a Cristo; dá a Cristo aquele que dá aos pobres (*Cn* 6).

A verdadeira paciência não se prende com as correias do favor humano e do medo, mas é entretecida só pelos vínculos da inflexível caridade (*17Pn* 1).

Traz nos braços a Cristo quem abraça a palavra de Deus não só com a boca, mas também com as obras de caridade (*Pr* 7).

Acolhei-vos uns aos outros, como também Cristo vos acolheu para a glória de Deus. Assim como Cristo recebeu os cegos, para lhes restituir a vista; os coxos para lhes dar o andar; os leprosos, para os purificar; os surdos, para lhes restituir o ouvido; os mortos, para os ressuscitar; os pobres, para os evangelizar, também nos devemos acolher uns aos outros. Se o teu próximo é cego pela soberba, quanto está em ti ilumina os seus olhos como o exemplo da humildade; se é coxo pela hipocrisia, põe-no direito por meio das obras da verdade; se é leproso pela luxúria, limpa-o com a palavra e o exemplo da pobreza do Senhor; se é morto pela gula e embriaguez, ressuscita-o com o exemplo e virtude da abstinência; aos pobres, porém, anuncia a vida de Cristo (*2Ad* 15).

A natureza do homem envergonha-se de não amar quem o ama, de não abraçar com os braços da caridade quem o serve devotamente (*2Ep* 10).

As virtudes são uma espécie de membros da alma. Alongam-se, quando se aplicam a obras de caridade (*Je* 7).

Estaremos felizes, se temos a beleza da consciência pacífica, a confiança do viver santo, a opulência da caridade fraterna (*Ep* 3).

O homem foi feito à imagem e semelhança de Deus para que, assim como Deus é caridade, bom, justo, doce e misericordioso, também o homem tenha caridade, seja bom, justo e misericordioso (*23Pn* 11).

O homem de vida ativa assemelha-se ao peixe que percorre as vias do mar, isto é, do mundo, para socorrer o próximo que padece necessidade. O contemplativo assemelha-se à ave, porque se eleva, à medida do possível, às alturas pela contemplação do Rei em sua glória (*Sp* 21).

Os olhos do prelado são: um, a contemplação de Deus; o outro, a compaixão do próximo (*2Ps* 7).

Assim como as velas empurram o navio, a compaixão te impele a socorrer as necessidade do teu próximo (*5Pn* 7).

Roguemos ao Senhor Jesus Cristo que nos conceda voar com as asas da contrição e da confissão para longe dos pecados, colocar no céu o ninho da esperança e tomar a medula da dupla caridade. Auxilie-nos ele mesmo, que é bendito pelos séculos. Assim seja! (Je 12).

* * *

CASTIDADE

O nde houver a glória da castidade, aí haverá a proteção da divina misericórdia, que conserva todas as obras (*1Ad* 11).

Para ser puro, são necessários seis coisas: pureza de coração, castidade de corpo, paciência na adversidade, constância na prosperidade e, para que nisto possa perseverar, a humildade e a pobreza (*2Nt* 3).

Se encontrares um rico humilde e um homem casto entre prazeres, considera-os dois luzeiros no firmamento (*1Ep* 4).

A raiz da castidade é a humildade (*Cp* 3).

A humildade é como uma torre. Assim como a torre defende o castelo, a humildade do coração defende a castidade (*2Qr* 8).

Através da inflexibilidade da castidade se reconhece a retidão da mente (*6Pn* 12).

O cinto novo do profeta Jeremias, que ele escondeu no rio Eufrates, em pouco tempo apodreceu de tal modo que não se podia mais usar. Assim também acontece com o cinto da castidade, que apodrece na abundância dos bens temporais (*Rm* 7).

O manto da alma fiel tece-se com a candura da castidade, o brilho da humildade e o calor da caridade (*2Ps* 15).

A veste do coração devoto é a pureza da áurea castidade (*6Pn* 12).

O linho finíssimo da castidade e a púrpura da Paixão do Senhor são o vestido da alma fiel (*4Ps* 4).

A castidade do corpo, a humildade no trabalho, a abstinência no alimento, a vileza no vestido são prenúncios da santificação interior (*1Ad* 11).

Diz-se em Ciências Naturais que o cedro é uma árvore alta, de agradável cheiro, muito duradoura e com o seu odor afugenta as serpentes. Tem a propriedade de produzir continuamente frutos, no inverno e no verão. A casa de cedro é a consciência do justo: alta pelo amor de Deus, de cheiro agradável pela vida honesta, muito duradoura pela perseverança; o perfume da sua pureza ou devota oração afugenta as serpentes, os movimentos carnais ou os demônios, e tanto no inverno da adversidade quanto no estio da prosperidade produz frutos de salvação eterna (*Asc* 2).

Assim como o sol ilumina todo o mundo, os olhos iluminam todo o corpo, nos ensina o Evangelho (*3Qr* 16).

O homem simples nutre pensamentos puros (*Ps* 10).

Quem quiser participar da Encarnação do Senhor precisa vestir-se da pureza da castidade (*20Pn* 8).

> *Imploremos humildemente, irmãos caríssimos, que nos conceda em Caná da Galileia celebrar as bodas, encher as seis talhas de água, para que nas núpcias da Jerusalém celeste mereçamos beber juntamente com ele o vinho do gozo eterno. Digne-se conceder-no-lo ele mesmo, que é bendito, louvável e glorioso pelos séculos eternos. Diga toda a alma, esposa do Espírito Santo: Assim seja! Aleluia! (1Ep 11).*

* * *

COBIÇA

A cobiça deste mundo é a raiz de todos os males, escreveu São Paulo (*2Qr bis* 3).

A cobiça é um poço que não tem fundo. Por isso todo aquele que beber de sua água de novo terá sede (*2Qr bis* 3).

A cobiça devasta todas as virtudes (*2Qr bis* 8).

Infeliz é a ambição que não sabe ambicionar grandezas (*2Ps* 6).

Grande segurança é nada desejar do mundo (*13Pn* 20).

O cântaro por não se ver o fundo, recorda a cobiça. Por isso a Samaritana (*Jo* 4,28) deixou o cântaro para poder escutar a pregação do Senhor (*10Pn* 11).

A verdadeira devoção arde no fogo do amor divino (como o incenso); fumega, porém, com a vaidade corrupta (como a resina) e liquefaz-se com a cobiça (como a goma) (*Ep* 7).

Assim como num muro se sobrepõem as pedras umas às outras, e se ligam com argamassa, também na abundância dos bens temporais se ajunta dinheiro e dinheiro, casa a casa, campo a campo. E tudo isto se une fortemente com a argamassa da cobiça (*Rm* 6).

A pessoa cobiçosa não tem descanso: assemelha-se ao caçador que corre atrás de pássaros que voam (*2Ps* 9).

A ambição não permite a paz da alma. [O mercenário], quando o ventre está saturado, de bom grado canta o *miserere* (*2Ps* 9).

Conta-se que um lobo olhava a lua num lago e pensou que fosse um queijo. A raposa o aconselhou a ir pegá-lo. O lobo desceu e ficou triste, porque nada encontrou. Uns lavradores o viram e o mataram a pedradas. Assim acontece conosco: vemos no poço da vaidade humana a lua a caminhar na sua claridade; vem a raposa, figura da concupiscência carnal, e nos convence de que o bem transitório e mutável é verdadeiro e duradouro. Enganados, descemos da contemplação para o poço da cobiça, onde somos assaltados e apedrejados por ladrões, isto é, pelos cinco sentidos do corpo (*13Pn* 21).

> *Rogamos-te, Senhor Jesus Cristo, que mereçamos chegar ao gozo eterno. Tu que és a pedra angular, quebra a estátua da nossa cobiça, perdoa-nos a dívida da nossa iniquidade. Auxilia-nos tu, que és bendito pelos séculos eternos. Assim seja! (22Pn 9).*

* * *

CONCÓRDIA

A concórdia entre irmãos é agradável a Deus e aos homens. Concórdia quer dizer coração unido. Concordar é tornar-se um só coração (*11Pn* 11).

A discórdia na comunidade é lepra (*14Pn* 14).

Ensina-nos o livro dos Provérbios (17,1): *mais vale um bocado de pão seco com alegria, do que um vitelo gordo com discórdia* (*As* 3).

Rogamos-te, Senhor Jesus, que nos ligues com o teu amor e o do próximo, a fim de com ele sermos capazes de te amar com todo o coração, isto é, fortemente; com toda a alma, isto é, sabiamente; com todas as forças e com todo o espírito, isto é, docemente; então não seremos seduzidos e afastados do teu amor, seremos capazes de amar o próximo como a nós mesmos. Auxilia-nos tu, que és bendito pelos séculos dos séculos. Amém! (13Pn 14).

* * *

CONCUPISCÊNCIA

A vanglória, a gula e a concupiscência venceram o velho Adão. Foram como que três lanças que o mataram (*Qr* 3).

Diz-nos o livro da Sabedoria (4,12) que o fascínio das frivolidades obscurece o bem e a concupiscência transtorna o bom senso (*4Ps* 15).

> *Eia, Senhora nossa, única esperança, nós te suplicamos que ilumines com o esplendor da tua graça os nossos espíritos, os limpes com o candor da tua pureza, os aqueças com o calor da tua visita, nos reconcilies com o teu Filho, para que mereçamos chegar ao esplendor da sua glória. Auxilie-nos ele mesmo que, à mensagem do Anjo, quis de ti assumir carne gloriosa e habitar no teu tálamo por nove meses. A ele sejam dadas honra e glória por séculos eternos. Assim seja! (An 6).*

* * *

CONFISSÃO / CONTRIÇÃO

O sacramento da confissão se chama 'porta do céu'. Verdadeiramente, é porta do paraíso. Por ela, como através de uma porta, é admitido o penitente ao ósculo dos pés da divina misericórdia; é erguido ao ósculo das mãos da graça celeste; é recebido ao ósculo da face da reconciliação paterna (*1Qr* 19).

A confissão se diz casa de Deus. Nela o pecador se reconcilia com Deus, como o filho pródigo se reconciliou com o pai, quando voltou para casa (*1Qr bis* 18).

Confesso-me a um homem, não como a um homem, mas como a Deus (*1Qr* 5).

Assim como a aurora é o início do dia e o fim da noite, assim a contrição é o fim do pecado e o início da penitência (*Sp* 14).

Sem o sangue da contrição não há remissão do pecado (*1Ad* 10).

A contrição deve sempre ser universal (*1Qr bis* 4).

Que maior justiça há do que acusar-se a si mesmo? (*3Qr bis* 6).

A confissão se compara ao Monte Sinai. De fato, que maior excelência ou altura pode existir do que o perdão do pecado? (*1Qr* 6).

O Senhor inspira no rosto da alma o sopro da vida, que é a contrição do coração, quando então a imagem e semelhança de Deus, deturpada pelo pecado, se reimprime na alma (*1Qr bis* 3).

Mediante as pancadas da contrição chega-se à pureza do coração (*Es 10*).

Assim como em panela fervendo não entra mosca, também em coração verdadeiramente contrito não entra pecado (*11Pn* 10).

A confissão deve corresponder exatamente à culpa. O pecador não deve dizer menos por vergonha ou temor, nem ajuntar mais sob pretexto de humildade, para além da verdade. Por humildade não é lícito mentir (*1Qr* 6).

A contrição purifica. Diz o Senhor em Ezequiel (36,25): *Derramarei sobre vós água pura, e vós sereis purificados de todas as vossas imundícies.* E em Jeremias (4,14): *Lava, ó Jerusalém, o teu coração de toda a maldade, para que sejas salva. Até quando permanecerão em ti pensamentos pecaminosos?* A contrição lava o coração da malícia e purifica dos pensamentos pecaminosos.

A confissão purifica. Diz-se que tudo se lava na confissão. Escreve Jeremias nas Lamentações (2,19): *Derrama o teu coração como água diante do Senhor.* Diz-se como água e não como vinho, ou leite, ou mel. Quando se derrama vinho, no copo fica o cheiro; quando leite, fica a cor; quando o mel, fica o sabor; quando, porém, se derrama água, não fica vestígio de qualquer dessas substâncias. O cheiro do vinho significa a imaginação do pecado; a cor do leite a admiração da beleza vã; o sabor do mel, a recordação da iniquidade declarada, acompanhada do deleite do espírito. Quando derramas o teu coração ao confessar-te, derrama-o como água, para que as imundícies e os resíduos sejam absolutamente reduzidos a nada. E desta forma serás limpo do pecado (*1Ep* 7).

O publicano, porque é humilde, não ousa aproximar-se, para que Deus se aproxime dele; não olha, para que seja olhado; bate no peito, exige de si o arrependimento, para que Deus o perdoe; confessa, para que Deus esqueça o pecado (*11Pn* 10).

> *Roguemos, irmãos caríssimos, ao Senhor Jesus Cristo que nos levante do pecado, nos faça assentar no coração contrito, confessar os pecados, para merecermos ser restituídos à mãe da graça, conduzidos a Jerusalém, que é a nossa mãe lá do alto, pelas mãos dos anjos. Auxilie-nos ele mesmo, que é piedoso e benigno, misericordioso e manso, louvável e glorioso pelos séculos eternos. Diga toda a alma ressuscitada: Assim seja! Aleluia! (16Pn 12).*

* * *

CONSCIÊNCIA

A paz da consciência excede o gozo dos bens temporais (*Ft* 15).

A glória do justo é o testemunho da própria consciência, não da língua alheia (*2Qr* 13).

A maioria estima a fama, poucos a consciência (*5Pn* 9).

A consciência do homem alimenta-se do trabalho misturado de lágrimas (*2Pn* 3).

É miserável quem acredita mais na língua alheia do que na própria consciência (*5Pn* 9).

Para superar os aduladores, cinge-te com a lembrança da própria iniquidade, crendo mais na tua consciência do que na língua dos outros (*16Pn* 5).

Estaremos felizes, se tivermos a beleza da consciência pacífica, a confiança do viver santo, a opulência da caridade fraterna (*Ep* 3).

Rogamos-te, Senhor Jesus Cristo, que entres na casa da nossa consciência, ponhas fora o príncipe dos fariseus, isto é, o movimento dos maus pensamentos, que se dividem entre si, e, dividindo-se, dispersam o coração; restituas o sábado do descanso e da paz ao nosso entendimento e nos faças comer o pão da tua vontade, a fim de merecermos chegar a ti, pão dos anjos. Auxilia-nos tu, que és bendito pelos séculos dos séculos. Assim seja! (17Pn 6).

* * *

CONTEMPLAÇÃO

Quando o entendimento, elevado acima de si mesmo na contemplação, divisa alguma coisa acerca da luz da divindade, toda a razão humana sucumbe (*2Qr* 9).

O homem de vida ativa assemelha-se ao peixe que percorre as vias do mar, isto é, do mundo, para socorrer o próximo que padece necessidade. O contemplativo assemelha-se à ave, porque se eleva, à medida do possível, às alturas pela contemplação do Rei em sua glória (*Sp* 21).

A vida contemplativa não foi instituída por causa da ativa, mas a vida ativa por causa da contemplativa (*3Ps* 14).

Somos o templo de Deus e santos, se formos contemplativos, renunciando aos bens temporais, se mortificarmos nossa carne; se nos compadecermos do próximo (*18Pn* 5).

No vestido da fé, operante pelo amor, devem existir o fogo da caridade, o ar da contemplação, a água do arrependimento, a terra da humildade (*5Pn* 13).

A ave que têm o peito largo, por tomar muito ar, tem dificuldade de voar. As que têm peito estreito e agudo voam com mais velocidade. Assim também o homem que quiser ser contemplativo não pode se apegar a muitos e variados pensamentos. Eles impedem a contemplação (*Sp* 21).

A Igreja é o corpo místico de Cristo. Nele uns são cabeça, outros são mão, outros são pés, outros corpo. A cabeça são os contemplativos; as mãos os ativos; os pés os pregadores santos; o corpo, todos os verdadeiros cristãos (*Qn* 19).

Diz o evangelista que o rosto de Jesus, no Tabor, resplandecia como o sol. Resplandeça também o rosto da nossa alma como o sol, a fim de que transforme em obras o que vemos pela fé; e o bem que discernimos no interior, o executemos fora, na pureza da obra, com a virtude da discrição; e o que saboreamos na contemplação de Deus, se torne vida no amor do próximo (*2Qr* 10).

A santificação da alma e do corpo exige seis virtudes: a mortificação da vontade própria, o rigor da disciplina, a virtude da abstinência, a consideração da própria fraqueza, o exercício da vida ativa, a contemplação da glória celeste (*2Qr bis* 10).

Os olhos do prelado são: um, a contemplação de Deus; o outro, a compaixão do próximo (*2Ps* 7).

A justiça dos verdadeiros penitentes consiste no espírito de pobreza, no amor da fraternidade, no gemido da contrição, na mortificação do corpo, na doçura da contemplação, no desprezo da prosperidade terrena, no doce amplexo da adversidade, no propósito da perseverança final (*6Pn* 3).

Que há de mais suave do que as lágrimas que manam da doçura da contemplação? As lágrimas, ensinou Santo Agostinho, são o sangue da alma (*9Pn* 1).

Deus infunde a doçura da contemplação a quem quer, quando quer e como quer (*15Pn* 8).

Nos frutos temos três propriedades: a cor, o sabor e o perfume. O homem justo se assemelha ao fruto: nele há a cor da santidade, o gosto da contemplação e o perfume de sua boa fama (*19Pn* 3).

Cinco coisas necessárias a todo e qualquer justo: a paz do coração, o desapego dos bens terrenos, o silêncio da boca, o êxtase da contemplação, a lembrança da própria fragilidade (*Pp* 18).

Peçamos humildemente ao Senhor Jesus, que nos acolha nas entranhas da sua caridade, nos faça viver com a água da compunção, com o ar da contemplação, com o fogo da caridade, com a terra da humildade, para merecermos chegar a ele, que é vida. Auxilie-nos ele mesmo, que é bendito pelos séculos dos séculos. Assim seja! (22Pn 15).

* * *

CRUZ

Quando Cristo estendeu na cruz a mão e quis que ela, assim estendida, fosse aberta com um cravo, derramando, então, pela ferida um tesouro de misericórdia, encheu de bênçãos todas as almas (*12Pn* 10).

Em parte alguma pode um homem compreender melhor a sua dignidade do que no espelho da cruz, que te mostra a maneira como dever inclinar a tua soberba, mortificar a lascívia da tua carne, orar ao Pai pelos que te perseguem e encomendar o teu espírito na sua mão (*Ic* 7).

Como a mãe cheia de carinhos toma o filho pequenino pela mão para fazê-lo subir escada acima, assim o Senhor toma a mão do penitente humilde para que ele possa subir pela escada da cruz ao mais alto grau da perfeição e mereça contemplar na sua glória o Rei de aspecto encantador (*Pl* 3).

Na vida Jesus foi conduzido a três desertos: primeiro ao ventre da Virgem; segundo, ao deserto das tentações; terceiro, ao patíbulo da cruz. Ao primeiro foi conduzido só por misericórdia; ao segundo para nosso exemplo; ao terceiro por obediência ao Pai (*Qr* 2).

Golias, ao ver Davi, muito novo e de bela aparência, gritou-lhe: *Por acaso sou eu um cachorro, para vires a mim com um cajado?* (*1Sm* 43). Golias é o diabo. É, sim, um cão, porque ladra para inocentes e ignora seu Criador. Davi é o Cristo, que haveria de combater por nós com o cajado da cruz. Cristo segurou sempre o cajado da cruz nas mãos e com ele matou nosso adversário (*Asc* 9).

O sol, ao se pôr, tira as cores de todas as coisas. Assim o verdadeiro sol Jesus Cristo, ao sofrer na cruz o eclipse da morte, desbotou todas as cores da vaidade, das glórias falazes e das honras (*3Qr* 21).

Quem pode presumir ou gloriar-se de uma boa obra, ao ver o Filho do Pai, a sua virtude e sabedoria, preso à cruz, suspenso entre ladrões? (*Lr* 11).

Conta-se que o sapientíssimo rei Salomão possuía uma ave. Um dia meteu o filhote num vaso de vidro. A dolorida mãe via o filho sem poder possuí-lo. Finalmente, por excessivo amor para com o filho, retirou-se para o deserto, onde encontrou um verme. Trouxe-o e pô-lo em cima do vaso de vidro, contra o qual o esborrachou. A virtude deste sangue quebrou o vidro e a avestruz libertou o filho. A ave significa a divindade; o seu filho, Adão e a sua descendência; o vaso de vidro, o cárcere do inferno; o deserto, o ventre virginal; o verme, a humanidade de Cristo; o sangue, a sua paixão. Deus, pois, para libertar o gênero humano do cárcere do inferno, do poder do diabo, foi para o deserto, isto é, para o ventre da Virgem. Dela recebeu o verme, isto é, a humanidade. Ele mesmo disse: *Sou um verme, não um homem* apenas, porque sou Deus e homem. Esborrachou este verme no patíbulo da cruz. Do seu lado saiu sangue, cuja força quebrou as portas do inferno e libertou o gênero humano do poder do diabo (*Rm 3*).

Alguns autores contam que Adão, adoecendo, enviou seu filho Set a procurar-lhe um remédio. Set, aproximando-se do paraíso, contou ao anjo que seu pai estava à morte. O anjo cortou um ramo daquela árvore, de cujo fruto Adão comera, deu-o a Set, dizendo: Quando este ramo der fruto, teu pai estará são. Isto, aliás, transparece num prefácio da Missa, quando se diz: "para que a vida ressurgisse de onde a morte viera". Set, porém, ao voltar, encontrou Adão morto e sepultado. Plantou o ramo à cabeceira da sepultura. O ramo cresceu e tornou-se uma grande árvore. Dizem até que a rainha de Sabá, ao visitar Salomão, encantou-se com a grandiosidade da árvore. Voltando à sua pátria, teria escrito uma carta a Salomão e teria dito que tivera um pressentimento ao ver a grande árvore: alguém enforcado nela e por conta desse enforcamento, os judeus perderiam a liberdade e a pátria. Salomão, então, teria cortado a árvore e a teria enterrado e sobre ela construído uma piscina. Com o tempo o tronco teria vindo à superfície. Na sexta-feira santa, quando os soldados procuravam um tronco para pregar Jesus de Nazaré, encontraram justamente este e o puseram às costas de Jesus. Nele crucificaram o Senhor. Assim a árvore produziu seu fruto e Adão foi salvo e reviveu (*Ic 8*).

Em cada canto da cruz há uma pedra preciosa: a misericórdia, a obediência, a paciência e a perseverança (*Rm* 12).

A memória do crucificado crucifica os vícios (*Qn* 9).

Escreve João que o Senhor Jesus mostrou-lhes as mãos e o lado; e Lucas que o Senhor lhes mostrou as mãos e os pés. O Senhor, segundo me parece, por quatro causas mostrou aos Apóstolos as mãos, o lado e os pés. A primeira foi para mostrar que verdadeiramente ressuscitara e assim nos tirar qualquer dúvida. A segunda, para que a pomba – ou seja, a Igreja ou a alma fiel – construísse ninho nas suas chagas e se escondesse da vista do gavião. A terceira, para imprimir em nossos corações, como insígnias, as marcas de sua Paixão. A quarta, pedindo que nos apiedemos dele, que não o crucifiquemos de novo com os cravos dos nossos pecados. Mostrou-nos, portanto, as mãos e o lado como a dizer: eis as mãos que vos plasmaram, vede como os cravos as transpassaram; eis o lado donde nascestes, vós fiéis, minha Igreja, tal como Eva nasceu do lado de Adão; vede como foi aberto pela lança, para vos abrir a porta do paraíso (*OitPs* 8).

> *Tira-nos, ó Senhor Jesus, do lodo profundo com o gancho da tua cruz, para que possamos correr, não digo ao perfume (cf. Ct 1,3), mas à amargura da tua paixão. Alma minha, arranja o colírio de que fala o Apocalipse (3,18), chora amargamente sobre a morte do Unigênito, sobre a paixão do crucificado! O Senhor inocente é entregue por um discípulo, escarnecido por Herodes, flagelado por um governador, cuspido pela plebe, crucificado por um punhado de soldados (Qn 14).*

* * *

DESAPEGO

Se queres guardar o que recebeste não o atribuas a ti, mas ao Senhor. Se atribuis a ti o que não é teu, praticas um furto. Se não entregas o alheio, estás te apropriando do que não te pertence (*14Pn* 15).

Jesus disse: *Vós que me seguistes* (*Mt* 19,28). Não disse: que deixastes, mas que me seguistes, o que é próprio de apóstolos e de perfeitos. Muitos deixam as suas coisas, todavia não seguem a Cristo, porque, por assim dizer, não se dão a si mesmos. Se queres seguir e conseguir, importa que te deixes. Aquele que segue a outro no caminho, não olha para si, mas para aquele a quem constituiu guia da sua vida (*Cn* 4).

Disse Pedro: *Eis que deixamos tudo e te seguimos*. Procedeste bem, Pedro, porque carregado, não podias seguir o corredor (*Sx* 8).

Todo religioso que deseja possuir verdadeira pobreza precisa, em primeiro lugar, renunciar a todos os bens exteriores; depois, não ter vontade, de futuro, de possuir coisa alguma; finalmente, sofrer com paciência o incômodo da própria pobreza (*2Ad* 16).

Cinco coisas necessárias a todo e qualquer justo: a paz do coração, o desapego dos bens terrenos, o silêncio da boca, o êxtase da contemplação, a lembrança da própria fragilidade (*Pp* 18).

> *Derramemos preces, irmãos caríssimos, ao mesmo Jesus Cristo, para que nos conceda, depois de termos abandonado tudo, correr juntamente com os Apóstolos, santificá-lo em nossos corações, e com isto merecermos chegar a ele, o Santo dos Santos. Auxilie-nos ele mesmo, que é louvável, amável, manso e suave, ao qual são devidas a honra e a glória pelos séculos eternos. Diga toda a alma penitente: Assim seja! Aleluia! (5Pn 21).*

* * *

DETRAÇÃO

Detrair ou ouvir quem detrai: não sei dizer o que é mais condenável (*1Pn* 14).

A língua do detrator é espada de três cabeças, pois mata na verdade três coisas duma só vez: o detrator, quem ouve o detrator e aquele que é detraído, quando lhe chegar aos ouvidos a detração (*1Pn* 14).

Detrair é mudar para o mal ou diminuir as ações bem feitas dos outros (*Pp* 3).

Não te envergonhes de falar que a língua do detrator é mais cruel que a ponta da lança com que foi traspassado o lado do Senhor, porque esta traspassa não já o corpo morto de Cristo, mas mata-o ao traspassá-lo (*4Ps* 14).

Não foram mais nocivos os espinhos que lhe feriram a cabeça, nem os cravos que lhe furaram as mãos e pés, do que a língua do detrator, que lhe traspassou o próprio coração (*4Ps* 14).

Nega Cristo com a língua quem destrói a verdade com a mentira ou murmura do próximo. Nega Cristo quem fere verdade com a mentira e extingue a caridade com a detração (*Pp* 3).

Algumas vezes me arrependi de ter falado, nunca de ter calado (*4Ps* 14).

Usa mais os ouvidos do que a língua (*4Ps* 14).

Há três coisas que ensurdecem nosso ouvido: as palavras soberbas, as palavras de detração e as palavras de adulação (*16Pn* 5).

O início da religião é o freio da língua (*5Ps* 13).

Tem gente que não come carne, mas lanha o irmão com os dentes da detração (*1Pn 14*).

Come carne humana quem rói com o dente da detração até as obras louváveis dos irmãos. Quem assim age, já lembrava Sêneca, não só cheira mal na parte inferior, mas também na superior (*1Pn* 14).

Do verbo *mordeo* (morder) vem a palavra *morbo* (doença). Chama-se morbo por ser caminho para a morte. De fato, a detração é um morbo, através do qual, como se fora caminho, vem a morte à alma (*8Pn* 3).

Roguemos, irmãos caríssimos, ao mesmo Senhor Jesus Cristo, em cuja mão perfurada na cruz pelos cravos, está a nossa salvação, que nos salve da incursão dos inimigos, nos ouça, perdoando-nos os pecados, nos confirme até ao fim, para que mereçamos chegar ao mesmo Senhor, sentado à direita de Deus Pai. Auxilie-nos ele mesmo, que é bendito pelos séculos. Assim seja! (18Pn 4).

* * *

DEUS PAI

Disse Felipe: *Mostra-nos o Pai e isto nos basta* (*Jô* 14,8). Coisa semelhante encontramos no Êxodo (33,18-19), onde Moisés fala ao Senhor: *Mostra-me a tua glória!* E Deus responde: *Eu te mostrarei todo o bem.* Quer dizer, Felipe, *quem me vê a mim, vê também o Pai,* e vê todo o bem. Deste bem é bom todo aquele que é bom. Este bem, este bem substancial, estende a sua bondade a todas as coisas existentes. Tudo o que há ou se move, vive ou existe no céu, como nos Anjos, na terra ou debaixo da terra, no ar, na água, dotado de inteligência e de razão, procede daquele Sumo Bem, causa de todas as coisas e fonte de bondade (*Ft* 9).

Disse Deus: *faça-se a luz!* Esta luz é a sabedoria de Deus Pai, que habita em luz inacessível ... Esta luz, que era inacessível e invisível, fez-se visível na carne, iluminando os que estavam sentados nas trevas e na sombra da morte (*Sp* 4).

Amarás o Senhor teu Deus com todo o teu coração. Diz teu e por isso mais se deve amar, pois nós amamos mais o nosso do que o alheio. Ele é digno de ser amado por ti. Com ser o Senhor teu Deus, tornou-se teu servidor, para que te fizesses dele e te não envergonhasses de o servir. *Com os teus pecados*, escreve Isaías (43,24), *como que me tornaste teu escravo*. Durante trinta e três anos, o teu Deus se tornou teu escravo por causa dos teus pecados, para te libertar da escravidão do diabo. *Amarás*, portanto, *o Senhor teu Deus*, que te criou; tornou-se criatura por causa de ti; deu-se todo a ti, para que te desses todo a ele. *Amarás*, portanto, *o Senhor teu Deus*. No princípio, antes de existires, deu-te a ti; no segundo momento, sendo tu mau, deu-se a ti para que fosses bom, e quando se te deu, restituiu-te a ti. Dado, portanto, e restituído, deves-te duas vezes e deves-te todo. *Amarás*, portanto, *o Senhor teu Deus com todo o teu coração*. Aquele que disse 'todo' não te deixou parte de ti, mas mandou que te oferecesses 'todo' a ele. De fato, ele te comprou todo, a fim de só ele todo te possuir. *Amarás o Senhor teu Deus com todo o teu coração*. Não queiras, como Ananias e Safira, guardar para ti uma parte de ti, a fim de que não morras todo com eles. Ama, pois, totalmente, não em parte, porque Deus não tem partes, mas está todo em toda a parte. Por isso, não quer partilha no teu ser, ele que é todo no seu Ser. Se reservas para ti uma parte de ti, és teu, não seu. Queres possuir tudo? Dá-lhe o que és e ele te dará o que é; e assim nada terás de ti, porque possuirás o todo dele juntamente com o todo de ti. *Amarás, portanto, o Senhor teu Deus com todo o teu coração* (*13Pn* 9).

A obra do Senhor é a criação que, bem considerada, leva o que a examina à consideração do seu Criador. Se tanta beleza há na criatura, quanta existe no Criador? (*2Ad* 4).

Ao Pai atribuo tudo; a ele dou graças; dele provém toda a sabedoria, toda a perícia e ciência (*5Qr* 7).

O Pai das luzes, como munificente e piedoso esmoler, deu-nos, a nós pobres, não só do bom e do melhor, mas do excelente (*4Ps* 4).

Excelente quer dizer sumo. Perfeito é aquilo a que nada se pode ajuntar. Cristo é dádiva excelente, porque foi nos dado pelo Pai o Filho supremo, eterno como o Pai. Cristo é dom perfeito, porque quando o Pai no-lo deu, levou, por seu intermédio, todas as coisas à perfeição (*4Ps* 4 e 5).

Quanta caridade teve o Pai para conosco! Enviou-nos o seu Filho unigênito, para que nós, vivendo por seu intermédio, o amássemos. Sem ele, a vida é morte, porque *quem não ama permanece na morte* (*1Pn* 7).

Deus se oferece a todos e está pronto a ajudar a todos (*2Ps* 5).

Porque ou há de odiar um e amar o outro, ou há de afeiçoar-se a um e desprezar o outro. Observem-se estas quatro palavras: *amar* e *afeiçoar-se*, *odiar* e *desprezar*. Se amas a vida, odeias a vida; se te afeiçoas ao superior, desprezas o inferior. Pelo contrário: ama-te, tal qual te amou quem te criou; odeia-te, tal qual tu te fizeste; afeiçoa-te ao que é superior em ti, despreza o que é inferior em ti. Ama-te por aquilo que te amou, a ponto de se entregar por ti. Odeia-te naquilo em que odeias o que Deus fez e amou em ti. Isso é o que disse Tobias ao seu filho (*Tb* 4,5): *Em todos dias da tua vida, tem sempre a Deus no teu coração e acautela-te não vás consentir alguma vez no pecado e não cumpras os mandamentos do nosso Deus.* Ó palavra mais doce que o mel e que o favo de mel: tem sempre Deus no coração. Ó coração mais ditoso do que o bem-aventurado, mais feliz do que todo o mais feliz, tu que possuis a Deus. Que te falta? Que se te pode acrescentar? Tens tudo, porque só te enche aquele que tudo fez, sem o qual tudo o que existe nada é. *Tem, portanto, sempre Deus no teu coração!* Eis o testamento legado por Tobias ao filho, eis os bens que lhe deixou: Tem a Deus sempre no coração. Ó possessão, que tudo possui! Ditoso aquele que te possui: feliz quem te tem! Ó Deus, que posso eu dar para te possuir? Acaso julgas que, se te der tudo, te poderei possuir? E por que preço te poderei possuir? És mais excelso do que o céu, mais profundo do que o inferno, mais comprido do que a terra e mais largo do que o mar. Como, portanto, te poderá possuir um verme, um cão morto, um filho de homem? Mas, como diz Jó, não será comprado a peso de prata. Não será comparado às cores mais vivas da índia nem com a pedra sardônica mais preciosa nem com a safira. Não se lhe igualará o ouro nem o cristal, e não será dado em troca, em sua compra, por vasos de ouro e coisas de grande valor. Ó Senhor Deus, não tenho estas coisas. Que devo, então, dar-te para te possuir? Dá-me a ti e eu dar-te-ei a mim. Dá-me o coração, e ter-me-ás no coração. Preserva para ti todas as tuas coisas. Dá-me somente o coração. Estou cheio de tuas palavras, não preciso dos teus feitos; dá-me apenas o coração. Observe que diz *sempre.* Queres ter sempre Deus no coração? Tem sempre olho em ti. Vejamos as três palavras: coração, olho e a ti. Deus está no coração, o coração está no olho, o olho está em ti. Se, portanto, te vês, tens Deus em ti. Queres ter sempre a Deus no coração? Possui-te tal qual te criou. Não queiras ir à procura de outro tu. Não te queiras fazer outro, diferente daquele que ele mesmo criou e, desta forma, terás sempre a Deus no coração (*15Pn 5*).

> *Roguemos ao Pai, dizendo: Ó Deus, nosso protetor, olha para nós e põe os olhos no rosto do teu Ungido; não olhes, ó Pai, para os nossos pecados, mas olha para o rosto do teu Filho que, por causa dos nossos pecados, foi escarrado, intumesceu com as bofetadas e lágrimas para reconciliar contigo os pecadores, que somos nós. Ele, para nos perdoares, mostrou-te o rosto ferido com bofetadas, para que olhasses para ele e nesse olhar nos fosses propício a nós, que fomos a causa de sua Paixão (13Pn 6).*

* * *

DIABO

A morada do diabo é o coração do homem mau (*3Qr* 8).

Aqueles que trabalham por riquezas e honras tornam-se morada de demônios, eles que deveriam ser o templo de Deus (*3Qr* 8).

Enquanto a alma possui arrependimento, o diabo não lhe pode fazer mal (*3Qr* 9).

Dizem que tudo o que o lobo pisa com a pata não vive ... o diabo, como o lobo, tudo o que pisar com a pata da soberba mata. Por isso Davi (*Sl* 36,12), temendo ser pisado por sua pata, orava com estas palavras: *Que não me pise o pé do soberbo!* Assim como todos os membros se apoiam no pé, também todos os vícios se apoiam na soberba, início de todo o pecado (*2Ps* 11).

O lobo teme muito duas coisas: o fogo e o caminho trilhado ... Também o diabo teme especialmente duas coisas: o fogo da caridade e o caminho trilhado da humildade (*2Ps* 11).

O avarento é a comida do diabo (*3Ps* 4).

O óleo unge e ilumina. O pregador, com o óleo da pregação, deve ungir o pecador convertido na luta, para que não consinta na sugestão do diabo, esmague as seduções da carne, despreze as coisas mundanas e enganadoras. E como o óleo também ilumina, a pregação ilumina o olho da razão, a fim de poder ver o raio do verdadeiro sol (*Qn* 1).

O nariz da alma é a virtude da discrição, através da qual, como se fora nariz, deve discernir o bom do mau cheiro, o vício da virtude e pressentir as tentações do diabo (*2Qr* 8).

Deus ocultou ao diabo o mistério da Encarnação do Senhor. Ao ver Maria Santíssima casada, grávida, dar à luz um filho e aleitando-o, o diabo não se deu conta do mistério (*Pr* 7).

Para pôr em fuga o demônio, pensa no amor de Cristo e em sua Paixão (*3Qr* 6).

Assim como Davi derrubou Golias com a funda e uma pedra, também Cristo venceu o diabo com a funda da humildade e com a pedra da Paixão (*3Qr* 10).

A forma de servo que Jesus Cristo assumiu para nos salvar aparentemente o mostra impotente. Mas ele é o forte que venceu o diabo com suas mãos pregadas com cravos na cruz (*Rm* 10).

Quantos pecados mortais cometemos, tantas faces do diabo colocamos sobre a face divina e assim perdemos a noção do rosto de Deus (*6Ps* 9).

A soberba é o caminho de que procedem todos os caminhos do diabo (*20Pn* 6).

Diz-se que a corça, quando pressente o ladrar dos cães, toma um caminho em que o vento lhe seja favorável, para que o cheiro se afaste com ela. Quando o penitente pressente as sugestões do demônio, toma o caminho dos ventos favoráveis, ou seja, corre para a humildade em todos os seus atos internos e externos. O vento favorável é a humildade; o vento contrário é a soberba (*Njb* 10).

Rogamos-te, Senhora nossa, que tu, Estrela da manhã, afastes com o teu esplendor a névoa da sugestão diabólica, que encobre a terra do nosso espírito; tu que és a lua cheia, enchas o nosso vazio, diluas as trevas dos nossos pecados, a fim de merecermos chegar à plenitude da vida eterna, à luz da glória sem falha. Auxilie-nos o Senhor, que te criou para seres a nossa luz. Para nascer de ti, fez-te nascer hoje. A ele sejam prestadas honra e glória pelos séculos dos séculos. Assim seja! (Nm 4).

* * *

DOÇURA

Diz o Salmo: *Quão grande é, Senhor, a quantidade de doçura que escondeste aos que te temem!* Escondeste-a, para que fosse procurada com mais fervor; procurada, fosse encontrada; encontrada, fosse docemente amada; amada fosse eternamente possuída (*2Pn* 4).

O seu fruto é o primeiro em doçura. O fruto da Abelha é o Filho da Virgem. *E bendito é o fruto do teu ventre.* Lê-se no Cântico dos Cânticos (2,3): *O seu fruto é doce à minha boca.* Este fruto tem o início, o meio e o fim na doçura. Foi doce no útero, doce no presépio, doce no templo, doce no Egito, doce no Batismo, doce no deserto, doce na palavra, doce no patíbulo, doce no milagre, doce montado no burrinho, doce no açoite, doce no sepulcro, doce nos infernos, doce no céu. Ó doce Jesus, que coisa há de mais doce do que tu? A tua memória é doce acima do mel e de todas as coisas, nome de doçura, nome de salvação. Que é, pois, Jesus senão Salvador? (*Pr* 10).

O espírito de humildade é mais doce do que o mel. Quem se deixa reger por ele produzirá frutos doces (*8Pn* 10).

O fruto da sabedoria é o amor de Deus. Depois da saboreada a sua doçura, a alma experimenta quão suave é o Senhor (*9Pn* 10).

A justiça dos verdadeiros penitentes consiste no espírito de pobreza, no amor da fraternidade, no gemido da contrição, na mortificação do corpo, na doçura da contemplação, no desprezo da prosperidade terrena, no doce amplexo da adversidade, no propósito da perseverança final (*6Pn* 3).

O alimento de Maria Santíssima é seu Filho, mel dos anjos, doçura de todos os santos. Vivia daquele que alimentava: a quem ela dava o leite, ele dava a vida (*Pr* 9).

Bom Jesus, sê para nós Jesus por motivo de ti mesmo, a fim de que tu, que deste o início da doçura, isto é, a fé, nos dês a esperança e a caridade, para que nela vivendo e morrendo, mereçamos chegar a ti. Auxilia-nos com as preces de tua Mãe, que és bendito pelos séculos. Assim seja! (Pr 10).

* * *

ELOGIO

Quão grande coisa é não ser louvado e ser louvável (*5Pn* 9).

É coisa sórdida o autoelogio. Louve-te a boca alheia, não a tua (*11Pn* 4).

Quando desejas que alguém cresça e se levante com o teu louvor, decresces em ti mesmo (*16Pn* 5).

Queres crescer aos olhos de Deus e não aos olhos humanos? Presta todo o louvor, toda a glória ao Criador e não à criatura (*16Pn* 5).

Quando falares, não digas de ninguém ausente senão bem (*16Pn* 5).

Meu irmão, quando falares, esquece-te de todo o homem ausente, que não ames verdadeira e puramente (*16Pn* 5).

Vende um objeto de grande valor por vil preço quem entrega o bem que faz pelo louvor humano (*Cn* 2).

Rogamos-te, Senhora nossa, Mãe ínclita de Deus, exaltada acima dos coros dos anjos, que enchas de graça celeste o vaso do nosso coração, o faças refulgir com o ouro da sabedoria, o consolides com o poder da tua virtude, o adornes com a pedra preciosa das virtudes, derrames sobre nós o azeite da tua misericórdia; tu que és oliveira bendita, com ele cubras a multidão dos nossos pecados, a fim de que mereçamos ser elevados à altura da glória celeste e tornados felizes com os bem-aventurados. Auxilie-nos Jesus Cristo, teu Filho, que te exaltou acima dos coros dos anjos, te coroou com o diadema real e te colocou no trono da luz eterna, ao qual são devidas honra e glória por séculos eternos. Diga toda a Igreja: Assim seja! Aleluia! (As 5).

* * *

ESMOLA

Grande tesouro é a esmola! (*Qc* 6).

A esmola purifica: *dai esmola, e todas as coisas serão puras para vós* (*Lc* 11,41). Assim como a água extingue o fogo, a esmola extingue o pecado. Dela diz o Eclesiástico (17,18): *A esmola é como uma sacola que o homem leva consigo; nela ficará conservada a graça como os olhos guardam a pupila.* Chama-se sacola esmola, porque se encontrará na vida eterna o que nele se põe. Isto é o que se diz no Eclesiastes (11,1): *Lança o teu pão sobre as águas que passam,* aos pobres, que de porta em porta passam de lugar para lugar, *e depois de muito tempo,* no dia do juízo, *o encontrarás,* encontrarás a retribuição em lugar do pão. És peregrino, ó homem, leva para o caminho da tua peregrinação esta sacola, para quando, à noite, chegares a um albergue, poderes encontrar nela o pão de que te alimentes.

A esmola conserva também a graça como os olhos guardam a pupila. Para a vista ser penetrante, há a córnea, membrana muito tênue sobre a pupila. Para proteger a saúde dos olhos, foram criadas as pálpebras. E todo o animal fecha os olhos quando se avizinha um objeto estranho, e fá-lo não por vontade, mas por instinto. O homem fecha os olhos muitas vezes, porque tem córnea mais sensível do que todos os animais. A ave, porém, que fecha os olhos, não os fecha senão por meio da pálpebra inferior. Assim como a pálpebra, cobrindo a pupila, a conserva, a esmola conserva a graça, uma espécie de pupila da alma, por meio da qual vê. Isto é o que diz Tobias (4,11): *A esmola livra do pecado e não deixa a alma entrar nas trevas.* Assim como o homem fecha instintivamente muitas vezes os olhos com as pálpebras, também deve dar esmola com frequência, a fim de poder conservar a graça. De fato, a natureza ensina-o e compele-o a proceder assim. A fragilidade da córnea simboliza a compaixão do espírito, que existe e deve existir mais no homem do que em qualquer outro animal. Prova ser animal bruto aquele que não usa compaixão. Moisés no Deuteronômio: Mando-te que abras a mão ao teu irmão necessitado e pobre, que vive contigo peregrino na terra (*1Ep* 7 e 8).

O jejum e a esmola devem fazer-se com alegria, a oração com a esperança da divina misericórdia (*Cp* 11).

Rega o coração do pobre miserável com a esmola, a que chamam de água de Deus, a fim de colheres o fruto na vida eterna (*Cn* 6).

Observe-se que na flor há a cor, o cheiro e a esperança do fruto. A vista alimenta-se da cor, o olfato do cheiro e o gosto do fruto. O mesmo sucede com a esmola; com a sua cor, por assim dizer, se alimenta a vista do pobre, que tem o olho nas mãos do benfeitor. O ânimo do benfeitor alimenta-se da esperança de receber os frutos da vida eterna (*Rs* 5).

A hera por si não pode elevar-se às alturas, mas deve agarrar-se aos ramos de qualquer árvore. Ela significa o rico deste mundo, que se eleva ao céu não por si, mas pelas esmolas aos pobres, como se eles fossem seus braços (*Sp* 16).

Quem tiver bens, depois de guardado o necessário para o alimento e o vestido, e vir o seu irmão, por quem Cristo morreu, padecer necessidade, deve dar-lhe o que sobeja (*2Pn* 12).

Quem fecha o seu coração diante do irmão pobre peca mortalmente (*2Pn* 12).

A esmola extingue a avareza (*9Pn* 14).

O homem justo germinará pela compaixão e florescerá pela esmola (*9Pn* 14).

Assim como a pálpebra, cobrindo a pupila, a protege, a esmola protege a graça, que uma espécie de pupila da alma (*1Ep* 8).

Assim como nós fechamos instintivamente muitas vezes as pálpebras para conservar límpidos os olhos, também devemos dar esmola com frequência para conservar a beleza da graça (*1Ep* 8).

O homem rega a horta para colher fruto. Rega também tu o coração do pobre com a esmola, que é água de Deus, a fim de que colhas o fruto da vida eterna (*Qc* 6).

Ai daqueles que têm cheios de grãos e de vinho os celeiros e dois ou três armários de vestidos, e os pobres de Cristo clamam à sua porta de ventre vazio, de corpo nu (*2Pn* 12).

As mãos de alguns que dão esmolas estão manchadas com o sangue dos pobres (*Sx* 9).

Devemos dar ao pobre não só com a mão, mas também com o afeto do coração, para que a avareza não fique a chorar a esmola (*9Pn* 14).

Diz o Senhor: *Dá a todo aquele que te pede* (*Lc* 6,3). Dá a boa vontade, se não possuis bens. Se possuis uma e outra coisa, melhor (*15Pn* 12).

Estende a mão ao pobre, para que recebas em dobro da mão de Jesus Cristo (*16Pn* 5).

O Senhor está à porta, na pessoa do pobre, e bate. Abre-se-lhe quando se dá de comer ao pobre. A refeição do pobre é o descanso de Cristo (*Rs* 6).

Roguemos, irmãos caríssimos, que a graça do Espírito Santo derrame nas feridas das nossas almas o azeite e o vinho da sua misericórdia, nos ligue de faixas, nos ponha em cima do jumento da obediência, nos leve à estalagem, à recordação da nossa iniquidade, nos entregue ao estalajadeiro, ao espírito de contrição, a fim de que estejamos sob o seu cuidado o tempo necessário para recuperar a primitiva saúde perdida; recuperada a saúde, possamos voltar à Jerusalém, donde caímos. Auxilie-nos ele mesmo, que vive e reina com o Pai e o Filho, Deus uno, pelos séculos eternos. Diga toda a alma penitente: Amém! Assim seja! (13Pn 25).

* * *

ESPERANÇA

O nde há o temor e a esperança, aí há a solícita intimidade com Deus (*23Pn* 19).

A alma tem dois pés que a sustentam: a esperança e o temor (*24Pn* 11).

Não esperes em ti, mas no Senhor, que é o Deus da esperança, e tomarás asas como as águias e voarás às alturas (*2Ad* 20).

Só esperam com segurança e de fato o Senhor Jesus quem já nesta vida moram no céu (*23Pn* 20).

A esperança nossa é Deus. Separamo-nos dela, quando o vento da soberba nos arranca a raiz da humildade (*Ep* 10).

A esperança mora perto da Paixão do Senhor, porque ela espera possuir aquilo que crê (*5Pn* 13).

A esperança da misericórdia divina torna-se luz nas trevas do desespero (*13Pn* 17).

— 110 —

Se Jó tivesse posto sua esperança nas criaturas, teria desesperado, porque nada fora de Deus basta ao entendimento que procura verdadeiramente o Senhor (*13Pn* 21).

Assim como o azeite sobrenada a todo o líquido, a esperança está acima de tudo o que é transitório (*23Pn* 19).

Diz o livro da Sabedoria (5,15) que a esperança do ímpio é como a lanugem, que é levada pelo vento... também o prazer, esperado da abundância dos bens terrenos, voa como a lanugem (*3Ps* 3).

A cruz da verdadeira penitência tem o comprimento da perseverança, a largura da paciência, a altura da esperança (*6Pn* 13).

Disse Jesus: *Procurai em primeiro lugar o reino de Deus e sua justiça* (*Mt* 6,33). O reino de Deus é o sumo bem e por isso deve ser procurado. Procura-se pela fé, pela esperança, pela caridade. A justiça consiste em observar tudo o que Cristo ensinou. Buscar o Reino é transformar em obras a própria justiça (*15Pn* 15).

Eia, Senhora nossa, única esperança, nós te suplicamos que ilumines com o esplendor da tua graça o nosso espírito, o limpes com o candor da tua pureza, o aqueças com o calor da tua visita, nos reconcilies com o teu Filho, para que mereçamos chegar ao esplendor da sua glória. Auxilie-nos ele mesmo, que à mensagem do Anjo, quis de ti assumir carne gloriosa e habitar no teu tálamo por nove meses. A ele seja dada honra e glória por séculos eternos. Assim seja! (An 6).

* * *

ESPÍRITO SANTO

O Espírito Santo é enviado pelo Pai e pelo Filho. Os três são de uma só substância e de inseparável igualdade. A unidade está na essência; a pluralidade nas pessoas (*6Ps* 3).

O mundo inteiro não enche a alma. O Espírito Santo sozinho a replena (*Pn* 14).

Um só Deus Pai, de quem tiramos o ser; um único Filho, por meio do qual existimos; um só Espírito Santo, no qual estamos, que é o princípio a que recorremos, o modelo que seguimos, a graça que nos reconcilia (*6Ps* 3).

O Espírito Paráclito pode comparar-se ao orvalho. Assim como o orvalho umedece suavemente o solo, o Espírito Santo penetra e refrigera a alma (*6Ps* 1).

O Espírito Santo com razão se chama orvalho de luz. Orvalho, porque dá refrigério; de luz, porque ilumina (*6Ps* 1).

O Espírito Santo também se compara ao trigo, porque alimenta e conforta os que estão a caminho da pátria celeste, para que não desfaleçam. Chama-se também vinho, porque alegra nas tribulações; chama-se azeite, porque mitiga as coisas ásperas (*Pn bis* 5).

A imagem de Deus, deformada e deturpada no homem, é reformada e iluminada pela inspiração do Espírito Santo, que inspirou no rosto da criatura humana o sopro da vida (*Sp* 10).

O Espírito Santo fala tantas vezes quantos bons pensamentos tivermos (*Pn* 11).

Quem está cheio do Espírito Santo não pode receber outro Espírito (*Pn* 14).

As sete vacas bonitas e muito gordas de que fala a história de José do Egito, e as sete espigas cheias e formosas e os sete anos de grande fertilidade significam os sete dons do Espírito Santo, que conferem beleza de costumes e fecundidade de virtudes àqueles sobre os quais repousam; espigas cheias e formosas, por causa da plenitude da fé em Jesus Cristo, que foi grão de trigo, e por causa da perfeição do duplo amor de Deus e do próximo (*3Qr* 22).

Assim como a árvore precisa do pólen para produzir fruto, o homem precisa da graça do Espírito Santo para progredir em boas obras (*4Ps* 16).

Diz Isaías: *A chuva e a neve descem do céu* (55,10). A chuva e a neve figuram a graça do Espírito Santo (*1Ad* 2).

O Espírito Santo torna a alma obediente e paciente (*1Ep* 4).

Há três coisas: o fogo, a panela e o alimento. O fogo arde junto da panela; o alimento está dentro da panela. O fogo, no momento, não toca no alimento, e, todavia, aquece-o, depura-o e coze-o. O fogo é o Espírito Santo; o corpo do homem é como a panela; a alma como o alimento. Assim como se coze o alimento ao calor do fogo, assim o Batismo da água, inflamado pelo Espírito Santo, enquanto molha ao de fora o corpo, purifica a alma de todos os pecados ao de dentro (*Ic* 3).

Afirma o Gênesis (2,7) que Deus inspirou no rosto um sopro de vida e o homem tornou-se alma vivente. O sopro de vida é a graça do Espírito Santo (*6Ps* 7).

O Espírito da verdade dá testemunho nos corações dos fiéis da Encarnação de Cristo, de sua Paixão e Ressurreição. E nós devemos testemunhar a todos que Cristo verdadeiramente se encarnou, verdadeiramente sofreu a Paixão e verdadeiramente ressuscitou (*6Ps* 7).

A caridade é o Paráclito, o Espírito da verdade, que cobre a multidão dos pecados como o azeite sobrenada a todo líquido (*6Ps* 9).

Pentecostes é palavra grega e significa 50 dias, ou seja, cinco vezes dez. São os cinco sentidos do corpo e os 10 mandamentos. Se os sentidos tiverem sido aperfeiçoados pelos 10 mandamentos, então se completará em nós o sacratíssimo dia de Pentecostes, em que é dado o Espírito Santo (*Pn* 4).

A luz do rosto de Deus é o conhecimento do Filho e a iluminação da fé, que foi assinalada e impressa, como um sinal, no dia de Pentecostes nos corações dos Apóstolos e, desta forma a criatura humana se tornou alma vivente (*Sp* 10).

A criatura humana não pode progredir sem a graça do Espírito Santo, assim como a palmeira não frutifica sem o pólen (*4Ps* 16).

Quem está cheio do Espírito Santo fala várias línguas. As várias línguas são os vários testemunhos de Cristo, tais como a humildade, a pobreza, a paciência e a obediência. Falamos com estas virtudes, quando as mostramos aos outros em nós mesmos (*Pn* 16).

O Espírito Santo desceu em forma de línguas de fogo, porque foi através das línguas – a da serpente, a de Eva e a de Adão – que a morte entrou no mundo. O Espírito Santo apareceu em forma de línguas de fogo para opor línguas a línguas, fogo ao veneno (*Pn* 3).

O Espírito Santo reparte a cada um como quer, onde quer, do modo que quer, quanto quer, quando quer e aos quer (*Pn* 3).

Chama-se Espírito Santo, porque sem ele, nenhum espírito, nem angélico nem humano, se torna santo (*Pn bis* 5).

Assim como o espírito humano é a vida dos corpos, assim o Espírito divino é a vida dos espíritos. Aquele é vida sensificante, este é vida santificante (*Pn bis* 5).

O Espírito Santo chama-se rio de fogo. Que é, de fato, o Espírito Santo se não fogo divino? O que faz o fogo ao ferro, faz o Espírito Santo no coração frio e duro. Ao meter-se neste fogo, a alma humana depõe pouco a pouco a frigidez e a dureza e passa a assemelhar-se àquele que a inflama (*Pn bis* 6).

O fogo tem quatro qualidades: queima, limpa, aquece e ilumina. O Espírito Santo queima os pecados, limpa os corações, sacode o torpor e ilumina a ignorância (*Pn* 3).

Note-se que o fogo faz descer as coisas altas ao incendiá-las, reúne as divididas, como sucede com o ferro a unir-se ao ferro, aclara as escuras, penetra as duras, está sempre em movimento, dirige para cima todos os movimentos e ímpetos, foge da terra e faz que ardam por si mesmas as coisas a que se apega. Estas sete propriedades do fogo adaptam-se aos sete dons do Espírito Santo. Pelo dom do temor, faz descer as coisas altas e soberbas; pelo dom da piedade, reúne as divididas e os corações hostis; pelo dom da ciência, aclara as escuras; pelo dom da fortaleza, penetra os corações duros; pelo dom do conselho, está sempre em movimento, porque quem aconselha inspirando, não fica ocioso, mas move-se solícito para a obra de sua salvação e dos outros; não conhece, de fato, lentos esforços a graça do Espírito Santo; pelo dom da inteligência faz que o homem procure as coisas celestes e fuja das terrenas, porque a sua respiração lhe dá o entender, o *intus legere*, ler no coração, todos os movimentos; pelo dom da sabedoria, leva o espírito, em que se gera, ao próprio agir, tornando-o portador de sabedoria. Lê-se no Eclesiástico (24,21): *Perfumei a minha habitação*. De fato, o espírito do justo, em que habita o Espírito Santo, derrama perfume como o vaso ou lugar onde se coloca uma essência aromática. Portanto, a graça do Espírito Santo chama-se rio de fogo; rio, porque extingue a sede do temporal e lava as impurezas dos pecados; de fogo, porque acende para o amor e ilumina para o conhecimento. Por isso diz-se no dia de Pentecostes que ele apareceu aos Apóstolos em línguas de fogo, porque os fez eloquentes e ardorosos. Ardiam com o amor de Deus e iluminavam o próximo com a palavra (*Pn bis* 6).

Ditoso o pregador que fala segundo o dom do Espírito Santo, não segundo seu ânimo (*Pn* 16).

O Fruto do Espírito é a caridade, que Santo Agostinho chama o voto da alma gozar Deus por si mesmo, em si mesmo e o próximo por causa de Deus; *o gozo*, isto é, a pureza de consciência; *a paz*, que é liberdade tranquila e vem de pacto; e *paciência* ...; Outros frutos do Espírito são *a longanimidade* da esperança; *a bondade*, isto é, a doçura do ânimo, *a benignidade*, isto é, a liberalidade dos bens (o benigno dispõe-se a fazer o bem; ou então, quer dizer bem cheio de fogo); *a mansidão*, que não injuria ninguém (manso, no étimo latino, significa acostumado à mão); *a fé*, que nos faz acreditar verdadeiramente naquilo que de forma alguma podemos ver (propriamente, porém, e segundo o som da palavra, há fé quando inteiramente se realiza o que foi dito); *a modéstia*, que guarda termo nas palavras e nas ações; *a continência*, que se abstém das ações lícitas; *a castidade*, que usa retamente os atos lícitos. Ditosa aquela árvore que dá tais frutos. Ditosa aquela alma que come tais frutos. Mas não poderás obter estes frutos se não voltares atrás com o samaritano e estrangeiro, se não te prostrares com o rosto em terra e agradeceres. Assim, merecerás ouvir: *Levanta-te, vai em paz, que a tua fé te salvou* (*14Pn* 18).

Assim como o peixe nasce, vive e se alimenta sob a cobertura das águas, também a fé em Deus invisivelmente se gera no coração, se consagra pela graça invisível do Espírito Santo, através da água do batismo, se alimenta com o auxílio invisível da divina proteção, para não desfalecer, obra o bem de que é capaz com a mira nos prêmios invisíveis (*Lr* 6).

O Espírito Santo chama-se consolador, por consolar aqueles que encheu, a fim de gozarem da alegria eterna aqueles que perderam os bens temporais (*Pn bis* 2).

O Espírito Santo enche com a consolação de sua graça aquele que carece da luz da glória mundana (*Pn bis* 3).

O Espírito Santo Paráclito é inspirado pelo Pai e pelo Filho nos corações dos Santos; graças a ele se santificam, a ponto de merecerem ser santos (*Pn bis* 5).

> *Irmãos caríssimos, imploremos ao Pai humildemente que nos infunda o Paráclito, Espírito de verdade, e que nos dê paciência na tribulação, para não nos escandalizarmos. A ele são devidos glória e império pelos séculos dos séculos. Assim seja (6Ps 11).*

* * *

EUCARISTIA

Deve-se firmemente crer e de coração confessar que aquele corpo que nasceu na Virgem, pendeu na cruz, esteve no sepulcro, ao terceiro dia ressuscitou, subiu ao céu à direita do Pai, entregou verdadeiramente aos Apóstolos na Última Ceia, o confecciona todos os dias verdadeiramente a Igreja e o distribui aos seus fiéis (*Cs* 6).

Na Quinta-feira santa Cristo fez quatro coisas: lavou os pés dos Apóstolos; entregou-lhes seu corpo e seu sangue; pronunciou um sermão precioso e longo; orou ao Pai por eles e por todos os que haveriam de crer nele. Este é o banquete de manjares deliciosos (*Cs* 6).

A uva simboliza a humanidade de Cristo. Espremida no lagar da Cruz, deitou sangue por todos os lados. Na Quinta-feira santa deu-o a beber aos Apóstolos: *Este é o meu sangue derramado por vós e por muitos para a remissão dos pecados* (*Mt* 26,28) (*Cs* 7)

Cristo apascenta-nos todos os dias no sacramento do altar com a sua carne e o seu sangue (*2Ps* 3).

Preparaste uma mesa para mim (*Sl* 23,5). Há três mesas. Em qualquer uma delas há refeição própria. A primeira é a da doutrina. A segunda é a da penitência. A terceira é a mesa da Eucaristia. Na primeira há a refeição do Verbo da vida; na segunda, gemidos e lágrimas; na terceira, a Carne e o Sangue de Cristo (*Si* 14).

Disse o centurião a Jesus (*Mt* 8,8): *Senhor eu não sou digno que entres em minha casa.* Zaqueu, porém, recebeu o Senhor com alegria (*Lc* 19,6). Nestes fatos verifica-se a diversidade de intenções. Alguns, por reverência ao corpo de Cristo, dizem: *Senhor, eu não sou digno*, e frequentemente se abstêm da recepção da Eucaristia; outros, porém, recebem-no de bom grado, honrando o corpo de Cristo. Donde a palavra de Santo Agostinho: Não louvo nem censuro o receber todos os dias a Eucaristia. Há quem, para o honrar, não ousa comungar todos os dias; há quem não ousa deixar passar dia algum sem lhe prestar essa honra (*2Ep* 8).

> *Rogamo-vos, Senhor Jesus, que nos limpes da lepra do pecado, nos sacies com o pão da tua graça e nos coloques à mesa da celeste beatitude. Auxilia-nos tu, que és bendito pelos séculos dos séculos. Amém!* (*7Pn 10*).

* * *

FÉ

A veste da alma é a fé, que é de ouro, se for iluminada com o brilho da caridade (*5Pn* 13).

Acreditemos firmemente no mistério da Encarnação e o confessemos com simplicidade (*2Qr* 9).

Disse Jesus: Ser-vos-á dada uma medida boa, cheia, sacudida e transbordante (*Lc* 6,38). A medida da fé é boa na recepção dos sacramentos; cheia, na execução das boas obras; sacudida, no sofrimento da tribulação ou do martírio pelo nome de Cristo; transbordante, na perseverança final (*4Pn* 9).

Dizer 'Senhor' com verdade é crer nele de coração e confessá-lo com a boca. Uma coisa sem outra é negá-lo (*8Pn* 11).

O católico, com o olho do coração e iluminado pela fé, vê as coisas ocultas de Deus e confessa-as publicamente com a boca (*Je* 10).

A alma da fé é a caridade, que a vivifica. Depois de perdida, a fé morre (*10Pn* 6).

Pelas obras a fé se clarifica e pela fé as obras se confirmam (*Asc* 11).

A luz do rosto de Deus é o conhecimento do Filho e a iluminação da fé, que foi assinalada e impressa, como um sinal, no dia de Pentecostes nos corações dos Apóstolos e, desta forma a criatura humana se tornou alma vivente (*Sp* 10).

A fé sem amor é vã; a fé própria de um cristão é a fé com amor (*19Pn* 10).

Uma coisa é crer a Deus, outra coisa é crer em Deus e outra coisa é crer para com Deus. Crer a Deus é crer que é verdadeiro o que diz, o que também os maus fazem. Crer Deus é acreditar que ele é Deus, o que também os demônios fazem. Crer em Deus é amar acreditando, é ir até ele pela fé, aderir a ele pela fé, é incorporar-se nos seus membros. Por esta fé se justifica o ímpio. Onde há esta fé, há confiança na misericórdia de Deus (*19Pn* 10).

Crer em Deus é amar a Deus e ir para ele e incorporar-se em seus membros. Quem assim não faz mente ao dizer: Creio em Deus. É incrédulo (*1Nt* 13).

Deve-se firmemente crer e de coração confessar que aquele corpo que nasceu na Virgem, pendeu na cruz, esteve no sepulcro, ao terceiro dia ressuscitou, subiu ao céu para a direita do Pai, entregou verdadeiramente aos Apóstolos na Última Ceia, o confecciona todos os dias verdadeiramente a Igreja e o distribui aos seus fiéis (*Cs* 6).

Crê a Deus quem apenas acredita nas suas palavras, e nada pratica de bem. Crê, porém, em Deus, quem o ama de todo o coração e procura aderir a seus membros (*Ft* 2).

Ver e crer é a mesma coisa, porque quanto creres, tanto verás (*Ic* 7).

Assim como o peixe nasce, vive e se alimenta sob a cobertura das águas, também a fé em Deus invisivelmente se gera no coração, se consagra pela graça invisível do Espírito Santo, através da água do batismo, se alimenta com o auxílio invisível da divina proteção, para não desfalecer, obra o bem de que é capaz com a mira nos prêmios invisíveis (*Lr* 6).

A fé se compara ao peixe: assim como ele é batido pelas frequentes ondas do mar, sem que morra por isso, também a fé não se quebra com as adversidades (*Lr* 6).

Diz o evangelista que o rosto de Jesus, no Tabor, resplandecia como o sol. Resplandeça também o rosto da nossa alma como o sol, a fim de que transforme em obras o que vemos pela fé; e o bem que discernimos no interior, o executemos fora, na pureza da obra, com a virtude da discrição; e o que saboreamos na contemplação de Deus, se torne vida no amor do próximo (*2Qr* 10).

As sete vacas bonitas e muito gordas de que fala a história de José do Egito, e as sete espigas cheias e formosas e os sete anos de grande fertilidade significam os sete dons do Espírito Santo, que conferem beleza de costumes e fecundidade de virtudes àqueles sobre os quais repousam; espigas cheias e formosas, por causa da plenitude da fé em Jesus Cristo, que foi grão de trigo, e por causa da perfeição do duplo amor de Deus e do próximo (*3Qr* 22).

Disse Tomé: *Meu Senhor e meu Deus!* Tomé, viste-me homem e acreditaste-me Deus (*OitPs* 11).

A pregação do Evangelho assemelha-se a uma pena de escrever. Assim como a pena escreve as letras sobre o papel, o pregador deve imprimir no coração do ouvinte a fé e os bons costumes (*2Ps* 1).

A fé se compara à videira: enraíza depressa, estende os ramos da caridade, entrelaça outros a si e produz o cacho das boas obras (*Cp* 6).

O hissopo é uma erva com a propriedade de purificar os pulmões; nasce entre pedras, pegando as raízes à rocha. Como o hissopo, devemos enraizar profundamente nossa fé na rocha que é Cristo, para que purifiquemos nosso coração (*2Ps* 13).

Jesus é o sol. Só ele é bom, só ele é justo e santo; ele veste a sua Igreja com a sua fé e a sua graça (*2Ps* 14).

Os que desprezam os dez mandamentos bem mais dificilmente cumprirão os preceitos do Redentor, ressuscitado dos mortos, que são muito mais subtis. E se não querem cumprir as suas palavras, sem sombra de dúvida, recusam crer nele (*1Pn* 18).

A luxúria faz perder-se o coração em que há fé (*4Ps* 10).

Os homens carnais não ouvem Moisés, isto é, o prelado santo da Igreja nem os profetas, ou seja, os pregadores santos e, o que é pior, não creem em Cristo, que ressuscitou dos mortos (*1Pn* 18).

A fé põe de parte os bens temporais, não tem apetite pelo mando, deseja estar sujeita, cresce com as afrontas (*2Pn* 6).

A fé perece na abundância dos bens temporais (*3Pn* 9).

Os soberbos e os avarentos, enquanto procuram os bens temporais, atiram fora a fé de Jesus Cristo e a graça do batismo, com que foram ungidos (*3Pn* 9).

Disse Isaías: *Farei os teus baluartes de jaspe* (*Is* 54,12). O jaspe é de cor verde e diz-se que afugenta as fantasias. Significa a pobreza, que conserva o homem na verdura da fé e afugenta as fantasias das riquezas, que iludem o homem. A fé, de fato, despreza os bens temporais. Quem os ama renega a fé (*14Pn* 4).

Disse Jesus: *Procurai em primeiro lugar o reino de Deus e sua justiça* (*Mt* 6,33). O reino de Deus é o sumo bem e por isso deve ser procurado. Procura-se pela fé, pela esperança, pela caridade. A justiça consiste em observar tudo o que Cristo ensinou. Buscar o Reino é transformar em obras a própria justiça (*15Pn* 15).

São Paulo nos ensina que devemos nos revestir da armadura de Deus (*Ef* 6,10). Todo aquele que se quer soldado de Deus e revestir-se da sua armadura e resistir fortemente às ciladas do diabo, importa que possua o cavalo da boa vontade, a sela da humildade, os estribos da constância, as esporas do duplo temor, o freio da temperança, o escudo da fé, a couraça da justiça, o capacete da salvação, a lança da caridade (*21Pn* 11).

> *Rogamos-te, Senhor Jesus Cristo, que nos faças chegar pela fé e pela humildade às núpcias da tua Encarnação, celebrar as núpcias da penitência, para que possamos participar das núpcias da glória celeste. Auxilia-nos tu, que és bendito pelos séculos. Assim seja (20Pn 5).*

* * *

FIDELIDADE

O cristal, atingido ou ferido pelos raios do sol, transmite centelhas ardentes. Assim, a criatura humana fiel, iluminada pelos raios do sol, deve emitir centelhas de reta pregação e de boas obras que inflamem o próximo (*Sp* 5).

> *Rogamos-te, Senhor Jesus, que tu, bom pastor, nos guardes a nós, tuas ovelhas, nos defendas do mercenário e do lobo, e nos coroes no teu reino com a coroa da vida eterna. Auxilia-nos tu, que és bendito, glorioso e louvável pelos séculos dos séculos. Diga toda a ovelhinha, toda a alma fiel: Assim seja! Aleluia! (2Ps 15).*

* * *

FORTALEZA

Jesus Cristo debelou as potestades aéreas com as mãos pregadas à cruz. Que admirável fortaleza! Vencer o próprio inimigo com as mãos ligadas! (*Qr* 1).

O corpo consta de quatro elementos: terra, fogo, água e ar; e rege-se e governa-se por dez sentidos, como se fossem dez príncipes, que são os dois olhos, os dois ouvidos, o olfato e o gosto, as duas mãos e os dois pés. Deus conferiu à alma, por seu lado, as quatro virtudes cardeais: a prudência, a justiça, a fortaleza e a temperança; e deu-lhe os dez mandamentos (*1Qr* 20).

Diz o Senhor através do profeta Isaías (49,4): *Trabalhei em vão, sem fruto e inutilmente consumi as minhas forças.* A fortaleza da divindade como que foi consumida na fraqueza da humanidade. Não te parece isto ao veres aquele Homem e Deus preso à coluna, como ladrão, flagelado, esbofeteado, coberto de escarros, ao veres arrancarem-lhe a barba, ferirem--lhe com uma cana a cabeça e ao o veres crucificado entre dois ladrões? (*4Ps* 5).

Estas são as virtudes que fazem o homem circunspeto: o conselho, para que fuja do mundo; a equidade, para dar a cada um o que lhe pertence; a prudência, para se precaver contra os perigos; a fortaleza, para que se mantenha constante na adversidade (*20Pn* 5).

Observe-se que Maria Santíssima foi como um sol refulgente na Anunciação do Anjo: *como* um *arco-íris refulgente*, na concepção do Filho de Deus; *como rosa* e *lírio*, no seu natal. No sol há três propriedades; o esplendor, o candor e o calor, que respondem às três cláusulas das palavras de São Gabriel. A primeira: *Ave, ó cheia de graça*. A segunda: *Não temas*. A terceira: *O Espírito Santo virá sobre ti*.

Quando diz: *Ave, ó cheia de graça, o Senhor é contigo, bendita és tu entre as mulheres*, eis o esplendor do sol. Pode isto referir-se às quatro virtudes cardeais, cada uma das quais brilhou em Maria de três modos. Assim, da temperança teve a prudência da carne, a modéstia da palavra, a humildade do coração. Teve a prudência, quando perturbada se calou, compreendeu o que ouviu e respondeu ao que lhe foi proposto. Teve a justiça, quando entregou a cada um o que lhe pertencia. Com efeito, tomou uma atitude de coração forte nos seus Desponsórios, na Circuncisão do Filho, na Purificação legal. Mostrou compaixão para com os aflitos quando disse: *Não têm vinho*. Teve a comunhão dos santos, quando perseverava em oração juntamente com os Apóstolos e com as mulheres. Da fortaleza ou magnanimidade tomou o propósito da virgindade, reteve-o e mostrou-se digna de valor tão excelso (*An* 2).

> *Roguemos, irmãos caríssimos, ao mesmo Senhor Jesus Cristo, em cuja mão perfurada na cruz pelos cravos, está a nossa salvação, que nos salve da incursão dos inimigos, nos ouça, perdoando-nos os pecados, nos fortaleça até o fim, para que mereçamos chegar ao mesmo Senhor, sentado à direita de Deus Pai. Auxilie-nos ele mesmo, que é bendito pelos séculos. Assim seja! (18Pn 4).*

* * *

GRAÇA

A graça de Deus está à disposição. Torna-se indigno dela quem não a aceita quando oferecida, ou não a guarda quando já a tem (*20Pn* 6).

Recebe a graça de Deus em vão quem não vive segundo a graça que lhe foi dada; ou então, recebe a graça de Deus em vão quem julgou ser devida a seus méritos a graça que lhe foi concedida gratuitamente (*1Qr* 20).

Jesus está no meio de todo o coração; está no meio, a fim de que dele, como de centro, partam todos os raios das graças para nós, que estamos na periferia e giramos em torno do centro (*OitPs* 6).

Assim como a chama do fogo dissolve o gelo, a graça dissolve o coração congelado do pecador (*2Ps* 5).

Do tesouro de sua magnificência, Cristo distribui graças a quem quer, quando quer e como quer (*2Ps* 5).

Com muita razão se diz depois de 'cheia de graça', 'o Senhor é contigo', já que sem Deus nada podemos fazer ou possuir nem sequer conservar o que possuímos (*Pn* 14).

Depois que o Senhor nos deu a graça, é necessário que ele esteja conosco e guarde o que só ele nos deu. Nós somos seus cooperadores na guarda. E Deus só vigia sobre nós, quando também nós vigiamos com ele (*Pn* 14).

O Senhor lançou a água da graça no dia de Pentecostes, no coração dos Apóstolos; e lança-a todos os dias no coração dos fiéis (*Cs* 5).

Quem se exercita em boas obras fartar-se-á com os pães da graça, na vida presente, e da glória na vida futura (*9Pn* 4).

A gota permanece, o pingo cai. Possui uma gota quem, quando recebe uma graça, não a perde; possui um pingo quem crê por certo tempo, mas no tempo da tentação volta atrás (*14Pn* 1).

Sê para mim um Deus protetor, reza o Salmo (31,3-4). Com teus braços estendidos na cruz, protege-me e defende-me, como a galinha protege e defende os pintinhos debaixo das asas. No teu lado, traspassado pela lança, encontre eu lugar de refúgio, onde possa esconder-me dos inimigos. Se eu cair, possa eu me abrigar junto de ti e não de outrem. Sê para mim, que sou cego, um guia: dá-me a tua mão misericordiosa e alimenta-me com o leite da tua graça (*Qn* 8).

Perde-se tudo o que se deita num vaso cheio. Também na alma, se estiver cheia da graça, não pode entrar o pecado (*An bis* 11).

O sacramento da confissão se chama 'porta do céu'. Verdadeiramente, é porta do paraíso. Por ela, como através de uma porta, é admitido o penitente ao ósculo dos pés da divina misericórdia; é erguido ao ósculo das mãos da graça celeste; é recebido ao ósculo da face da reconciliação paterna (*1Qr* 19).

A Virgem gloriosa foi prevenida e cheia de graça singular, para que tivesse como fruto de seu ventre aquele mesmo que de início o universo teve como senhor (*3Qr bis* 2).

Ó inestimável dignidade de Maria! Ó inenarrável sublimidade da graça! Ó inescrutável profundidade da misericórdia! Nunca tanta graça nem tanta misericórdia foi nem pode ser concedida a um anjo ou a um homem, como a Maria Virgem Santíssima, que Deus Pai quis fosse mãe de seu próprio Filho, igual a si, gerado antes de todos os séculos! Verdadeiramente superior a toda graça foi a graça de Maria Santíssima, que teve um filho com Deus Pai e por este motivo mereceu ser na Assunção coroada no céu (*As* 3).

Aconselha Jeremias (8,22): *Sobe a Galaad e toma resina*. A resina é uma goma produzida por algumas árvores. A mais útil de todas as resinas é a terebintina. Esta é a gota do preciosíssimo sangue que da árvore (do calvário) correu para reconciliação do gênero humano. Toma, portanto, para ti esta resina e aplica-a às tuas chagas, porque é o mais útil de todos os medicamentos e o mais eficaz para curar feridas, para perdoar, para infundir a graça (*Rm* 1).

Enquanto o coração espera pelo Senhor, a graça o ajuda. O coração espera indulgência, quando a dor da contrição pelo pecado cometido o mortifica (*Rm* 4).

Jesus é o sol. Só ele é bom, só ele é justo e santo; ele veste a sua Igreja com a sua fé e a sua graça (*2Ps* 14).

Quanta distância medeia entre o dizer e o fazer, tanta existiu entre o criar e re-criar (*4Ps* 5).

Não há em Deus vicissitude, de modo que dê agora coisas boas, logo mais coisas más, ou dê bens com certa mistura de males. Na sua natureza não há mudança alguma, mas identidade. E isto verifica-se não só na natureza, mas também na distribuição dos dons, porque só dá dons de luz e não trevas de erros (*4Ps* 6).

A criatura humana não pode progredir sem a graça do Espírito Santo, assim como a palmeira não frutifica sem o pólen. Por isso, a criatura privada da graça, não está apta para o serviço divino: é como o homem sem testículos, incapaz de gerar boas obras (*4Ps* 16).

A luxúria é uma boca de abismo, que carece da luz da graça e de um fundo que diga 'basta' (*6Ps* 4).

Observe que, na Ave-Maria, no meio da palavra 'cheia de graça' e 'bendita és tu entre as mulheres', se diz: *O Senhor é contigo*. O mesmo Senhor conserva não só interiormente a plenitude da graça, mas também opera, no exterior, a bênção da fecundidade, isto é, das boas e santas obras (*Pn* 14).

O sol, assim chamado por dar luz sozinho, é Jesus Cristo, que tudo vivifica e ilumina com o esplendor e virtude da graça espiritual (*10Pn* 1.

Senhor, a luz do teu rosto, da tua graça, que estabelece em nós a tua imagem e nos torna semelhantes a ti, está gravada em nós, isto é, impressa na razão, faculdade superior da alma. Por ela somos semelhantes a Deus, nela está impressa aquela luz, como selo em cera (*23Pn* 10).

Diz Isaías (26,3): *Foi-se o antigo erro; guardarás a paz, sim, a paz, porque esperamos em ti, Senhor.* A noite e o erro significam a cegueira do pecado; o dia e a paz, a iluminação da graça. A repetição da paz significa a quietude exterior e interior, que o homem possui sempre que o Senhor está sentado sobre o alto e elevado trono (feito de humildade e contemplação) (*1Ad* 12).

A madrugada representa o alvorecer da graça. Sem ela há noite na alma (*Ps* 8).

Se Jó (1,21), no meio da tortura, deu graças a bendisse o nome do Senhor, quantas graças devemos dar a Deus por tantos benefícios recebidos? (*14Pn* 17).

Senhor Jesus, nós te pedimos que nos limpes da lepra do pecado, nos sacies com o pão da tua graça e nos coloques à mesa da celeste beatitude. Auxilia-nos, tu, que és bendito pelos séculos dos séculos. Assim seja! (7Pn 10).

* * *

GULA

Diz São Paulo que para muitos o deus é o ventre (*Fl* 3,19). Costuma-se levantar templos, erigir altares, ordenar ministros para servir, imolar animais, queimar incenso aos deuses. Com efeito, para o deus ventre, o templo é a cozinha; o altar, a mesa; os ministros, os cozinheiros; os animais imolados, as carnes cozidas; o fumo do incenso o odor dos acepipes (*23Pn* 9).

A vanglória, a gula e a concupiscência venceram o velho Adão. Foram como que três lanças que o mataram (*Qr* 3).

Da gula nasce a fornicação (*9Pn* 6).

Se teu próximo está morto pela gula ou embriaguez, ressuscita-o com o exemplo e virtude da abstinência (*2Ad* 15).

Assim como um pedaço de bolo, enquanto absorve o vinho, é absorvido pelo vinho e desce ao fundo do copo, também os gulosos, enquanto absorvem, são absorvidos e sepultados no inferno de seu ventre (*2Ad* 11).

Já dizia um filósofo grego: come e bebe para que vivas bem; não vivas para comer e beber (*3Ps* 4).

O guloso se assemelha ao gafanhoto, que não larga a árvore onde pousa, enquanto não a come toda (*1Qr* 24).

A garganta dos gulosos é um sepulcro aberto (*2Ad* 11).

O sabor da Palavra de Deus torna insípido o deleite da gula (*1Qr bis* 4).

> *Roguemos, irmãos caríssimos, ao Senhor Jesus Cristo que nos separe da divisão dos fariseus, nos confirme na doutrina da sua verdade, nos guarde do vício da gula, a fim de merecermos chegar ao banquete da vida eterna. Auxilie-nos ele mesmo, que é bendito pelos séculos. Assim seja (23Pn 9).*

* * *

HIPOCRISIA

O hipócrita se assemelha à avestruz, que tem penas, mas não voa por causa da grandeza do seu corpo (*1Qr* 9).

O hipócrita é como a avestruz: tem aparência de santidade, mas como está muito pesado de amor temporal, não pode elevar-se das coisas terrenas (*10Pn* 17).

O hipócrita se assemelha ao pavão que, ao ser admirado pelas crianças, mostra o esplendor de suas penas, e quando faz rodar a cauda descobre torpemente os traseiros. Assim o hipócrita, ao louvar-se, mostra as penas da santidade que pensa ter e faz a roda de sua vida e enquanto roda demonstra a fealdade de sua torpeza (*1Qr* 9).

Ó mentiroso hipócrita, que pensas de ti mesmo? Por que razão te vendes aos homens, diferente do que a balança da verdade te pesa? (*16Pn* 9).

O hipócrita, enquanto se louva, alimenta-se de seu próprio louvor (*1Qr* 9).

Não há soberba superior à do hipócrita. A equidade simulada não é equidade mas dupla iniquidade (*1Nt* 19).

O hipócrita está aparentemente coberto de ouro, mas tem consciência de lodo (*Qc* 2).

Existe a soberba dos hipócritas, que disfarçam a própria soberba na simulação beata. Já dizia São Gregório: a humildade é preciosa; com ela deseja a soberba encobrir-se, para não se tornar desprezível (*3Qr* 14).

Se teu próximo é coxo pela hipocrisia, põe-no direito por meio das obras da verdade (*2Ad* 15).

Tomam o nome de Deus em vão os que trazem consigo não a realidade do nome 'cristão', mas o nome sem a realidade (*Sp* 6).

O mercenário na Igreja prega uma coisa e vive outra; faz uma coisa e mostra outra; prega a pobreza, sendo avarento; a castidade, sendo luxurioso; o jejum e a abstinência, sendo guloso; põe cargas pesadas e insuportáveis nos ombros dos outros, mas não quer movê-las com seu dedo (*2Ps* 10).

Que aproveita ao ladrão, se é conduzido à forca através de verde prado? Que aproveitou ao rico avarento a púrpura e o bisso, se pouco depois é sepultado no inferno? Jó lembrava bem (20,4-5): *Sei que a glória dos ímpios é breve e a alegria do hipócrita dura um momento.* É manifesto que a erva das riquezas não sara a alma da doença do pecado, antes a trucida (*2Ep* 1).

Se encontrares um rico humilde, e um homem que viva castamente entre prazeres, considera-os dois luzeiros no firmamento. Mas temo que eles se aformoseiem com a tinta da hipocrisia (*1Ep* 4).

Jejua o hipócrita para adquirir louvores; o avarento, para encher a bolsa; o justo, porém, para agradar a Deus (*Cn* 2).

Roguemos, irmãos caríssimos, ao Senhor Jesus Cristo que nos tire a jactância do fariseu, imprima o Evangelho da sua humildade em nossos corações. Com ele mereçamos subir ao templo de sua glória e gozar juntamente com ele, colocados na ressurreição geral à sua direita. Auxilie-nos ele mesmo, que morreu e ressuscitou, ao qual são devidas honra e glória pelos séculos dos séculos. Assim seja (11Pn 5).

* * *

HUMILDADE

A humildade é a raiz de todas as virtudes (*Sx* 7).

A humildade é a guarda das virtudes (*17Pn* 14).

A humildade é a mãe e a raiz de todas as virtudes (*3Ps* 13).

Diz a esposa nos Cânticos (6,2): *O meu amado desceu ao seu jardim*. O jardim do amado é a alma do justo, em que há o canteiro das plantas aromáticas, ou seja, a humildade, criadora das demais virtudes (*20Pn* 7).

A humildade é a mais nobre de todas as demais virtudes (*3Ps* 13).

Como a faia é mais alta que todas as outras árvores, a humildade se ergue acima das outras virtudes (*1Ad* 11).

A humildade é a coroa de todo o bem (*1Qr* 4).

A humildade é a mãe da pura simplicidade (*Ps* 3).

A humildade é como uma torre. Assim como a torre defende o castelo, a humildade do coração defende a castidade (*2Qr* 8).

A virgindade conserva-se e orna-se com a humildade (*20Pn* 1).

A virgindade conserva-se com a humildade. A virgem soberba não é virgem, mas corrupta (*Je* 8).

Da humildade nasce a obediência (*21Pn* 13).

A pobreza faz-nos ricos; a humildade faz-nos livres (*Je* 3).

A humildade se conserva com a pobreza (*As* 3).

A raiz é a vida da árvore; a humildade é a vida do homem (*Ep* 10).

A raiz da castidade é a humildade (*Cp* 3).

Bem disse São Gregório: quem reúne virtudes sem humildade se assemelha a quem transporta pó ao vento (*3Ps* 13).

Nenhum religioso produzirá fruto, se não tem em si a raiz da humildade (*Sx* 7).

O brilho da humildade é como a luz do dia (*4Ad* 8).

Diz Isaías (64,1-2): *Oxalá rasgasses tu os céus e descesses de lá!* Os montes derreter-se-iam diante da tua face. Vê com quanto desejo arde aquele que tenta romper os céus, a fim de poder ver o invisível visível na carne. Rompa-se o céu, desça o Verbo, diante de cuja face de desfaça a soberba dos montes. Diante da tua face, quer dizer, na presença da tua humanidade, derreter-se-iam os montes. Quem seria tão soberbo, arrogante e inchado se atendesse bem na majestade abatida, na potência enferma, na sabedoria balbuciante? Acaso o seu coração não se derreteria como cera diante do fogo, e não diria com o profeta (*Sl* 119,75): *Na tua verdade*, no teu Filho humilhado, ó Pai, *me fizeste humilde?* (*4Ad* 12).

Faz parte da humildade recordar de que modo o Filho de Deus inclinou a cabeça da divindade no ventre da Virgem pobrezinha; de que modo aquele que enche o céu e a terra e que o céu e a terra não podem abarcar, se abreviou no útero de um donzela, em que morou por nove meses; de que modo, envolvido em panos, reclinado em manjedoura de animal, levado da face de Herodes para o Egito, Senhor de todo o mundo fugido do mundo (*8Pn* 8).

Ó pobreza! Ó humildade! O Senhor do universo é envolvido em panos; o Rei dos Anjos é reclinado num estábulo. Envergonha-te, insaciável avareza! Desaparece, soberba do homem! (*Nt* 7).

O soberbo não pode pensar no presépio do Senhor, do Senhor que, por nossa causa, foi posto numa manjedoura de animais (*3Qr* 13).

José e Maria levam Jesus ao templo; Ana e Simeão louvam-no e bendizem-no. A pobreza e a humildade levam Jesus pobre e humilde. A pobreza leva-o aos ombros (*1Nt* 6).

Grande humildade a do Salvador! Ele, para quem não há espaço, é recebido nas mãos de um homem idoso, Simeão (*Pr 7*).

Maria Santíssima, pobrezinha, pelo Filho pobre faz um sacrifício de pobre, para que em tudo se mostre a humildade do Senhor (*Pr 2*).

Ó humildade! Se conseguiste reclinar a cabeça da divindade no seio de uma Virgem pobrezinha, que coisa haverá tão alta que não consigas humilhar? (*21Pn 13*).

Cristo inclinou-se diante dos pés dos Apóstolos, como se fora um servo e, inclinado, lavou-lhes os pés. Ó incompreensível humildade! Ó inefável benignidade! Aquele que é adorado pelos Anjos no céu, inclina-se diante dos pés de pescadores. Aquela cabeça, que faz tremer os Anjos, submete-se aos pés dos pobres (*Cs 2*).

Jerusalém tinha uma porta chamada "Buraco da Agulha", pela qual não podia entrar um camelo, porque era baixa. Esta porta é Cristo humilde, por ela não pode entrar o soberbo ou o corcunda avarento. Aquele que pretender entrar por ela, tem de se humilhar, depor a corcunda, para não bater na porta (*Ft 7*).

Jeremias disse (1,11): *Vejo uma vara vigilante*. Jesus Cristo foi vara flexível pela obediência e humildade, sutil pela pobreza (*1Ad 9*).

Em Cristo houve a pobreza, a obediência e a humildade. Quem encontra motivo de escândalo nestas coisas ou acerca destas coisas, em Cristo se escandaliza (*2Ad 13*).

O hissopo, erva humilde e que adere à rocha, significa a humildade de Cristo (*5Pn* 2).

Se tens a pobreza, a humildade, a obediência e a penitência, encontrarás Jesus, sabedoria de Deus e poder de Deus (*1Nt* 7).

Diz-se que o coração se forma no útero antes de todos os outros membros. O coração simboliza a humildade. É no coração que ela escolhe sua principal morada. Por isso disse Jesus (Mt 11,29): *Aprendei de mim que sou manso e humilde de coração.* A humildade deve formar-se antes das demais virtudes, porque ela é a fôrma que dá forma às coisas deformadas. De fato, nela toma princípio o movimento de toda boa obra (*3Ps* 13).

Assim como Davi derrubou Golias com a funda e uma pedra, também Cristo venceu o diabo com a funda da humildade e com a pedra da Paixão (*3Qr* 10).

Ó humildade do nosso Redentor! Ó paciência do nosso Salvador! Carrega sozinho, por todos, o madeiro. Nele é suspenso, crucificado e morto (*Nt* 13).

Maria Madalena e Maria mãe de Tiago e Maria Salomé compraram aromas para ungir Jesus. Nestas três mulheres designam-se as três virtudes da nossa alma: a humildade do coração, o desprezo do mundo, a beleza da paz (*Ps* 3).

Ó soberbo, vai para a terra do Cristo, considera a sua humanidade, olha para sua humildade e espreme o tumor do teu coração (*Qn* 6).

O Evangelho pregado por Cristo e pelos Apóstolos é a humildade. Onde houver humildade, haverá a perseverança e a salvação (*11Pn* 5).

O Altíssimo Jesus Cristo produziu da terra, da terra da sua carne, os medicamentos da humildade. Com eles sarou o gênero humano (*11Pn* 6).

O pregador deve sentar-se na cadeira da humildade, instruído pelo exemplo de Jesus Cristo, que humilhou a glória da divindade na cadeira da nossa humanidade (*4Pn* 1).

Na água turva e movida não se reproduz a imagem de quem a olha. Se pretendes que o rosto de Cristo, que te olha, se reproduza em ti, repousa na paz e humildade de coração (*Asc* 2).

Diz a ciência que o elefante é o mais domesticável e o mais obediente de todos os animais selvagens; aceita bem a instrução e atende. Por este motivo é ensinado a adorar o rei e possui bom sentimento. O elefante é símbolo da Santíssima Virgem, que foi entre todas as criaturas a mais humilde e obediente, e adorou o rei por ela gerado (*An* 3).

Como um vaso de ouro maciço (*Eclo* 50,10). Maria Santíssima foi vaso pela humildade, de ouro pela pobreza, maciço pela virgindade (*As* 3).

A Santíssima Virgem, como que esquecida da virgindade, manifesta a sua humildade, ao afirmar: *Eis aqui a serva do Senhor* (*20Pn* 1).

Tendo as numerosas virtudes brilhando de modo excelente em Maria Santíssima, a humildade superou-as a todas. Por isso, esquecendo as restantes, coloca à frente a humildade, dizendo: *Olhou para a humildade de sua serva* (*Pr* 10).

Sendo dotada de tanta riqueza de virtudes, tendo sido elevada com tantas prerrogativas de méritos, Maria foi, contudo, pequena e humilde (*Pr* 10).

Diz o Senhor no Levítico (23,40): *Tomareis os frutos da árvore mais bonita.* A árvore mais bonita é a da gloriosa Virgem Maria, cujos frutos foram a humildade e a pobreza (*Rm* 12).

O humilde é como a minhoca: contrai-se para mais se estender (*3Qr* 15).

O soberbo se parece a um ninho que, no interior é forrado de matérias brandas; exteriormente é construído de matérias duras e ásperas; é colocado em lugar incerto, exposto ao vento. Assim a vida do soberbo tem interiormente a brandura do deleite carnal, mas é rodeada no exterior por espinhos e lenhas secas, isto é, por obras mortas; também está colocada em lugar incerto, exposta ao vento da vaidade (*Qn* 4).

O Eclesiastes nos ensina que mais vale um cão vivo do que um leão morto (9,4). Mais vale um publicano humilde do que um fariseu soberbo (*11Pn* 3).

Na soberba há dispersão, na humildade há concórdia (*Pn* 3).

O soberbo é pobre por carecer da riqueza da humildade. Quem dela carece coloca-se em miséria extrema (*11Pn* 4).

Que prelatura mais louvável do que alguém se governar a si mesmo e humilhar a soberba própria? (*Nt* 2).

Diz o livro dos Provérbios (4,11): *Eu te mostrarei o caminho da sabedoria.* O caminho da sabedoria é a humildade. Qualquer outro caminho é tolo, porque é da soberba (*Je* 3).

Hoje há muitos que, enquanto são implumes, isto é, pobres e sem glória, vivem no ninho da humildade, mas quando adquirem asas e penas, riquezas e dignidades, voam e ensoberbecem-se e põem a glória nas asas, quando deveriam lembrar-se da miséria de suas origens (*23Pn* 8).

Davi (*1Sm* 17,36) diz: *Eu, teu servo, matei um leão e um urso.* Aquele que em si mesmo se denomina servo mostra-se humilde. O leão designa a soberba; o urso a luxúria. Matar em si estas duas coisas, só quem experimentou sabe quanto trabalho exige. E repare-se que põe primeiro leão e depois urso, porque, se primeiro não é domada a soberba do coração, a luxúria da carne não será vencida (*Pr* 11).

Diz-se que a corça, quando presente o ladrar dos cães, toma um caminho em que o vento lhe seja favorável, para que o cheiro se afaste com ela. Quando o penitente pressente as sugestões do demônio, toma o caminho dos ventos favoráveis, ou seja, corre para a humildade em todos os seus atos internos e externos. O vento favorável é a humildade; o vento contrário é a soberba (*Njb* 10).

Existe a soberba dos hipócritas, que disfarçam a própria soberba na simulação beata. Já dizia São Gregório: a humildade é preciosa; com ela deseja a soberba encobrir-se, para não se tornar desprezível (*3Qr* 14).

A águia, voando mais alto que todas as aves, significa o soberbo, que deseja a todos parecer mais alto com as duas asas da arrogância e da vanglória (*Qn* 3).

O contacto com as riquezas infecciona a humildade e gera a soberba (*1Ep* 4).

A confissão deve corresponder exatamente à culpa. O pecador não deve dizer menos por vergonha ou temor, nem ajuntar mais sob pretexto de humildade, para além da verdade. Por humildade não é lícito mentir (*1Qr* 6).

Como diz o profeta Isaías (57,15), o Altíssimo e o Sublime, que habita na eternidade, habita com o espírito contrito e humilde, para reanimar o espírito dos humildes e vivificar o coração dos contritos (*1Qr* 4).

Ó bondade divina! Ó dignidade do penitente! Aquele que enche a eternidade habita no coração do humilde e no espírito do penitente (*1Qr* 4).

Salva-se quem tem a humildade; quem não a tem crê em vão, em vão trabalha. Através da humildade alcança-se a glória (*11Pn* 5).

A humildade é ornada com o ouro da pobreza (*20Pn* 1).

Na terra da pobreza, da humildade e da vileza, cresce o amor da divina majestade (*Ft* 12).

Se encontrares um rico humilde e um homem casto entre prazeres, considera-os dois luzeiros no firmamento (*1Ep* 4).

É muito difícil guardar a humildade entre as riquezas (*1Ep* 4).

Todo aquele que deseja ser verdadeiramente humilde, despoje-se das riquezas (*1Ep* 4).

A abundância temporal é sempre contrária à pobreza; a soberba é sempre contrária à humildade (*Rm* 7).

Quanto mais o humilde se humilha, tanto mais forte se torna (*3Qr* 15).

O humilde reputa-se servo, está aos pés de todos, abate-se, sente-se menos do que de fato é (*3Qr* 15).

O justo, enquanto vive neste mundo, julga-se menos do que é (*Ps* 3).

O homem humilde está atento ao pensamento da morte a fim de que o Senhor o encontre vigilante, quando vier (*Ps* 3).

A caridade e a humildade saciam a alma como a água sacia a sede. Quem as possuir não terá sede jamais (*Ps* 12).

Quanto mais profundamente lançares o alicerce da humildade, tanto mais alto subirá o edifício (*3Ps* 13).

Deus vigia pelos humildes e pelos que produzem boas obras (*5Ps* 10).

Senta-te junto ao poço da humildade, de onde poderás tirar a água que jorra para a vida eterna (*6Pn* 7).

A raiz da humildade quanto mais se aprofunda no coração, tanto mais alteia em obras (*8Pn* 7).

O espírito de Deus é a humildade. Quem se deixar conduzir ou reger por ela, verdadeiramente é árvore boa, porque filho de Deus (*8Pn* 10).

Assim como a raiz suporta a árvore, também a humildade sustenta a alma (*8Pn* 10).

O espírito de humildade é mais doce do que o mel. Quem se deixa reger por ele produzirá frutos doces (*8Pn* 10).

Quando humildemente te pões debaixo de outrem, então admiravelmente te elevas acima de ti (*11Pn* 9).

O sinal da humildade costuma aparecer nos olhos (*11Pn* 10).

Humilde significa inclinado para a terra. A porta do céu é humilde, é baixa. Precisa se inclinar quem por ela quiser entrar (*11Pn* 14).

Para os homens poderosos é grande a virtude da humildade (*13Pn* 20).

Quem se mune com a guarda da humildade, vai seguro por toda a parte (*14Pn* 17).

O justo cresce na terra da pobreza, na humildade do coração (*15Pn* 12).

Quando te diminuis, Deus cresce em ti (*15Pn* 12).

Queres agradar a Deus? Despreza-te primeiro a ti mesmo (*16Pn* 8).

O humilde, ainda que ande no fogo das coisas temporais, não se queima nem com a avareza nem com a vanglória (*An bis* 11).

Se a tua obra é pequena aos teus olhos, será grande diante do Senhor (*Njb* 4).

Bem-aventurado o pobre que toma por esposa a humildade (*1Nt* 4).

Quando te diminuis pela humildade, em ti cresce a graça do ânimo pela virtude (*Njb* 4).

Escreve São Gregório: não consegue aprender a humildade no cume de alto posto quem mostra soberba quando colocado em posições inferiores (*17Pn* 13).

Pela humildade te reconhece por amigo quem pela presunção te pospõe (*17Pn* 14).

O lobo teme muito duas coisas: o fogo e o caminho trilhado ... Também o diabo teme especialmente duas coisas: o fogo da caridade e o caminho trilhado da humildade (*2Ps* 11).

Devemos aprender a ficar sós. Fica só quem atribui tudo a Deus e nada a si mesmo; sujeita a própria vontade à vontade dos outros; não se lembra da injúria que foi feita; não despreza quem o desprezou (*6Ps* 7).

As virtudes mais queridas aos homens e a Deus são a mansidão e a humildade (*Pn* 8).

Oxalá o olho, que tudo vê, se visse a si mesmo (*4Pn* 20).

No vestido da fé, operante pelo amor, devem existir o fogo da caridade, o ar da contemplação, a água do arrependimento, a terra da humildade (*5Pn* 13).

Deus habita nas alturas. Todavia, lança os olhos para as coisas humildes (*11Pn* 4).

A injúria recebida demonstra o que é cada um por dentro (*17Pn* 5).

O fogo é figura do amor de Deus: nele há o calor da humildade, o brilho da caridade e a leveza da pobreza (*18Pn* 1).

Se o coração é humilde, os sentidos do corpo lhe obedecem (*21Pn* 13).

O manto da alma fiel tece-se com a candura da castidade, o brilho da humildade e o calor da caridade (*2Ps* 15).

A castidade do corpo, a humildade no trabalho, a abstinência no alimento, a vileza no vestido são prenúncios da santificação interior (*1Ad* 11).

Para ser puro, são necessárias seis coisas: pureza de coração, castidade de corpo, paciência na adversidade, constância na prosperidade e, para que nisto possa perseverar, a humildade e a pobreza (*2Nt* 3).

O germe é o início da flor e a humildade é o princípio de toda boa ação (*2Ad* 18).

A humildade mostra ao homem o que é (*4Ad* 8).

Deus repousa na casa da humildade e se recreia no jardim da caridade (*Cp* 4).

Não pode alguém governar bem o barco, se não se assentar na última parte. Assim, ninguém pode governar o barco da vida, se não se assentar na humildade (*Cp* 10).

Quanto vale o homem diante de Deus, tanto vale em si e não mais (*Njb* 4).

> *Rogamos-te, Senhor Jesus Cristo, que imprimas em nós o selo da tua humildade, e no tempo da última necessidade nos ponhas à tua direita. Auxilia-nos tu, que és bendito pelos séculos dos séculos. Assim seja (11Pn 14).*

* * *

IGREJA

Cristo saiu do seio do Pai e veio ao mundo para semear e construir a sua Igreja, na qual se conserva a semente não corruptível, mas que permanece pelos séculos dos séculos (*Sx* 4).

A Igreja é o corpo místico de Cristo. Nele uns são cabeça, outros são mão, outros são pés, outros corpo. A cabeça são os contemplativos; as mãos os ativos; os pés os pregadores santos; o corpo, todos os verdadeiros cristãos (*Qn* 19).

Escreve João que o Senhor Jesus mostrou-lhes as mãos e o lado; e Lucas que o Senhor lhes mostrou as mãos e os pés. O Senhor, segundo me parece, por quatro causas mostrou aos Apóstolos as mãos, o lado e os pés. A primeira foi para mostrar que verdadeiramente ressuscitara e assim nos tirar qualquer dúvida. A segunda, para que a pomba – ou seja, a Igreja ou a alma fiel – construísse ninho nas suas chagas e se escondesse da vista do gavião. A terceira, para imprimir em nossos corações, como insígnias, as marcas de sua Paixão. A quarta, pedindo que nos apiedemos dele, que não o crucifiquemos de novo com os cravos dos nossos pecados. Mostrou-nos, portanto, as mãos e o lado como a dizer: Eis as mãos que vos plasmaram, vede como os cravos as transpassaram; eis o lado donde nascestes, vós fiéis, minha Igreja, tal como Eva nasceu do lado de Adão; vede como foi aberto pela lança, para vos abrir a porta do paraíso (*OitPs* 8).

A Igreja está entre o céu e o inferno, por isso reúne indistintamente bons e maus, Pedro e Judas, azeite bom e borra de azeite, grão e palha (*20Pn* 6).

O Senhor, ao derramar a água batismal, derrame o seu espírito e a sua bênção, para de filhos da ira fazer filhos da graça, serem posteridade e descendência, ou seja, filhos da Igreja (*2Ad* 3).

Ó Maria Santíssima – Casa de Sião, isto é, da Igreja – que na encarnação do teu Filho tornou-se a morada da fé, exulta com o coração, canta com a boca: *A minha alma engrandece ao Senhor*, porque o *Grande*, tornado pequeno e humilde, o *Santo*, que santifica o povo, está no meio de ti, no teu ventre (*OitPs* 6).

> *Eia, irmãos caríssimos, roguemos humildemente com lágrimas ao Senhor Jesus Cristo que expulse da sua Igreja os vendeiros e compradores simoníacos e ponha fora da casa da nossa consciência, outrora sua, os vícios, e a faça casa de oração santa, para que possamos chegar à casa da Jerusalém celeste. Auxilie-nos ele mesmo, que vive e reina pelos séculos eternos, juntamente com o Pai e o Espírito Santo. Diga toda a consciência pura: Assim seja! Aleluia! (10Pn 17).*

* * *

INFERNO

Conta-se que o sapientíssimo rei Salomão teve uma ave, uma avestruz. Um dia meteu o filhote num vaso de vidro. A dolorida mãe via o filho sem poder possuí-lo. Finalmente, por excessivo amor para com o filho, retirou-se para o deserto, onde encontrou um verme. Trouxe-o e pô--lo em cima do vaso de vidro, contra o qual o esborrachou. A virtude deste sangue quebrou o vidro e dessa forma a avestruz libertou o filho. Vejamos o que significa a ave, o filho, o vaso de vidro, o verme e o sangue. Esta ave significa a divindade; o seu filho, Adão e a sua descendência; o vaso de vidro, o cárcere do inferno; o deserto, o ventre virginal; o verme, a humanidade de Cristo; o sangue, a sua paixão. Deus, pois, para libertar o gênero humano do cárcere do inferno, do poder do diabo, foi para o deserto, ou seja, para o ventre de uma Virgem. Dela recebeu o verme, isto é, a humanidade. Daí o ele mesmo dizer: *Sou um verme, não um homem* apenas, porque sou Deus e homem. Esborrachou este verme no patíbulo da cruz. Do seu lado saiu sangue, cuja virtude quebrou as portas do inferno e libertou o gênero humano do poder do diabo (*Rm* 3).

Que aproveita ao ladrão, se é conduzido à forca através de verde prado? Que aproveitou ao rico avarento a púrpura e o bisso, se pouco depois é sepultado no inferno? Jó lembrava bem (20,4-5): *Sei que a glória dos ímpios é breve e a alegria do hipócrita dura um momento.* É manifesto que a erva das riquezas não sara a alma da doença do pecado, antes a trucida (*2Ep* 1).

A soberba e a vanglória matam no homem o terror do juízo e o horror do inferno (*Es* 3).

A lenha do fogo do inferno são as almas dos pecadores (*4Qc* 4).

Babilônia, mãe das fornicações, neste mundo bebes o vinho do gozo, no outro beberás o vinagre do inferno (*3Ps* 8).

Os que se embriagam com os bens temporais serão despidos e, nus, condenados ao inferno (*3Ps* 7).

Rogamos, Pai, que nos faças árvore boa, nos concedas produzir frutos dignos pela penitência, para que, radicados e fundados na raiz da humildade e livres do fogo eterno, mereçamos chegar a apanhar o fruto da vida eterna. Auxilia-nos tu, que és bendito pelos séculos dos séculos. Amém! (8Pn 10).

* * *

INTELIGÊNCIA (ENTENDIMENTO)

Q uando o entendimento, elevado acima de si mesmo na contemplação, divisa alguma coisa acerca da luz da divindade, toda a razão humana sucumbe (*2Qr* 9).

A nuvem impede a vista do sol e a abundância dos bens temporais desvia o conhecimento de Deus (*5Ps* 5).

A gordura das riquezas cega os olhos do entendimento (*5Ps* 5).

Todos os pensamentos, toda a vida e toda a inteligência devem ser referidos Àquele que no-los deu (*1Pn* 7).

Apesar de diversas funções, a alma é uma só substância. A alma toma nomes diversos, segundo os efeitos que produz. Enquanto vivifica o corpo, é alma; enquanto comanda, é vontade; enquanto sabe, é entendimento; enquanto julga o que é reto, é razão; enquanto espira, é espírito; enquanto sente alguma coisa, é sentido (*13Pn* 13).

Nada, fora de Deus, basta ao entendimento que procura verdadeiramente a Deus (*13Pn* 21).

O vento da vanglória amarra o intelecto que procura a verdade, e o afeto, que procura o bem (*23Pn* 8).

O rosto de Deus é a nossa razão, porque assim como pelo rosto se conhece alguém, assim pelo espelho da razão se conhece a Deus (*23Pn* 10).

Senhor, a luz do teu rosto, da tua graça, que estabelece em nós a tua imagem e nos torna semelhantes a ti, está gravada em nós, isto é, impressa na razão, faculdade superior da alma. Por ela somos semelhantes a Deus, nela está impressa aquela luz, como selo em cera (*23Pn* 10).

Assim como do Pai procede o Filho, de ambos procede o Espírito Santo, assim da inteligência procede a vontade, e de ambas procede a memória; e não pode haver alma perfeita sem estas três coisas; nem uma só, no que respeita à beatitude, fica íntegra sem as outras. E assim como Deus Pai, Deus Filho e Deus Espírito Santo não três deuses, mas um só Deus, com três pessoas, assim também a alma-inteligência, a alma-vontade e a alma-memória não são três almas, mas uma só imagem de Deus. Através destas faculdades superiores somos obrigados a amar o Criador. Deve-se retê-lo sempre na memória, à medida que é objeto da nossa inteligência e amor (*23Pn* 11).

A inteligência não basta a Deus, se não intervier a vontade para o amar; e não bastam estas duas faculdades, se não se ajunta a memória, pela qual Deus permanece sempre no entendimento do que entende e ama (*23Pn* 11).

Jesus toma a nossa mão na sua, quando, por sua misericórdia dá o querer, o conhecer e o poder (*24Pn* 8).

Tudo o que se deita num vaso cheio perde-se. Quem está cheio de bens temporais não se pode encher do conhecimento da vontade de Deus (*24Pn* 9).

Aprende, ó homem, a amar a Jesus, e então aprenderás onde está a sabedoria. Ele mesmo é a Sabedoria; donde a afirmação nas Parábolas: *A Sabedoria edificou para si uma casa* (*Pr* 9,1). Ele mesmo é a prudência; donde Jó: *A sua prudência*, a do Pai, *feriu o soberbo*, o diabo (*Jó* 26,2). Ele mesmo é a força, donde o Apóstolo: *É força de Deus e sabedoria de Deus* (*1Cor* 1,24). Nele mesmo há a inteligência de tudo: *Aos seus olhos todas as coisas são nuas e manifestas* (*Hb* 4,13). Ele mesmo é a vida: *Eu sou o caminho, a verdade e a vida* (*Jo* 14,6). Ele mesmo é o sustento, porque o pão dos anjos, a refeição dos justos. Ele mesmo é a luz dos olhos: *Eu sou luz do mundo* (*Jo* 18,12). Ele mesmo *é nossa paz, ele que de duas coisas fez uma só* (*Ef* 2,14).

Ó homem, aprende esta sabedoria, para que saboreies; esta prudência, para que te acauteles; esta força, para que possas resistir; esta inteligência, para que conheças; esta vida, para vivas; este sustento, para que não desfaleças; esta luz, para que vejas; esta paz, para que descanses. Ó Jesus Santíssimo, onde te buscarei e onde te encontrarei? Onde, depois de encontrado, encontrarei tantos bens? Depois de possuído, tenha tantos bens? *Busca e acharás*. E onde, por favor, habita? Onde faz a sesta? Queres saber onde? Diz, por favor! Encontrarás Jesus no meio de José e Maria (*1Nt* 1).

> *Roguemos, irmãos caríssimos, ao Senhor Jesus Cristo, que envie a graça do Espírito Santo ao meio da terra, desta terra votada ao extermínio, que esmague a dureza do entendimento, estimule a língua na confissão, encha de mortificação os membros do corpo, para que mereçamos, mediante vida celeste, chegar ao céu. Auxilie-nos ele mesmo, que é bendito pelos séculos dos séculos. Assim seja (1Nt 20).*

* * *

INVEJA

Os invejosos são o trono de Satanás (*3Ps* 4).

Os invejosos vivem atormentados com a felicidade dos outros (*Ep* 14).

A inveja dilacera o coração (*4Ad* 4).

Do desejo de pecúnia e de grandezas nasce a inveja roedora (*3Ad* 2).

A avareza não é só o desejo de pecúnia temporal, mas também de grandeza, de cujo apetite nascem a inveja roedora, as dissensões e detrações (*3Ad* 2).

A inveja e a ira são desarmadas, quando domina a razão (*6Pn* 10).

Roguemos ao Senhor Jesus que nos infunda o Espírito da verdade, que nos ensina toda a verdade. Auxilia-nos, tu, que és bendito, glorioso por todos os séculos. Diga toda a alma: Assim seja! Aleluia (4Ps 16).

* * *

IRA

A ira impede o discernimento da verdade (*4Ps* 14).

Suprime a ira e não haverá homicídio (*6Pn* 8).

A paciência vence a ira (*19Pn* 11).

A ira e a inveja são desarmadas, quando domina a razão (*6Pn* 10).

Quanto menos reprimires a ira, tanto mais serás pressionado por ela (*4Ps* 14).

Quem costuma viver irado, ao não ter razões para a ira, ira-se contra si mesmo (*4Ps* 14).

Se o nosso velho homem for crucificado com os cravos do amor divino (com ele crucificado), não serviremos mais ao pecado da ira contra o irmão, mas nele veneraremos o Cristo crucificado (*6Pn* 10).

Quando o homem se abrasa com ira, assemelha-se ao mar agitado, porque se lhe amargura o coração, perturba a razão, cega o espírito, odeia o irmão (*Cr* 7).

Quando a ira se acende na alma, a língua do homem se movimenta e faz as vezes de uma espada de fogo (*6Pn* 9).

Não pode haver tranquilidade de coração sem amor do próximo, porque onde há amor, aí não há ira nem indignação (*3Ep* 4).

A ira impede o ânimo de poder discernir a verdade, perturba a presença do espírito, mata os afetos da razão (*In* 8).

Quem dissimula a injúria recebida, imputando-a não à malícia, mas à ignorância, não a conserva no coração (*1Ep* 7 e 8).

O perdão da injúria purifica a alma dos pecados. Diz o Senhor em São Mateus (6,14): *Se perdoardes aos homens os seus pecados, também vosso Pai celeste vos perdoará os vossos delitos.* Quem assim procede assemelha-se à ave, que fecha os olhos com a pálpebra inferior. A ave, enquanto voa, não se serve de caminho. Assim, quem perdoa ao que peca, não tem no coração o caminho do rancor e do ódio. Fecha o olho com a pálpebra inferior quando de coração perdoa a injúria. Esta é a esmola espiritual, sem a qual todo o bem carece da recompensa da vida eterna. Escreve o Eclesiástico (28,2-5. 8-10): *Perdoa ao teu próximo que te ofendeu, e então, quando pedires, ser-te-ão perdoados os pecados. Um homem conserva a ira contra outro homem, e pede a Deus remédio. Não tem compaixão dum homem seu semelhante, e pede perdão de seus pecados. Ele, sendo carne, conserva rancor, e pede propiciação a Deus. Quem lha alcançará por seus delitos?* Lembra-te do temor de Deus e não te *ires contra o teu próximo. Lembra-te da aliança do Altíssimo* (que diz: *perdoai e perdoar-se-vos-á*) *e não faças caso da ignorância do próximo. Abstém-te de litígios e diminuirás os pecados.* Não faz caso da ignorância do próximo quem dissimula a injúria recebida, imputando-a não à malícia, mas à ignorância. Dissimulando-a, não a conserva no coração (*1Ep* 8).

> Peçamos, irmãos caríssimos, ao Senhor Jesus Cristo, que lance fora do nosso coração a ira, nos conceda a tranquilidade de consciência, com a qual consigamos amar o próximo com o coração, a boca e as obras e chegar àquele que é a nossa paz. Auxilie-nos aquele que é bendito pelos séculos dos séculos. Assim seja (*6Pn* 10).

* * *

JEJUM

Estavam lá seis talhas de pedra preparadas para a purificação judaica. Em Cana da Galileia, na alma, que pelo zelo do amor já transmigrou dos vícios para as virtudes, há seis talhas: a confissão, a contrição, a oração, o jejum, a esmola e o perdão sincero da injúria sofrida. Estas coisas são as que purificam os penitentes de todos os pecados. O jejum purifica. Lemos em Joel (2,12): *Convertei-vos a mim de todo o vosso coração, com jejuns, com lágrimas e com gemidos.* E em São Mateus (6,17): *Tu, porém, quando jejuas, unge a tua cabeça e lava o teu rosto.* Moisés, depois do jejum de quarenta dias, mereceu receber a lei imaculada do Senhor, que converte e purifica as almas; e Elias mereceu ouvir um sopro de brisa ligeira. Grande virtude do jejum: cura as pestes da alma e vence a fraude do antigo inimigo (*1Ep* 7).

O jejum e a esmola devem fazer-se com alegria, a oração com a esperança da divina misericórdia (*Cp* 11).

Jejuai, se quiserdes vencer o diabo e que se vos restitua a graça perdida (*Cn* 2).

Jejua o hipócrita para adquirir louvores; o avarento, para encher a bolsa; o justo, porém, para agradar a Deus (*Cn* 2).

Com a oração limpamos o coração do pensamento impuro; com o jejum refreamos a petulância da carne (*Sp* 19).

É ridículo querer honrar os santos, nas suas solenidades, com banquetes, sabendo nós que subiram ao céu por meio de jejuns (*4Ps* 11).

Roguemos, irmãos caríssimos, ao Senhor Jesus Cristo que nos atenda com olhos de misericórdia, nos livre da fome e nos conduza ao templo de sua glória. Auxilie-nos ele mesmo, que vive e reina pelos séculos eternos. Amém! (7Pn 8).

* * *

JESUS CRISTO

Diz Isaías (64,1-2): *Oxalá rasgasses tu os céus e descesses de lá!* Os montes derreter-se-iam diante da tua face. Vê com quanto desejo arde aquele que tenta romper os céus, a fim de poder ver o invisível visível na carne. Rompa-se o céu, desça o Verbo, diante de cuja face de desfaça a soberba dos montes. Diante da tua face, quer dizer, na presença da tua humanidade, derreter-se-iam os montes. Quem seria tão soberbo, arrogante e inchado, se olhasse bem na majestade abatida, na potência enferma, na sabedoria balbuciante? Acaso o seu coração não se derreteria como cera diante do fogo, e não diria com o profeta (*Sl* 119,75): *Na tua verdade*, no teu Filho humilhado, ó Pai, *me fizeste humilde?* (*4Ad* 12).

O trigo, alvo no interior e avermelhado por fora, simboliza Jesus Cristo, escondido durante nove meses no celeiro do santíssimo ventre da Virgem gloriosa, na mó da cruz esmagado por nossa causa, cândido pela inocência da vida, avermelhado pelo derramamento de sangue (*3Qr bis* 3).

Disse Davi: *Gravada está em nós, Senhor, a luz do teu rosto* (*Sl* 4,7). O rosto do Pai é o Filho. Como pelo rosto se conhece uma pessoa, assim pelo Filho conhecemos o Pai (*Sp* 10).

Disse Deus: *Faça-se a luz!* Esta luz é a sabedoria de Deus Pai, que habita em luz inacessível ... Esta luz, que era inacessível e invisível, fez-se visível na carne, iluminando os que estavam sentados nas trevas e na sombra da morte (*Sp* 4).

Assim como o raio do sol, descendo do sol ilumina o mundo e, todavia, não se afasta nunca do sol, também o Filho de Deus, descendo do Pai, iluminou o mundo e, contudo, não se afastou nunca do Pai, porque faz um todo com ele; ele mesmo disse em São João (10,30): *Eu e o Pai somos um* (*4Ps* 6).

Bem disse Santo Agostinho: no Verbo reconheço o verdadeiro Filho de Deus; na carne, o verdadeiro Filho do Homem; em ambos juntos, uma só pessoa, Deus e Homem, unida pela liberalidade da graça inefável (*4Ps* 6).

O Pai renovou os prodígios e fez novas maravilhas no nascimento de seu Filho. Observa-se um sinal quando, no que se vê, se entende expressa coisa diferente, que signifique alguma coisa. O primeiro Adão foi criado de terra virgem. Nele significava-se que o segundo Adão havia de nascer da terra da bendita Virgem Maria. Foi admirável, quando o fogo ardia e não se apagava; quando a vara de Aarão produziu frutos sem orvalho. A sarça e a vara são Maria Santíssima, que, sem dor deu à luz o Filho de Deus, tendo ficado intacto o pudor da virgindade (*12Pn* 12).

Diz o Eclesiastes (9,14-15) que numa cidade havia um homem pobre e sábio que, pela sua sabedoria, livrou a cidade. Este homem pobre é Cristo, homem segundo a divindade, pobre segundo a humanidade (*7Pn* 4).

As tribos foram ter com Davi (*2Sm* 5,1) e lhe disseram: *Aqui estamos, somos teus ossos e tua carne.* Também os penitentes devem dizer a Cristo: Tem compaixão de nós e perdoa os nossos pecados, porque somos os teus ossos e tua carne. Por nossa causa te fizeste homem, a fim de nos remires. De fato, pelo que padeceste aprendeste a ser compassivo. Não podemos dizer a um anjo: Aqui estamos, somos teus ossos e tua carne. A ti, porém, ó Deus, ó Filho de Deus, que te revestiste não de forma angélica, mas da forma da descendência de Abraão, verdadeiramente podemos dizer: Aqui estamos, somos tua carne e teus ossos. Tem, portanto, compaixão dos teus ossos e da tua carne. Alguém, porventura, teve algum dia ódio à sua carne? És nosso irmão e nossa carne e, por isso, estás obrigado a ter piedade e a compadecer-te das misérias de teus irmãos. Tu e nós temos um só Pai; mas tu o tens por natureza; nós o temos por graça. Tu, que és poderoso na casa paterna, não nos prives daquela herança santa, porque somos os teus ossos e a tua carne (*3Pn* 4).

A Virgem gloriosa foi prevenida e cheia de graça singular, para que tivesse como fruto de seu ventre aquele mesmo que de início o universo teve como senhor (*3Qr bis* 2).

O Deus unigênito, ao ser concebido, recebeu a verdadeira carne da Virgem e, ao nascer, guardou na mãe a integridade da virgindade (*3Qr bis* 3).

O Filho de Deus, quando recebeu o corpo da Santíssima Virgem, onde, como num tabernáculo, foi peregrino e hóspede, armou-nos uma espécie de guarda-sol contra os desejos mundanos, que tanto atrapalham os pobres de Cristo (*20Pn* 6).

A humanidade de Jesus Cristo é a nossa segurança (*20Pn* 6).

O nascimento de Jesus Cristo foi como o odor de um campo cheio de flores, porque guardou ilesa a flor da materna virgindade, quando dela procedeu (*An* 13).

O Pai deu a majestade ao Filho, a Mãe deu-lhe a fraqueza (*Pr* 6).

Há no favo mel e cera. No Menino Jesus há divindade e humanidade (*Pr* 10).

Escreve Isaías (7,15): *Comerá manteiga e mel.* O mel designa a divindade; a manteiga, a humanidade. Comeu manteiga e mel, quando uniu a natureza divina à humana e com isto nos ensinou a reprovar o mal e escolher o bem (*Pr* 7).

Maria Santíssima é trono de glória. Em Maria se assentou, enquanto dela assumiu carne, a glória do Pai, a própria sabedoria do Pai: Jesus Cristo (*As* 1).

Diz Isaías: *Eu mesmo que falava, agora digo: aqui estou.* Eu, que falava aos vossos pais pelos profetas, estou agora presente pela realidade da Encarnação (*Sx* 1).

O Filho de Deus foi misericordioso na Encarnação, forte na Paixão e de aspecto encantador na Bem-aventurança eterna (*Pl* 3).

[Jesus fez lodo com saliva]. A saliva significa a divindade. O lodo, a humanidade. A união da saliva e da terra é a união da natureza humana com a divina. Com esta união foi curado o gênero humano (*Qn* 3).

Pontífice é o que estabelece uma ponte, para dar passagem aos viandantes. Havia duas margens, a da mortalidade e da imortalidade, entre as quais deslizava um rio intransponível, o rio das nossas iniquidades e misérias. Veio o Cristo, como pontífice. Fez ponte que vai da margem da nossa mortalidade à margem da sua imortalidade. Por ela, como prancha de madeira lançada entre as duas margens, passaríamos a alcançar os bens eternos (*5Qr* 3).

Jesus Cristo, Filho de Deus Pai, tendo saído do seio do Pai, veio ao campo deste mundo no tempo da ceifa do trigo, na plenitude do tempo, e se armazenou como grão no celeiro da Santíssima Virgem (*4Pn* 15).

Deus fez coisas grandes na encarnação, como fala a própria Maria Santíssima: *Fez em mim grandes coisas aquele que é poderoso e cujo nome é santo*; incompreensíveis no seu nascimento, em que uma Virgem deu à luz o próprio Filho de Deus; maravilhosas, na realização dos milagres. Bendito seja, porque tudo sabe quem nos fez tais coisas (*5Ps* 11).

Faz parte da humildade recordar de que modo o Filho de Deus inclinou a cabeça da divindade no ventre da Virgem pobrezinha; de que modo aquele que enche o céu e a terra e que o céu e a terra não podem abarcar, se abreviou no útero de uma donzela, em que morou por nove meses; de que modo, envolvido em panos, reclinado em manjedoura de animal, levado da face de Herodes para o Egito, Senhor de todo o mundo fugido do mundo (*8Pn* 8).

Hoje, Natal, a Virgem Santíssima deu à luz um Filho. Que filho? Deus, o Filho de Deus. Ó felicidade acima de toda a felicidade! Deste um Filho a Deus Pai! O Pai deu a deidade; a Mãe a humanidade; o Pai a majestade; a mãe a fraqueza (*Nt* 6).

A Virgem Santíssima deu à luz um filho, o Emanuel – o Deus conosco. Disse Isaías (59,17): *E pôs sobre a sua cabeça o capacete da salvação.* O capacete é a humanidade; a cabeça é a divindade. A cabeça escondida debaixo do capacete é a divindade debaixo da humanidade (*Nt* 6).

Ó pobreza! Ó humildade! O Senhor do universo é envolvido em panos; o Rei dos Anjos é reclinado num estábulo. Envergonha-te, insaciável avareza! Desaparece, soberba do homem! (*Nt* 7).

Grande humildade a do Salvador! Ele, para quem não há espaço, é recebido nas mãos de um homem idoso, Simeão (*Pr* 7).

O alimento de Maria Santíssima é seu Filho, mel dos anjos, doçura de todos os santos. Vivia daquele que alimentava: a quem ela dava o leite, ele dava a vida (*Pr* 9).

Encontrareis uma criança: significa encontrareis a sabedoria a balbuciar, o poder frágil, a majestade inclinada, o imenso pequenino, o rico pobrezinho, o senhor dos anjos num estábulo, o alimento dos anjos quase feno de jumentos, o inabrangível reclinado numa estreita manjedoura. Este é para a vós o sinal. Pelo Verbo encarnado, pelo parto virginal, pelo Salvador nascido seja dada glória a Deus Pai no mais alto dos céus e paz na terra aos homens objeto da benevolência divina. Digne-se conceder-no--la Aquele que é bendito pelos séculos. Assim seja (*Nt* 10).

Ó humildade do nosso Redentor! Ó paciência do nosso Salvador! Carrega sozinho, por todos, o madeiro. Nele é suspenso, crucificado e morto (*Nt* 13).

Assim como na divindade há três pessoas e uma só substância, na humanidade de Cristo há três substâncias e uma só pessoa. As três substâncias são: divindade, alma e carne (*20Pn* 1).

No dia de Natal, uma fonte – Cristo – brota do útero da santíssima Virgem para irrigar e purificar a nossa miséria (*5Qr* 12).

Os magos ofereceram ouro. No ouro, que é brilhante, sólido e não retine quando percutido, nota-se a verdadeira pobreza, que não enegrece com a fuligem da avareza e não incha com o vento dos bens temporais (*Ep* 7).

Nome de Jesus: nome doce, nome deleitável, nome que reconforta o pecador e de ditosa esperança. É júbilo no coração, melodia no ouvido, mel na boca (*Cr* 6).

Nome de Jesus: se o pregas, amolece os corações duros; se o invocas, dulcifica as tentações ásperas; se pensas nele, ilumina o coração; se o lês, sacia o espírito (*Cr* 6).

Direi em palavras sucintas sobre o Nome de Jesus alguns pensamentos redigidos por Inocêncio: o nome de Jesus (Iesus) tem duas sílabas e cinco letras, três vogais e duas consoantes. Duas sílabas, porque Jesus tem duas naturezas, a divina e a humana: a divina do Pai, do qual nasceu sem mãe; a humana da mãe, da qual nasceu sem pai. Eis que há duas sílabas neste único nome, porque há duas naturezas nesta única pessoa. Deve-se notar, porém, que a vogal soa por si; a consoante soa juntamente com outra. Portanto, as três vogais (I-E-s-U-s) simbolizam a divindade, que, sendo una por si, soa em três pessoas: *São três os que dão testemunho no céu; o Pai, o Verbo e o Espírito Santo. E estes três são uma só coisa (1Jo 5,7)*. As duas consoantes (ieSuS) significam a humanidade, a qual, por ter duas substâncias, a carne e a alma, não soa por si, mas mais com outra, a que está junta na unidade da pessoa. *Pois assim como a alma racional e a carne formam um só homem, assim Deus e homem foram um só Cristo* (Símbolo Atanasiano). A pessoa chama-se substância racional, que soa por si mesma. Essa substância racional é Cristo. E Deus é também homem, mas soa por si enquanto é Deus; mas não soa por si enquanto é homem, porque a Deidade reteve o direito de personalidade ao assumir a humanidade, mas a humanidade assumida não recebeu o direito da personalidade, porque nem a Pessoa recebeu a pessoa nem a natureza recebeu a natureza, mas a Pessoa assumiu a natureza. Este é, portanto, o nome santo e glorioso, que *foi invocado sobre nós*; *e não há outro nome*, na frase de São Pedro (*At* 4,12), *debaixo do céu que nos possa salvar*. Por ele nos salve Deus, Jesus Cristo Senhor nosso, bendito acima de todas as coisas pelos séculos dos séculos. Assim seja (*Cr* 7).

Maria Santíssima, pobrezinha, pelo Filho pobre faz um sacrifício de pobre, para que em tudo se mostre a humildade do Senhor (*Pr* 2).

Cristo saiu do seio do Pai e veio ao mundo para semear e construir a sua Igreja, na qual se conserva a semente incorruptível, que permanece pelos séculos dos séculos (*Sx* 4).

Deus, Filho de Deus, recebeu da Santíssima Virgem a natureza humana na unidade da pessoa. O Pai deu a divindade, a mãe deu a humanidade; o Pai deu a majestade, a Mãe deu a fraqueza (*1Ep* 6).

Diz Isaías (26,1-2): *O Salvador será para a cidade o muro e o antemuro.* O muro designa a divindade; o antemuro designa a humanidade. A fé no Verbo Encarnado é nossa proteção e defesa. O Senhor protege com a sombra da humanidade; livra com o poder de sua divindade (*3Ad* 1).

Nada humilha tanto o pecador soberbo como a humilhação da humanidade de Jesus Cristo (*Qn* 6).

Perguntou Judas: *Que me quereis dar?* E que podem eles te dar? Se te dessem Jerusalém, a Galileia e a Samaria, porventura poderiam comprar Jesus? Se te pudessem dar o céu e os anjos, a terra e os homens, o mar e tudo o que nele existe, acaso poderiam comprar o Filho de Deus, "no qual estão todos os tesouros da sabedoria e da ciência" (*Cl* 2,3)? Certamente que não! (*Qn* 15).

Judas, dize-me em que ele te prejudicou e que mal te fez, porque tu propões: *Eu vo-lo entregarei*. Esqueceste aquela incomparável humildade do Filho de Deus e a sua pobreza voluntária? A sua benignidade e afabilidade? A sua doce pregação e prodigiosos milagres? Aquelas terníssimas lágrimas, derramadas sobre Jerusalém, e a morte de Lázaro? E o privilégio de te ter escolhido para Apóstolo e te feito seu familiar e seu amigo? Estas e coisas semelhantes haveriam de te abrandar o coração e provocar a tua piedade para que não dissesses: *Eu vo-lo entregarei* (*Qn* 15).

Deus Pai vestiu seu Filho Jesus com a veste branca da carne limpa de toda mancha de pecado, tomada da Virgem Imaculada. Herodes, mandando vestir Jesus com uma veste branca, mostrou-lhe escárnio e desprezo (*Qn* 16).

Para que a morte eterna e o poder do diabo não nos espezinhassem, o Senhor de todas as coisas, o Filho de Deus, foi atado a uma coluna como bandido e flagelado de maneira tão atroz que seu sangue corria por toda a parte. Ó mansidão da piedade divina! Ó paciência da benignidade paterna! Ó profundo e imperscrutável mistério do eterno desígnio! Vias, Pai, o teu Unigênito, igual a ti, ser amarrado à coluna como um bandido e flagelado como um homicida; e como pudeste te conter, nós te agradecemos, Pai Santo, por termos sido libertados das cadeias do pecado e dos flagelos do diabo por meio das cadeias e flagelos de Jesus (*Qn* 17).

Diz o Senhor através do profeta Isaías (49,4): *Trabalhei em vão, sem fruto e inutilmente consumi as minhas forças. A* fortaleza da divindade como que foi consumida na fraqueza da humanidade. Não te parece isto ao veres aquele Homem e Deus preso à coluna, como ladrão, flagelado, esbofeteado, coberto de escarros, ao veres arrancarem-lhe a barba, ferirem--lhe com uma cana a cabeça e ao veres crucificado entre dois ladrões? (*4Ps* 5).

O monte das Oliveiras era chamado o monte das três luzes, porque era iluminado pelo sol, por si mesmo e pelo templo. Pelo sol, porque olhava para o oriente e recebia todos os raios solares; por si mesmo, pela obediência do azeite que possuía; pelo templo, porque de noite as luzes do templo iluminavam o monte. Assim é a pessoa penitente: é iluminada pelo sol da justiça, Jesus Cristo luz do mundo; é iluminada por si mesmo, porque inteiramente revestido de misericórdia; iluminada pelo templo, porque está inteiramente inserido na comunidade, que é o templo do Senhor (*Rm* 5).

Jesus foi crucificado pelos soldados. Ó vós todos que passais pelo caminho, parai e vede se há dor semelhante à minha dor. Os discípulos fogem, os conhecidos e amigos afastam-se, Pedro nega, a Sinagoga coroa de espinhos, os soldados crucificam; os judeus zombeteiros blasfemam; dão-lhe para beber fel e vinagre. Suas mãos, 'feitas ao torno, de ouro e cheias de jacintos' (cf. *Ct* 5,14) foram transpassadas por cravos. Os pés, a que o mar se mostrou como solo resistente, foram pregados à cruz. A face que brilha como o sol em plenitude (cf. *Ap* 1,6), transformou-se em palidez mortal. Os olhos amados, para os quais não há nenhuma criatura invisível, estão fechados pelo sono da morte (*Qn* 19).

Diz o livro dos Cânticos (5,14): *As suas mãos são de ouro, feitas ao torno, cheias de jacintos*. Diz-se que as mãos do Senhor foram feitas ao torno, porque foram torneadas na Paixão. De fato, foram perfuradas com cravos como se o fora com um torno; são de ouro, por causa da pureza das obras; cheias de jacinto, que figuram os prêmios da vida eterna. O ladrão crucificado com ele mereceu receber o primeiro jacinto: *Hoje estarás comigo no paraíso* (*1Nt* 13).

A vida de Jesus some-se para entre os mortos. Ó olhos do nosso amado, fechados na morte! Ó face, para a qual os Anjos desejam olhar, transformada em palidez! Ó lábios, favo a destilar palavras de vida eterna, tornados lívidos. Oh! Pende inclinada a cabeça que faz tremer os Anjos! Aquelas mãos, a cujo tato a lepra desaparecia, a vida voltava, a luz perdida era restituída, fugia o demônio e o pão se multiplicava, aquelas mãos, ai! Estão perfurada por cravos e tingidas de sangue (*Cs* 8).

Jesus Cristo debelou as potestades aéreas com as mãos pregadas à cruz. Que admirável fortaleza! Vencer o próprio inimigo com as mãos ligadas! (*Qr* 1).

Assim como o homem exterior vive do pão material, assim o interior vive do pão celeste, que é a Palavra de Deus. A Palavra de Deus é o Filho, Sabedoria que procedeu da boca do Altíssimo (*Qr* 4).

Jesus não respondeu palavra à Cananeia. Ó arcano do divino conselho! Ó profundo e imperscrutável mistério da eterna sabedoria! O Verbo, que no princípio existia junto do Pai, por meio do qual tudo foi feito, não responde à mulher Cananeia, à alma penitente, uma palavra! O Verbo, que torna disertas as línguas das crianças, que dá a boca e a sabedoria, não responde uma palavra! Ó verbo do Pai, criador e conservador de tudo, providência e sustento de quanto existe, responde-me ao menos uma palavra para mim, mulher infeliz, a mim, penitente! E provo, com a autoridade do teu profeta Isaías, que deves responder. De fato, o Pai, a teu respeito, promete aos pecadores, dizendo em Isaías (55,11): *A palavra que sair de minha boca não tornará para mim vazia, mas fará tudo quanto eu tenha querido, e surtirá os seus efeitos naquelas coisas para as quais eu a enviei.* E que quis o Pai? Certamente que recebesses o penitente, lhe respondesses uma palavra de misericórdia. Acaso não disse: *O meu alimento é fazer a vontade daquele que me enviou?* Filho de Davi, tem, portanto, piedade de mim! Responde uma palavra, ó Verbo do Pai!

Igualmente provo com a autoridade do teu profeta Zacarias que deves ter piedade e responder. Assim de ti ele profetizou (13,1*): Naquele dia haverá para a casa de Davi uma fonte aberta, para lavar as manchas do pecador.* Ó fonte de piedade e de misericórdia, que nasceste de terra bendita da Virgem Maria, que foi da casa e família de Davi, lava as manchas do pecador! Por que é que o Verbo não responde uma palavra? Certamente para excitar o ânimo do penitente a maior arrependimento e estímulo de dor maior. Por isso, dele fala a esposa nos Cânticos (5,6): *Procurei-o e não o encontrei. Chamei por ele e não me respondeu (2Qr bis* 14).

Cristo é a porta. Não entra por ela quem procura seus próprios interesses, em vez de procurar os de Jesus Cristo (*2Ps* 9).

Excelente quer dizer sumo. Perfeito é aquilo a que nada se pode ajuntar. Cristo é dádiva excelente, porque foi nos dado pelo Pai o Filho supremo, eterno como o Pai. Cristo é dom perfeito, porque quando o Pai no-lo deu, levou, por seu intermédio, todas as coisas à perfeição (*4Ps* 4 e 5).

Disse Jesus aos judeus: "Antes que Abraão fosse feito, eu sou". Não disse "fosse", mas "fosse feito", porque Abraão era criatura; não disse, "feito", mas "sou", porque criador (*5Qr* 12).

Conta-se que o sapientíssimo rei Salomão teve uma ave, uma avestruz. Um dia meteu o filhote num vaso de vidro. A dolorida mãe via o filho sem poder possuí-lo. Finalmente, por excessivo amor para com o filho retirou-se para o deserto, onde encontrou um verme. Trouxe-o e pô-lo em cima do vaso de vidro, contra o qual o esborrachou. A virtude deste sangue quebrou o vidro e dessa forma a avestruz libertou o filho. Vejamos o que significa a ave, o filho, o vaso de vidro, o verme e o sangue. Esta ave significa a divindade; o seu filho, Adão e a sua descendência; o vaso de vidro, o cárcere do inferno; o deserto, o ventre virginal; o verme, a humanidade de Cristo; o sangue, a sua paixão. Deus, pois, para libertar o gênero humano do cárcere do inferno, do poder do diabo, foi para o deserto, ou seja, para o ventre de uma Virgem. Dela recebeu o verme, isto é, a humanidade. Daí o ele mesmo dizer: *Sou um verme, não um homem* apenas, porque sou Deus e homem. Esborrachou este verme no patíbulo da cruz. Do seu lado saiu sangue, cuja virtude quebrou as portas do inferno e libertou o gênero humano do poder do diabo (*Rm* 3).

'Bendito' quer dizer imune do pecado. És singularmente bendito, ó Cristo, que vens em nome do Senhor, para a honra de Deus Pai (*Rm* 12).

O lugar próprio de Jesus é o meio: no céu (*Ap* 7,17), no ventre da Virgem (*Is* 12,6), na gruta de Belém (*Hab* 3,2 e *Is* 1,3), no patíbulo da cruz (*Jo* 19,18) (*OitPs* 6).

Jesus está no meio de todo o coração; está no meio, a fim de que dele, como de centro, partam todos os raios das graças para nós, que estamos na periferia e giramos em torno do centro (*OitPs* 6).

Disse Isaías de Deus: *Eis que te escrevi na palma da minha mão* (49,16). Para escrever são precisas três coisas: papel, tinta e pena. As mãos de Cristo o papel; seu sangue é a tinta; os cravos da cruz são a pena. Cristo nos mantém escritos na palma de sua mão (*OitPs* 11).

Disse Tomé: *Meu Senhor e meu Deus!* Tomé, viste-me homem e acreditaste-me Deus (*OitPs* 11).

Eu sou o bom pastor. Cristo bem pode dizer *eu sou*. Para ele nada é passado ou futuro, mas tudo lhe é presente, como afirmou no Apocalipse (1,8): *Eu sou o Senhor Deus que era, que é e que há de vir* (*2Ps* 3).

Cristo apascenta-nos todos os dias no sacramento do altar com a sua carne e o seu sangue (*2Ps* 3).

Para ser bom pastor é necessário ser semelhante a Jesus e possuir sete predicados: pureza de vida, ciência da divina escritura, eloquência de linguagem, perseverança na oração, misericórdia para com os pobres, disciplina com os súditos, cuidado solícito pelo povo que foi confiado (2Ps 6).

O Filho de Deus, Palavra viva e eficaz do Pai, verdadeiramente pode tudo (5Ps 10).

O Filho saiu de Deus para que tu saísses do mundo; veio a ti, para que tu fosses a ele (5Ps 12).

Disse Jesus: *Eu sou a verdade* (*Jo* 14,6). Quem prega a verdade confessa a Cristo. Quem cala a verdade na pregação, nega a Cristo (6Ps 10).

Se alguém exerce o ministério da palavra ou qualquer outro ofício da caridade, exerça-o, não com a sua força, mas com aquela que Deus lhe concede, para que em todos os atos seja honrado Deus por meio de Jesus Cristo Senhor nosso (6Ps 11).

Os santos têm o gozo da visão do Verbo Encarnado. Os homens verão um Deus homem, enquanto os anjos não verão um Deus anjo; acima deles verão exaltada a humanidade de Cristo (2Pn 4).

Para me salvar, o Salvador recebeu a minha carne e elevou-me acima dos coros dos anjos (2Pn 4).

O pregador deve sentar-se na cadeira da humildade, instruído pelo exemplo de Jesus Cristo, que humilhou a glória da divindade na cadeira da nossa humanidade (*4Pn* 1).

Jesus Cristo, rei dos reis, tem seu trono na alma do justo (*5Pn* 13).

Demos a Deus tudo. Ele remiu-nos totalmente, a fim de nos possuir por inteiro (*6Pn* 6).

Se, convertidos de nossos pecados, seguirmos o Senhor, saberemos que somos filhos de Deus, cumpridores da vontade do Pai que está no céu. E se somos filhos e herdeiros, isto é, participantes da mesma glória, seremos herdeiros de Deus, que nos constituiu herdeiros de herança eterna no testamento, confirmado pelo sangue e morte de seu filho; somos seus co-herdeiros, porque é nossa carne e nosso irmão por participação de natureza, que nos céus exaltou acima dos anjos, a fim de que fôssemos participantes e co-herdeiros de sua divindade (*8Pn* 14).

Jesus é o sol. Só ele é bom, só ele é justo e santo; ele veste a sua Igreja com a sua fé e a sua graça (*2Ps* 14).

O sol, assim chamado por dar luz sozinho, é Jesus Cristo, que tudo vivifica e ilumina com o esplendor e virtude da graça espiritual (*10Pn* 1.

O sol chama-se 'sol', porque é o único transmissor de luz. O sol é Jesus Cristo, o único que habita em luz inacessível, como escreve São Paulo a Timóteo (*1Tm* 6,16) (*1Ad* 4).

O sol, ao se pôr, tira as cores de todas as coisas. Assim o verdadeiro sol Jesus Cristo, ao sofrer na cruz o eclipse da morte, desbotou todas as cores da vaidade, das glórias falazes e das honras (*3Qr* 21).

Cristo, poder de Deus e sabedoria de Deus, atinge tudo, saciando no céu os anjos com sua visão, esperando misericordiosamente na terra os pecados (*10Pn* 13).

Senhor Jesus, olha para o teu testamento. Para não morreres sem testamento, com o teu sangue o confirmaste a teus filhos. Concede-lhes que anunciem confiadamente a tua palavra. Não abandones para sempre as almas remidas dos teus pobres, que não possuem outra herança se não tu. Sustenta-nos com o báculo do teu poder, porque são os teus pobres; conduze-os, não os abandones, não vão perder-se sem ti, mas dirige-os até ao fim, para que, consumados em ti, que és fim, consigam chegar ao fim, a ti. Levanta-te, Senhor, tu que agora pareces dormir, dissimulando os pecados dos homens por causa do seu arrependimento. E julga (isto é, separa, dentre os iníquos o grão da palha) a tua causa, a alma. Por ela foste conduzido a tribunal diante de Pôncio Pilatos. Lemos no salmo: *Julgaste e defendeste a minha causa*; e *Não te esqueças das vozes dos que te procuram* (*12Pn*14).

Repare-se nas quatro palavras: coração, alma, forças e entendimento. O coração está situado no meio do peito do homem, um pouco à esquerda da linha que separa os mamilos; declina para o mamilo esquerdo e fica na parte superior do peito. Não é grande nem sua forma é longa, mas inclina-se um pouco para o redondo, e sua extremidade é estreita e aguçada.

Ó homem, o lugar e forma do teu coração ensinam-te de que modo deves amar o Senhor teu Deus. O teu coração está situado no meio do peito, entre os dois mamilos. Os dois mamilos designam a dupla memória da Encarnação e da Paixão do Senhor, de que a alma se nutre como se fossem pequenos úberes. O mamilo direito simboliza a memória da Encarnação; o esquerdo, a lembrança da Paixão. Entre esses mamilos deve situar-se o teu coração, para que tudo o que pensas, tudo o que examinas corretamente, tudo refiras à pobreza e humildade da Encarnação e à amargura da Paixão do Senhor (*13Pn* 10).

Madalena derramou lágrimas e perfume sobre os pés do Senhor. Chora sobre os pés do Senhor quem se compadece do que sofre; unge-os quem agradece o benefício da Paixão. De fato, a Paixão de Jesus Cristo impõe-nos duplo dever: a dor e a devoção (*13Pn* 10).

A ametista é a principal pedra preciosa. De cor violácea, flameja cintilações de ouro e destila aljôfares purpúreos. Significa a vida de Jesus Cristo, violácea na pobreza e na humildade, flamejando cintilações de ouro na pregação e no fazer milagres, e destilando aljôfares purpúreos na sua Paixão (*14Pn* 8).

O Verbo de Deus assumiu tudo quanto Deus plantou em nossa natureza, a saber, o corpo e a alma intelectual. De fato, o todo assumiu tudo, para que operasse gratuitamente toda a minha salvação (*20Pn* 3).

As chagas de Jesus Cristo falam de nós ao Pai não vingança, mas misericórdia (*1Ad* 8).

Jeremias disse (1,11): *Vejo uma vara vigilante*. Jesus Cristo foi vara flexível pela obediência e humildade, sutil pela pobreza (*1Ad* 9).

Em Cristo houve a pobreza, a obediência e a humildade. Quem encontra motivo de escândalo nestas coisas ou acerca destas coisas, em Cristo se escandaliza (*2Ad* 13).

No primeiro advento, Jesus veio com as suas riquezas gloriosas: a humildade e a pobreza, a paciência e a obediência (*3Ad* 3).

Elevei acima dos coros dos anjos a natureza humana, que deles recebi e a ela me uni. Maior prerrogativa de honra era impossível conferir à natureza humana (*3Ad* 4).

Aprende, ó homem, a amar a Jesus, e então aprenderás onde está a sabedoria. Ele mesmo é a Sabedoria; donde a afirmação nas Parábolas: *A Sabedoria edificou para si uma casa* (*Pr* 9,1). Ele mesmo é a prudência; donde Jó: *A sua prudência*, a do Pai, *feriu o soberbo*, o diabo (*Jó* 26,2). Ele mesmo é a força, donde o Apóstolo: *É força de Deus e sabedoria de Deus* (*1Cor* 1,24) Nele mesmo há a inteligência de tudo: *Aos seus olhos todas as coisas são nuas e abertas* (*Hb* 4,13). Ele mesmo é a vida: *Eu sou o caminho, a verdade e a vida* (*Jo* 14,6). Ele mesmo é o sustento, porque o pão dos anjos, a refeição dos justos. Ele mesmo é a luz dos olhos: *Eu sou luz do mundo* (*Jo* 18,12). Ele mesmo *é nossa paz, ele que de duas coisas fez uma só* (*Ef* 2,14).

Ó homem, aprende esta sabedoria, para que a saboreies; esta prudência, para que te acauteles; esta força, para que possas resistir; esta inteligência, para que conheças; esta vida, para vivas; este sustento, para que não desfaleças; esta luz, para que vejas; esta paz, para que descanses. Ó Jesus Santíssimo, onde te buscarei e onde te encontrarei? Onde, depois de encontrado, encontrarei tantos bens? Depois de possuído, tenha tantos bens? *Busca e acharás.* E onde, por favor, habita? Onde faz a sesta? Queres saber onde? Diz, por favor! Encontrarás Jesus no meio de José e Maria (*1Nt* 1).

Todos os mártires, antes de suportarem o sofrimento, ignoravam a força da dor e por isso não se doíam tanto quanto se doeriam se a conhecessem. O Senhor, porém, que tudo conhece antes de acontecer, antes de chegar a hora da paixão, conhecia inteiramente a força da sua dor e, por isso, não admira que se doesse mais do que todos os outros (*1Nt* 15).

Estendendo a mão, Jesus tocou o leproso. Ó mão torneada, áurea, cheia de jacintos, cujo contacto quebra o vínculo da língua do mudo, ressuscita a filha do príncipe da sinagoga, purifica a lepra do leproso! (*2Ep* 4).

A Jesus Cristo, amado Filho de Deus Pai, que opera todo o nosso bem, seja dado todo o louvor, toda a glória, toda a honra, toda a reverência, tu que és o Alfa e o Ômega, o Princípio e o Fim (*Epílogo*).

O seu fruto é o primeiro em doçura. O fruto da Abelha é o Filho da Virgem. *E bendito é o fruto do teu ventre.* Lê-se no Cântico dos Cânticos (2,3): *O seu fruto é doce à minha boca.* Este fruto tem o início, o meio e o fim, na doçura. Foi doce no útero, doce no presépio, doce no templo, doce no Egito, doce no Batismo, doce no deserto, doce na palavra, doce no patíbulo, doce no milagre, doce montado no burrinho, doce no açoite, doce no sepulcro, doce nos infernos, doce no céu. Ó doce Jesus, que coisa há de mais doce do que tu? A tua memória é doce acima do mel e de todas as coisas, nome de doçura, nome de salvação. Que é, pois, Jesus senão Salvador? Portanto, bom Jesus, sê para nós Jesus por motivo de ti mesmo, a fim de que tu que deste o início da doçura, isto é, da fé, nos dês a esperança e a caridade, para que nela vivendo e morrendo mereçamos chegar a ti. Auxilia-nos com as preces de tua Mãe, que és bendito pelos séculos. Assim seja (*Pr* 10).

Diz São Bernardo: Duplo milagre, mas convenientemente ligado entre si: Deus é Filho e uma Virgem é Mãe, pois nem outro Filho convinha a uma Virgem Mãe, nem outro parto convinha a Deus Filho (*An bis* 6).

Lê-se no Passionário de São Sebastião que um rei possuía um anel de ouro, ornado com uma joia preciosa, que lhe era muito querido. Um dia caiu-lhe do dedo numa cloaca, o que muito lhe doeu. E não encontrando ninguém que lhe pudesse tirar o anel, depondo os vestidos da dignidade real, desceu à cloaca, vestido de saco, procurou o anel durante muito tempo, encontrou finalmente o que procurava e, alegre, trouxe para o palácio o achado. O Rei é o filho de Deus; o anel, o gênero humano; a joia do anel, a preciosa alma do homem. Este caiu do gozo do paraíso, como do dedo de Deus, na cloaca do inferno. O Filho de Deus muito se doeu dessa perda. Para recuperar o anel procurou entre os anjos e entre os homens, e não encontrou, porque ninguém foi capaz. Então depôs os vestidos, aniquilou-se a si mesmo, tomou o saco da nossa miséria, procurou por trinta e três anos o anel, finalmente desceu aos infernos e aí encontrou Adão com a sua posteridade, e, muito alegre, levou consigo o achado para os gozos eternos (*Cs* 3).

Deve-se firmemente crer e de coração confessar que aquele corpo que nasceu na Virgem, pendeu na cruz, esteve no sepulcro, ao terceiro dia ressuscitou, subiu ao céu para a direita do Pai, entregou verdadeiramente aos Apóstolos na Última Ceia, o confecciona todos os dias verdadeiramente a Igreja e o distribui aos seus fiéis (*Cs* 6).

Jesus Cristo se fez ponte, a fim de que passássemos, através dele, da margem da mortalidade para a margem da imortalidade (*Rs* 2).

Eu sou o caminho no exemplo, a verdade na promessa, a vida no prêmio; caminho sem desvio, verdade sem engano, vida sem desfalecimento (*Ft* 6).

Jerusalém tinha uma porta chamada "Buraco da Agulha", pela qual não podia entrar um camelo, porque era baixa. Esta porta é Cristo humilde, por ela não pode entrar o soberbo ou o corcunda avarento. Aquele que pretender entrar por ela, tem de se humilhar, depor a corcunda, para não bater na porta (*Ft* 7).

Ninguém, nenhum homem, nenhum santo, até o santificado desde o ventre, subiu à sublimidade da divindade, para ser Deus, a não ser aquele que desceu do céu, da celsitude da divindade, para ser homem, Filho do Homem, que está no céu, permanecendo em Deus (*Ic* 5).

Jesus não desceu do céu, de modo a não permanecer no céu, porque não se fez homem de modo a deixar de ser Deus, mas ficou ao mesmo tempo rico e pobre, Deus e homem: gerado de Deus antes dos séculos, homem gerado de homem nascido no tempo (*Ic* 5).

Observe-se que uma coisa é subir, outra é ser levado. Quem sobe, sobe por própria força; aquele, porém, que é levado, é levado por força de outrem. Cristo, por força própria, subiu ao céu; todos os outros são levados com o auxílio dos anjos (*Ic* 5).

Quem pode presumir ou gloriar-se de uma boa obra, ao ver o Filho do Pai, a sua virtude e sabedoria, preso à cruz, suspenso entre ladrões? (*Lr* 11).

Jesus Cristo, Filho de Deus Pai, desceu do céu e recebeu a nossa carne mortal, e subiu ao céu com ela já imortal, donde enviou o Espírito Santo da graça septiforme, que retém nas mãos do seu poder. Isto significa que dá a quem quer e quando quer (*Asc* 8).

Cristo plantou os céus, isto é, a divindade, na terra da nossa humanidade, e fundou, isto é, estabeleceu firmemente, a terra da nossa humanidade no céu (*Asc* 8).

Cristo é a sabedoria do Pai, sem princípio nem fim como a argola, saindo do Pai e voltando ao Pai, abarca tudo em si e abrange em seu seio o universo (*Asc* 10).

No céu, Jesus tinha à mão a abundância de todos os bens; só não se encontrava ali a pobreza; na terra, abundava esta e o homem não sabia apreciá-la. O Filho de Deus, veio procurá--la, para a tornar preciosa com a sua estima (*Pn bis* 4).

Assim como a estrela matutina anuncia o dia, São João anunciou-nos Jesus Cristo, dia da vida eterna (*Njb* 8).

Louvor ao Pai invisível! Louvor ao Espírito Santo! Louvor ao Filho Jesus Cristo, Senhor do céu e da terra. Amém. Alfa e Ômega! Sejam dadas glória, honra e reverência! Sejam dados louvor e bênção ao Princípio sem-fim. Amém (Epílogo).

* * *

JUÍZO FINAL

Mostramos amar perfeitamente a Deus, se não tememos a vinda do juiz, se não tememos estar na presença do juiz (*1Pn* 13).

Vindo operar a nossa salvação, Jesus compôs para nós o Novo Testamento; e será um dia autor do juízo aquele que agora manda mansamente (*14Pn* 3).

São quatro os adventos de Jesus Cristo: o primeiro foi na carne; o segundo é no espírito, como bem diz Jesus (*Jo* 14,23): *Viremos e nele faremos nossa morada*; o terceiro é na morte; o quarto será na majestade do julgamento final (*1Ad* 3).

Jesus veio uma vez no Natal e virá uma segunda vez no fim do mundo. Na primeira vez veio como chuva, que cai suavemente, para fecundar. Na segunda, virá como saraiva, que cai com ímpeto, e destrói. No primeiro advento Cristo foi chuva sobre Maria, no segundo será saraiva sobre os ímpios e os ferirá de morte (*An* 8).

A libertação do pecado opera a servidão de Deus; a servidão de Deus, a santificação da vida; a santificação adquire a vida eterna. Quem se apoia nestas quatro colunas será saciado pelo Senhor na felicidade da vida eterna, quando aparecer a glória do Senhor (*7Pn* 13).

A súmula de tudo quanto foi escrito para nosso ensino consiste em três coisas: criação, redenção e julgamento no juízo final. A criação e a redenção nos ensinam a amar a Deus; o juízo final ensina-nos a temê-lo (*2Ad* 5).

Vindo operar a nossa redenção, Jesus compôs para nós o Novo Testamento; e será um dia autor do juízo quem agora é autor do livro, para que então exija rigorosamente o que agora manda mansamente (*14Pn* 3).

No dia do juízo, o Senhor sacudirá da nossa terra os ímpios no inferno, tal como se sacode o pó dum saco. No inferno haverá choro nos olhos dos que se deliciaram na vaidade, e ranger de dentes dos que roubaram os bens dos pobres (*13Pn* 5).

Os pobres, acompanhados do pobre Jesus, filho de uma Virgem pobrezinha, julgarão, no dia do juízo, o orbe da terra com equidade. Os ricos ficarão confundidos, quando virem os pobres se sentarem juntamente com Cristo no juízo, a julgar aqueles de quem outrora receberam escárnio e injúria (*Cn* 4).

A sabedoria deste mundo consiste em alimentar o corpo e amontoar dinheiro como se amontoam pedras. Com estas pedras os sábios do mundo serão apedrejados no dia do juízo (*Cp* 6).

Rogamos-te, Senhor Jesus, que nos faças subir deste vale de miséria ao monte de uma vida santa, a fim de que, impressos na figura da tua Paixão, fundados na mansidão e na misericórdia e no zelo da justiça, mereçamos no dia do juízo ser envolvidos pela nuvem transparente e ouvir a voz do gozo, alegria e exultação: Vinde, benditos de meu Pai, que vos abençoou no Monte Tabor, recebei o reino que vos foi preparado desde o princípio do mundo. A este reino ele mesmo se digne conduzir-nos. A ele pertence a honra e a glória, louvor e império, majestade e eternidade pelos séculos dos séculos. Diga todo o espírito: Assim seja! (2Qr 14).

* * *

JUSTIÇA

O nde houver justiça, haverá sabedoria; onde houver sabedoria, haverá o paraíso do Senhor (*2Ad* 14).

O corpo consta de quatro elementos: terra, fogo, água e ar; e rege-se e governa-se por dez sentidos, como se fossem dez príncipes, que são os dois olhos, os dois ouvidos, o olfato e o gosto, as duas mãos e os dois pés. Deus conferiu à alma, por seu lado, as quatro virtudes cardeais: a prudência, a justiça, a fortaleza e a temperança; e deu-lhe os dez mandamentos (*1Qr* 20).

Moisés significa mansidão e misericórdia. Elias significa zelo pela justiça. Sua presença junto com Jesus transfigurado no monte santo dizem que estas são as virtudes do justo (*2Qr* 12).

Cristo pode ser comparado à abelha: possui o mel da misericórdia (primeira vinda) e o ferrão da justiça (segunda vinda) (*20Pn* 6).

São Paulo nos ensina que devemos nos revestir da armadura de Deus (*Ef* 6,10-11). Todo aquele que se quer soldado de Deus e revestir-se da sua armadura e resistir fortemente às ciladas do diabo, importa que possua o cavalo da boa vontade, a sela da humildade, os estribos da constância, as esporas do duplo temor, o freio da temperança, o escudo da fé, a couraça da justiça, o capacete da salvação, a lança da caridade (*21Pn* 11).

A justiça é dar a cada um que lhe pertence, depois de feito um juízo reto. Justiça é como que o estado do direito. Justiça é hábito do ânimo de, guardado o bem comum, atribuir a cada um aquilo que merece. As partes da justiça são temer a Deus, venerar a religião, a piedade, a humanidade, o amor do equitativo e do bem, o ódio do mal, o empenho de prestar um favor. O mundo não possui esta justiça, porque não teme a Deus, desonra a religião, odeia o bem, é ingrato para Deus (*4Ps* 11).

A justiça dos verdadeiros penitentes consiste no espírito de pobreza, no amor da fraternidade, no gemido da contrição, na mortificação do corpo, na doçura da contemplação, no desprezo da prosperidade terrena, no doce amplexo da adversidade, no propósito da perseverança final (*6Pn* 3).

Observe-se que Maria Santíssima foi como um sol refulgente na Anunciação do Anjo: *como* um *arco-íris refulgente*, na concepção do Filho de Deus; *como rosa* e *lírio*, no seu natal. No sol há três propriedades; o esplendor, o candor e o calor, que respondem às três cláusulas das palavras de São Gabriel. A primeira: *Ave, ó cheia de graça*. A segunda: *Não temas*. A terceira: *O Espírito Santo virá sobre ti*.

Quando diz: *Ave, ó cheia de graça, o Senhor é contigo, bendita és tu entre as mulheres*, eis o esplendor do sol. Pode isto referir-se às quatro virtudes cardeais, cada uma das quais brilhou em Maria de três modos. Assim, da temperança teve a prudência da carne, a modéstia da palavra, a humildade do coração. Teve a prudência, quando perturbada se calou, compreendeu o que ouviu e respondeu ao que lhe foi proposto. Teve a justiça, quando entregou a cada um o que lhe pertencia. Com efeito, tomou uma atitude de coração forte nos seus Desponsórios, na Circuncisão do Filho, na Purificação legal. Mostrou compaixão para com os aflitos quando disse: *Não têm vinho*. Teve a comunhão dos santos, quando perseverava em oração juntamente com os Apóstolos e com as mulheres. Da fortaleza ou magnanimidade tomou o propósito da virgindade, reteve-o e mostrou-se digna de valor tão excelso (*An 2*).

Rogamos-te, Senhor Jesus, que nos faças abundar em obras de justiça, para que possamos desprezar o mundo, trazer em nós a semelhança da tua morte, subir aos montes dos aromas e juntamente contigo gozar da felicidade da ressurreição. Auxilia-nos tu, que és bendito pelos séculos dos séculos. Assim seja! (6Pn 7).

* * *

LIBERDADE

A lei da perfeita liberdade é o amor de Deus, que torna a criatura humana perfeita em tudo e livre de toda a servidão (*5Ps* 9).

A pobreza e a obediência dão liberdade. A pobreza faz o homem rico, a obediência o faz livre; assim pode correr atrás de Jesus sem o tropeço das riquezas e da vontade própria (*Je* 3).

Ninguém pode servir a dois senhores. Sobre estes dois senhores há concordância no livro de Tobias, onde faz menção de Salamanasar e Senaquerib: Deus concedeu graça a Tobias diante do rei Salamanasar, o qual *lhe deu permissão de ir aonde quisesse, tendo liberdade de fazer tudo o que queria.* Salamanasar interpreta-se pacificador de angustiados e significa a razão. Quando esta reina, pacifica o espírito angustiado, clarifica a consciência, dulcifica o coração, suaviza as coisas ásperas, torna leves as coisas pesadas. Se o homem a serve, *encontra tudo o que quiser.* Ó livre servidão, ó serva liberdade! Não é o temor que faz o servo nem é o amor que faz o livre, mas antes o temor é que faz o livre, o amor que faz o servo. A lei não foi posta para o justo, porque para si mesma é lei. De fato, tem

— 200 —

caridade, vive segundo a razão, e, por isso, vai para onde quer e faz o que quer. *Eu*, diz o profeta, *sou teu servo e filho da tua serva*. Repare-se nas palavras *servo* e *filho*; porque é servo, é filho. Ó suave temor, que dum servo fazes um filho! Ó benigno e verdadeiro amor, que dum filho fazes um servo! *Filho da tua serva*. Portanto, ó homem, se queres gozar de liberdade, mete o teu pescoço na sua argola, e o teu pé nos seus grilhões. Não há gozo acima do gozo da liberdade. Não podes consegui-la, se não meteres o pescoço da soberba na argola da humildade, e o pé do afeto carnal nos grilhões da mortificação. Então poderás dizer: *Eu sou o teu servo* (*15Pn* 4).

A maioria estima a fama, poucos a consciência. Grande coisa é não ser louvado, mas ser louvavél (*5Pn* 9).

José significa o que cresce. Quando o miserável tem afluência de delícias, se dilata em riquezas, então decresce, porque perdeu a liberdade. A solicitude das riquezas torna-o escravo. Servir as riquezas é um decrescer de si em si. Infeliz a alma que se torna pequena por possuir. Ainda mais pequena se torna quando se entrega ao poder das coisas, em vez de ter as coisas em seu poder. Esta submissão servil manifesta-se mais abertamente quando o que se possui com amor se perde com dor. A própria dor é grande escravidão. Que mais direi? Não há verdadeira liberdade senão na pobreza voluntária. Este é o José que cresce, de que se fala no Gênesis: *Deus fez-me crescer na terra da minha pobreza*. Foi na terra da pobreza, e não da abundância, que Deus me fez crescer. Naquela faz crescer; nesta faz diminuir. Por isso, lê-se no segundo livro de Samuel que *Davi ia obtendo êxitos e fortalecendo cada vez mais, enquanto que a casa de Saul decaía todos os dias*. Davi diz num salmo (40,18): *Eu sou um mendigo e um pobre, como luz progride esplendente e cresce até o dia perfeito*, e torna-se cada vez mais robusto, porque a pobreza alegre e voluntária dá robustez. Daí Isaías (25,4): *O espírito dos poderosos, que são os pobres, é como um furacão que investe contra a parede*, contra a parede das riquezas. Na verdade, as delícias e as riquezas esgotam e debilitam. Donde Jeremias (31,22): *Até quando te debilitarão as delícias? (1Nt 3)*.

> Ó primeiro, ó último, ó prelado dos Anjos e submisso aos homens! O criador do céu submete-se a um carpinteiro! O Deus da glória eterna submete-se a uma virgem pobrezinha! Quem ouviu jamais tal coisa? E quem viu coisa semelhante a esta? Não se envergonhe, portanto, de obedecer e de se sujeitar o filósofo ao pescador, o sábio ao simples, o literato ao idiota, o filho do príncipe a quem não tem nobreza! (2Nt 13).

* * *

LUXÚRIA

A luxúria é uma boca de abismo, que carece da luz da graça e de um fundo que diga 'basta' (*6Ps* 4).

A terra da luxúria é maldita. Nela não pode germinar a semente do Senhor (*Sx* 6).

O Evangelho não diz que a semente caiu no caminho, mas à beira do caminho, porque o luxurioso, simbolizado nesse caminho, não recebe a palavra dentro do ouvido do coração, mas ela lhe passa de leve pelo ouvido do corpo, como se fora um som sem sentido (*Sx* 6).

Os olhos são a primeira seta da luxúria. Por isso disse Jeremias: *O meu olho quase que me roubou a vida*. E Santo Agostinho escreveu que o olho impudico é o mensageiro do coração impuro (*2Qr bis* 8).

Há dois pensamentos especiais que hoje sobretudo corrompem o espírito: a cobiça do dinheiro e o deleite da luxúria, que são como que duas irmãs prostitutas (*Cn* 6).

O soberbo não pode pensar no presépio do Senhor, do Senhor que, por nossa causa, foi posto numa manjedoura de animais (*3Qr* 13).

Costuma acontecer que aquele que não reconhece sua soberba oculta, seja reconhecido pelo vício da luxúria (*3Qr* 14).

Ninguém vence a luxúria, se antes não expulsa de si o espírito da soberba (*3Qr* 15).

A luxúria faz perder-se o coração em que há fé (*4Ps* 10).

Se o coração é a sede da vida, a luxúria mata a alma (*4Ps* 10).

Luxúria chama luxúria, como uma rã chama outra rã (*6Ps* 4).

Onde houver a afluência de riquezas e delícias, aí haverá a lepra da luxúria (*2Ad* 9).

Diz-nos o Êxodo (32,2) que foi feito de ouro um bezerro; do ouro da abundância se forma o bezerro da petulante luxúria (*2Ad* 9).

Se o teu próximo está leproso pela luxúria, limpa-o com a palavra e o exemplo da castidade (*2Ad* 15).

Davi (*1Sm* 17,36) diz: *Eu, teu servo, matei um leão e um urso.* Aquele que em si mesmo se denomina servo mostra-se humilde. O leão designa a soberba; o urso a luxúria. Matar em si estas duas coisas, só quem experimentou sabe quanto trabalho exige. E repare-se que põe primeiro leão e depois urso, porque, se primeiro não é domada a soberba do coração, a luxúria da carne não será vencida (*Pr* 11).

Três coisas são, sobretudo, nocivas ao justo: o vento da soberba, o fumo da avareza, os prazeres da carne (*Pr* 11).

A luxúria se parece ao rato, que nasce nos buracos da terra. Todos os que querem viver castamente em Jesus Cristo deve fugir não só do rato da luxúria, mas também do seu cheiro (*An* 3).

Ensina Sêneca: sou maior e nascido para coisas maiores do que para ser escravo do meu corpo (*Njb* 1).

Eia, irmãos caríssimos, roguemos ao Senhor Jesus Cristo que nos faça descer do monte da soberba, extinga em nós a febre da luxúria, para que de rins cingidos possamos voltar à saúde e chegar à vida eterna. Auxilie-nos ele mesmo, que é bendito, louvável e glorioso pelos séculos eternos. Exclame toda a alma livre de febre: Assim seja! Aleluia! (21Pn 16).

* * *

MALDADE

Não basta afastar-te do mal, se não praticas o bem (*5Pn* 16).

A equidade simulada não é equidade, mas dupla iniquidade (*8Pn* 4).

Na verdade, quando matas em ti o mal, então alimentas em ti o bem; onde começa a faltar o mal, o bem começa a revigorar (*14Pn* 7).

Não pode suceder pior mal à alma pecadora do que o Senhor deixar o pecador na maldade do seu coração e não o corrigir com o flagelo da sua paterna visita (*5Ps* 10).

Na miséria deste exílio, há três males: a angústia, que nos atormenta; a culpa, que nos traz a morte; a vaidade, que nos engana (*6Ps* 4).

Já dizia um poeta romano que uva sã ao lado de uva podre também se estraga (*3Pn* 12).

Toleramos bem os insultos recebidos, quando recordamos, no segredo do coração, os males que fizemos (*4Pn* 7).

A Igreja está entre o céu e o inferno, por isso reúne indistintamente bons e maus, Pedro e Judas, azeite bom e borra de azeite, grão e palha (*20Pn* 6).

Uma mulher que há doze anos padecia um fluxo de sangue ... O Sangue da Paixão do Senhor faz parar o sangue da nossa malícia (*24Pn* 12).

Escreve Isaías (7,15): *Comerá manteiga e mel.* O mel designa a divindade; a manteiga, a humanidade. Comeu manteiga e mel, quando uniu a natureza divina à humana e com isto nos ensinou a reprovar o mal e escolher o bem (*Pr* 7).

A discrição é a ciência do bem e do mal. Esta é a verdadeira ciência. Só ela causa o saber, só ela faz sábios, capazes de distinguirem entre mundo e imundo, lepra e não lepra, vil e precioso, claro e escuro, virtude e vício (*Ic* 10).

Rogamos-te, Senhor Jesus Cristo, que nos agarres com a mão da tua misericórdia, nos tires do poço com os paninhos da tua pobreza e humildade; nos cures da hidropisia da luxúria e da avareza, para que possamos conservar a unidade do espírito e chegar a ti, Deus trino e uno, juntamente com o Pai e o Espírito Santo. Auxilia-nos tu, que és bendito pelos séculos dos séculos. Assim seja! (17Pn 11).

* * *

MANDAMENTOS

O corpo consta de quatro elementos: terra, fogo, água e ar; e rege-se e governa-se por dez sentidos, como se fossem dez príncipes, que são os dois olhos, os dois ouvidos, o olfato e o gosto, as duas mãos e os dois pés. Deus conferiu à alma, por seu lado, as quatro virtudes cardeais: a prudência, a justiça, a fortaleza e a temperança; e deu-lhe os dez mandamentos (*1Qr* 20).

Maria não só deve ser louvada por ter trazido no ventre o Verbo de Deus, mas também é bem-aventurada porque realmente guardou os preceitos de Deus (*3Qr bis* 7).

Os que desprezam os dez mandamentos dificilmente cumprirão os preceitos do Redentor, ressuscitado dos mortos, que são muito mais subtis. E se não querem cumprir as suas palavras, sem sombra de dúvida recusam crer nele (*1Pn* 18).

Com o dedo de Deus foram escritos os mandamentos do Decálogo; os mandamentos do Evangelho foram dados aos Apóstolos pela mão de Jesus Cristo. É, portanto, digno de ser observado o que foi dado pela mão de Deus (*22Pn* 4).

Falemos conforme o Espírito Santo nos tiver concedido que falemos, pedindo-lhe humilde e devotamente que nos infunda a sua graça, a fim de completar o dia de Pentecostes na perfeição dos cinco sentidos e na observância dos Dez Mandamentos, e nos enchamos do espírito impetuoso da contrição e nos abrasemos com as línguas de fogo da confissão, para que, acesos e iluminados pelos esplendores dos santos, mereçamos ver Deus uno e trino. Auxilie-nos aquele que é Deus uno e trino, bendito pelos séculos dos séculos. Diga todo o espírito: Amém! Aleluia! (Pn 16).

* * *

MANSIDÃO

Diz a Escritura que Moisés era o mais manso de todos os homens que habitavam sobre a terra. Entende-se a mansidão da paciência e da misericórdia (*2Qr* 12).

Moisés significa mansidão e misericórdia. Elias significa zelo pela justiça. Sua presença junto com Jesus transfigurado no monte santo dizem que estas são as virtudes do justo (*2Qr* 12).

As virtudes mais queridas aos homens e a Deus são a mansidão e a humildade (*Pn* 8).

Que coisa há de mais doce do que o mel da mansidão? Que coisa há mais forte do que o leão da severidade? (*2Pn* 3).

Diz o Evangelho (*Lc* 15,3) que um homem tinha cem ovelhas. O número cem denota perfeição. As ovelhas significam os dons gratuitos e naturais. Quem as possui é perfeito. E com razão se dizem ovelhas os dons gratuitos e naturais, porque assim como as ovelhas são animais simples, inocentes e mansos, também os dons gratuitos e naturais fazem o homem simples,

— 210 —

isto é, sem subterfúgios enganosos diante do próximo, inocente para consigo mesmo, manso para com Deus (*3Pn* 8).

Manso é aquele a quem a aspereza ou a amargura da vida não afeta, mas a simplicidade da fé leva a suportar pacientemente toda a injúria. O manso, como se fora mudo, não responde à injúria sofrida (*13Pn* 20).

Um dos frutos do Espírito Santo é a mansidão, que não injuria ninguém. Manso, no étimo latino, significa acostumado à mão (*14Pn* 18).

Rogamos-te, Senhor Jesus, que nos faças subir deste vale de miséria ao monte de uma vida santa, a fim de que, impressos na figura da tua Paixão, fundados na mansidão da misericórdia e no zelo da justiça, mereçamos, no dia do juízo, ser envolvidos por nuvem transparente e ouvir a voz do gozo, alegria e exultação: Vinde, benditos de meu Pai, que vos abençoou no monte Tabor, recebei o reino que vos foi preparado desde o princípio do mundo. A este reino ele mesmo se digne conduzir-nos. A ele pertencem a honra e a glória, o louvor e o império, a majestade e a eternidade pelos séculos dos séculos. Diga todo o espírito: Amém! (2Qr 14).

* * *

MARIA

A gloriosa Virgem Maria foi como a estrela da manhã. Escreve o Eclesiástico (43,10): *A beleza do céu é a glória das estrelas, que ilumina o mundo.* Nestas três palavras observam-se os três fatos que resplandeceram admiravelmente na Natividade de Maria Santíssima, a saber: a exultação dos Anjos, quando se diz: *A beleza do céu.* Lê-se que um homem santo, mergulhado em devota oração, ouviu doce melodia de um canto angélico no céu. Passado um ano, no mesmo dia, voltou a ouvi-lo e perguntou ao Senhor o que vinha a ser aquilo. Foi-lhe respondido que nesse dia nascera Maria Santíssima. Por esse motivo, os Anjos no céu cantavam louvores ao Senhor. Esta a razão de se celebrar nesse dia a Natividade da gloriosa Virgem. Na segunda palavra, observa-se o segundo fato, a pureza de sua natividade, quando se afirma: *A glória das estrelas.* Assim como uma estrela difere de outra estrela em claridade, assim o nascimento da Virgem Maria difere do nascimento de todos os santos. Na terceira palavra, observa-se o terceiro fato, a iluminação de todo mundo, quando se diz: *Que ilumina o mundo.* A natividade da gloriosa Virgem iluminou o mundo, coberto de caligem e da sombra da morte. E por isso diz bem o Eclesiástico (50,5): *Como estrela da manhã no meio da névoa* (*Nm* 1).

Senhora, o teu nome está no desejo da minha alma. Teu nome, Maria, é júbilo no coração, mel na boca, melodia no ouvido (*3Qr bis* 6).

Maria: nome doce, nome deleitável, nome que conforta o pecador, nome de ditosa esperança. Que é Maria senão a estrela do mar, o caminho claro que leva ao porto os que flutuam na amargura? Nome amável aos anjos, terrível aos demônios, salutar aos pecadores, suave aos justos (*An bis* 3).

O Filho de Deus edificou para si a casa da sua humanidade no ventre da Santíssima Virgem. Esta casa ficou apoiada em sete colunas, os dons da graça septiforme (*20Pn* 4).

Alma de santo nenhum reuniu tantas riquezas de virtudes como Maria Santíssima (*Rm* 3).

Muitas donzelas reuniram riquezas, Maria Santíssima, porém, ultrapassou-as a todas (*5Pn* 14).

Só na Virgem ressalta a vida de todos os santos; ela é capaz de todas as virtudes (*Pr* 6).

Maria Santíssima possui as virtudes de todos os justos. Por isso, dela diz o Eclesiástico 24,25): *Em mim há toda a graça do caminho e da verdade; em mim toda a esperança da vida e da virtude* (*Pr* 6).

Maria Santíssima é a estrela da manhã que, nascida no meio da névoa, afugenta a névoa tenebrosa e na manhã da graça anunciou o sol da justiça aos que habitavam nas trevas (*Nm* 2).

Diz o Eclesiástico (43,2): *É um vaso admirável, uma obra do excelso!* Maria é esse vaso. Este vaso foi obra admirável do Excelso Filho de Deus, que a fez a mais bela entre todos os mortais, a mais santa entre todos os santos; nela ele foi feito (*An* 1).

São Bernardo considera as doze estrelas na coroa da mulher, como se lê no Apocalipse, os doze privilégios da Virgem: quatro privilégios do céu; quatro da carne; quatro do coração. Vieram do céu como se fossem estrelas. Os privilégios do céu foram: a geração de Maria, a saudação Angélica, a vinda do Espírito Santo e a inenarrável concepção do Filho de Deus. Os privilégios da carne foram: princesa da virgindade, fecunda sem corrupção, grávida sem gravame, parturiente sem dor. Os privilégios do coração foram: o culto da humildade, a mansidão do pudor, a magnanimidade da fé, o martírio do coração, com que a espada atravessou a sua alma. Aos privilégios do céu pode referir-se ao que se diz: *O Senhor é contigo*; aos privilégios da carne: *Bendita és tu entre as mulheres*; às do coração: *Cheia de graça* (*An* 2).

Bem-aventurado o ventre da gloriosa Virgem, que mereceu trazer por nove meses todo o bem, o sumo bem, a felicidade dos anjos, a reconciliação dos pecadores (*3Qr bis* 2).

A Virgem gloriosa foi prevenida e cheia de graça singular, para que tivesse como fruto de seu ventre aquele mesmo que de início o universo teve como senhor (*3Qr bis* 2).

Betânia significa 'casa da obediência', ou 'casa do dom de Deus', ou 'casa agradável ao Senhor'. Simboliza a santíssima Virgem que obedeceu à voz do anjo e, por isso, mereceu receber o dom celeste, o Filho de Deus, tornando-se, desta forma, acima de todos, grata ao Senhor (*Rm 3*).

O trigo, alvo no interior e avermelhado por fora, simboliza Jesus Cristo, escondido durante nove meses no celeiro do santíssimo ventre da Virgem gloriosa, na mó da cruz esmagado por nossa causa, cândido pela inocência da vida, avermelhado pelo derramamento de sangue (*3Qr bis 3*).

Bem-aventurado o ventre que te trouxe! Na verdade, é bem--aventurado porque te trouxe a ti, Deus e Filho de Deus, Senhor dos Anjos, criador do céu e da terra, redentor do mundo! A Filha trouxe o Pai, a Virgem pobrezinha trouxe o Filho! Ó querubins, ó serafins, ó anjos e arcanjos, adorai reverentemente e prostrados o templo do Filho de Deus, o sacrário do Espírito Santo, o bem-aventurado ventre de Maria (*3Qr bis 3*).

Jesus Cristo, Filho de Deus Pai, tendo saído do seio do Pai, veio ao campo deste mundo no tempo da ceifa do trigo, na plenitude do tempo, e se armazenou como grão no celeiro da Santíssima Virgem (*4Pn 15*).

O Pai deu a majestade ao Filho, a Mãe deu-lhe a fraqueza (*Pr 6*).

Deus, Filho de Deus, recebeu da Santíssima Virgem a natureza humana na unidade da pessoa. O Pai deu a divindade, a mãe deu a humanidade; o Pai deu a majestade, a Mãe deu a fraqueza (*1Ep* 6).

Maria é como a cepa. A cepa se chama assim porque faz depressa raízes e entrelaça o tronco. Maria ganhou depressa raízes e subiu mais alto no amor de Deus e de modo inseparável se entrelaçou à verdadeira cepa, ao seu Filho, que disse: *Eu sou a verdadeira cepa* (*3Qr bis* 5).

Maria Santíssima é chamada "trono do verdadeiro Salomão". Diz-se no Eclesiástico (24,7): *Eu habito nos lugares mais altos e o meu trono é sobre uma coluna de nuvens.* Como se dissesse: Eu, que habito junto do Pai nos lugares mais altos, escolhi o trono em mãe pobrezinha. E nota que a Santíssima Virgem, trono do Filho de Deus, diz-se coluna de nuvem. Coluna, porque sustenta a nossa fragilidade; de nuvem, porque imune do pecado (*5Pn* 14).

Diz o Senhor no Levítico (23,40): *Tomareis os frutos da árvore mais bonita.* A árvore mais bonita é a da gloriosa Virgem Maria, cujos frutos foram a humildade e a pobreza (*Rm* 12).

O Deus unigênito, ao ser concebido, recebeu a verdadeira carne da Virgem e, ao nascer, guardou na mãe a integridade da virgindade (*3Qr bis* 3).

O parto da gloriosa Virgem compara-se à rosa e ao lírio. Assim como estas plantas, exalando suavíssimo perfume, a sua flor não se corrompe, também Maria Santíssima, dando à luz o Filho de Deus, permaneceu virgem (*An*13).

O nascimento de Jesus Cristo foi como o odor de um campo cheio de flores, porque guardou ilesa a flor da materna virgindade, quando dela procedeu (*An* 13).

Deus fez coisas grandes na encarnação, como fala a própria Maria Santíssima: *Fez em mim grandes coisas aquele que é poderoso e cujo nome é santo*; incompreensíveis no seu nascimento, em que uma Virgem deu à luz o próprio Filho de Deus; maravilhosas, na realização dos milagres. Bendito seja, porque tudo sabe quem nos fez tais coisas (*5Ps* 11).

Diz São Bernardo: duplo milagre, mas convenientemente ligado entre si: Deus é Filho e uma Virgem é Mãe, pois nem outro Filho convinha a uma Virgem Mãe, nem outro parto convinha a Deus Filho (*An bis* 6).

Assim como a açucena não perde a flor ao produzir o perfume, assim a Virgem Santíssima não perdeu a flor da virgindade por ter dado à luz o Salvador (*An* 11).

Deus ocultou ao diabo o mistério da Encarnação do Senhor. Ao ver Maria Santíssima casada, grávida, dar à luz um filho e aleitando-o, o diabo não se deu conta do mistério (*Pr* 7).

Foi duplo o parto de Maria Santíssima: um na carne, outro no espírito. O parto da carne foi virginal e cheio de gozo, porque a Virgem deu à luz sem dor aquele que é a alegria dos anjos. Na Paixão de Jesus, uma espada atravessou-lhe a alma e deu-se, então, o segundo parto, doloroso e cheio de toda a amargura (*1Nt* 14).

Maria é mulher ímpar ao ser Virgem e Mãe e geradora de Deus (*An bis* 4).

O alimento de Maria Santíssima é seu Filho, mel dos anjos, doçura de todos os santos. Vivia daquele que alimentava: a quem ela dava o leite, ele dava a vida (*Pr* 9).

Maria não só deve ser louvada por ter trazido no ventre o Verbo de Deus, mas também é bem-aventurada porque realmente guardou os preceitos de Deus (*3Qr bis* 7).

A Santíssima Virgem, como que esquecida da virgindade, manifesta a sua humildade, ao afirmar: *Eis aqui a serva do Senhor* (*20Pn* 1).

Por causa da insígnia da sua humildade, da flor ilesa da sua virgindade, mereceu conceber e dar à luz o Filho de Deus, que é Deus bendito acima de tudo (*Rm* 3).

Maria, em sua humildade, levou vida ativa e contemplativa. Foi, de fato, como Marta e Maria (*5Pn* 14).

Como um vaso de ouro maciço (*Eclo* 50,9). Maria Santíssima foi vaso pela humildade, de ouro pela pobreza, maciço pela virgindade (*As* 3).

Tendo as numerosas virtudes brilhando de modo excelente em Maria Santíssima, a humildade superou-as a todas. Por isso, esquecendo as restantes, coloca à frente a humildade, dizendo: *Olhou para a humildade de sua serva* (*Pr* 10).

Diz Isaías que um Serafim trazia na mão uma brasa viva, que tinha tomado do altar (6,6). A brasa é a humanidade de Jesus Cristo. Por causa de sua humildade foi calcado aos pés pelos judeus. Mas para nós foi brasa viva, porque queimou nossos vícios. Trazia na mão, isto é, na potência de sua divindade. Tomara-a do altar da Virgem gloriosa. Acertadamente a Santíssima Virgem se diz altar. O altar é uma ara alta. E chama-se ara, porque nela se queimam as vítimas. Maria Santíssima foi alta pela sublimidade da contemplação e pela profundeza da humildade; foi ara, porque, ardendo no fogo do amor divino, se ofereceu a Deus em odor e suavidade (*12Pn* 13).

O trono de Deus na terra foi revestido com o ouro da pobreza. Ó áurea pobreza da gloriosa Virgem, que envolveste o Filho de Deus em panos e o reclinaste num presépio (*5Pn* 14).

Diz a ciência que o elefante é o mais domesticável e obediente dos animais selvagens; aceita bem a instrução e atende. Por este motivo é ensinado a adorar o rei e possui bom sentimento. O elefante é símbolo da Santíssima Virgem, que foi entre todas as criaturas a mais humilde e obediente, e adorou o rei por ela gerado (*An* 3).

Na fidelidade da Santíssima Virgem, que acreditou no Anjo, Deus desposou a nossa natureza (*20Pn* 3).

A Virgem Maria foi sem concupiscência da carne, sem a concupiscência dos olhos e sem a soberba da vida, porque foi casta, pobre, humilde (*An bis* 4).

Maria Santíssima, depois de o Senhor seu Filho ter sido sepultado, como alguns dizem, não se retirou do sepulcro para nenhuma parte, mas ali de contínuo permaneceu a vigiar, toda lacrimosa, até o momento em que, em primeiro lugar, mereceu ver o ressuscitado. Por isso, o sábado é celebrado em sua honra pelos fiéis (*Ps* 6).

O Pai renovou os prodígios e fez novas maravilhas no nascimento de seu Filho. Observa-se um sinal quando, no que se vê, se entende expressa coisa diferente, que signifique alguma coisa. O primeiro Adão foi criado de terra virgem. Nele significava-se que o segundo Adão havia de nascer da terra da bendita Virgem Maria. Foi admirável, quando o fogo ardia e não se apagava; quando a vara de Aarão produziu frutos sem orvalho. A sarça e a vara são Maria Santíssima, que, sem dor deu à luz o Filho de Deus, tendo ficado intacto o pudor da virgindade (*12Pn* 12).

Observe-se que Maria Santíssima foi como um sol refulgente na Anunciação do Anjo: *como* um *arco-íris refulgente*, na concepção do Filho de Deus; *como rosa* e *lírio*, no seu natal. No sol há três propriedades; o esplendor, o candor e o calor, que respondem às três cláusulas das palavras de São Gabriel. A primeira: *Ave, ó cheia de graça*. A segunda: *Não temas*. A terceira: *O Espírito Santo virá sobre ti*.

Quando diz: *Ave, ó cheia de graça, o Senhor é contigo, bendita és tu entre as mulheres*, eis o esplendor do sol. Pode isto referir-se às quatro virtudes cardeais, cada uma das quais brilhou em Maria de três modos. Assim, da temperança teve a prudência da carne, a modéstia da palavra, a humildade do coração. Teve a prudência, quando perturbada se calou, compreendeu o que ouviu e respondeu ao que lhe foi proposto. Teve a justiça, quando entregou a cada um o que lhe pertencia. Com efeito, tomou uma atitude de coração forte nos seus Desponsórios, na Circuncisão do Filho, na Purificação legal. Mostrou compaixão para com os aflitos quando disse: *Não têm vinho*. Teve a comunhão dos santos, quando perseverava em oração juntamente com os Apóstolos e com as mulheres. Da fortaleza ou magnanimidade tomou o propósito da virgindade, reteve-o e mostrou-se digna de valor tão excelso (*An* 2).

Com suas preces e méritos, o orvalho do Espírito Santo refrigere o ardor do nosso espírito, perdoe os pecados, infunda a graça, a fim de merecermos chegar à glória da vida eterna e imortal. Assim ele nos ajude (*An* 11).

Quanta dignidade a da Virgem gloriosa! Mereceu ser mãe daquele que é sustento e beleza dos anjos e figura de todos os santos! (*As* 1).

Ó inestimável dignidade de Maria! Ó inenarrável sublimidade da graça! Ó inescrutável profundidade da misericórdia! Nunca tanta graça nem tanta misericórdia foi nem pode ser concedida a um anjo ou a um homem, como a Maria Virgem Santíssima, que Deus Pai quis fosse mãe de seu próprio Filho, igual a si, gerado antes de todos os séculos! Verdadeiramente superior a toda graça foi a graça de Maria Santíssima, que teve um filho com Deus Pai e por este motivo mereceu ser na Assunção coroada no céu (*As* 3).

Maria Santíssima é trono de glória. Em Maria se assentou, enquanto dela assumiu carne, a glória do Pai, a própria sabedoria do Pai: Jesus Cristo (*As* 1).

Diz Isaías (60,13): *Eu glorificarei o lugar onde repousam os meus pés.* O lugar dos pés do Senhor foi Maria Santíssima, da qual recebeu a humanidade. Este lugar glorificou-o na Assunção, porque a exaltou acima dos coros dos anjos. Por isso se deduz claramente que a Virgem Santíssima foi assunta com aquele corpo que foi o lugar dos pés do Senhor (*As* 2).

Como um vaso de ouro maciço. A Virgem Santíssima foi maciça pela virgindade, e por isso pôde conter a Sabedoria. Este vaso foi na Assunção ornado com todo o gênero de pedras preciosas, que são todas as prerrogativas de prêmios celestes. Recebeu as prerrogativas de todos os santos aquela que gerou o Criador de tudo e o Redentor (*As* 3).

Porque Maria Santíssima coroou o Filho de Deus com o diadema da carne no dia que o concebeu, o mesmo Filho coroa no dia da Assunção sua mãe com o diadema da glória celeste (*As* 3).

Maria reina na glória, onde possui os prêmios de todos os santos, porque foi exaltada acima dos coros dos anjos (*Pr* 6).

O Senhor elevou a Virgem Maria com o amor novo da castidade às coisas celestes, e, depois, mediante a natureza humana, consagrou-a com toda a plenitude da divindade (*An bis* 4).

Adonai, Senhor, Deus grande e admirável, a ti seja dado o louvor, a ti seja dada a glória, porque nos concedeste a salvação por meio da tua Filha e Mãe, a gloriosa Virgem Maria (*Pr* 7).

A Virgem Maria é semelhante à oliveira. Oliveira significa paz e misericórdia; a Virgem Santa Maria, nossa medianeira, reformou a paz entre Deus e o pecador (*An* 11).

— 222 —

Maria é chamada mãe de misericórdia: é misericordiosa para os miseráveis, é esperança para os desesperados (*Pr* 9).

Torre fortíssima é o nome da Senhora. Refugie-se nela o pecador e salvar-se-á. Nome doce, nome que conforta o pecador, nome da bem-aventurada esperança (*3Qr bis* 6).

Pecador, refugia-te em Maria. Ela é a cidade do refúgio. Como outrora, o Senhor separou cidades de refúgio para os que tivessem cometido crimes involuntários (*Nm* 35,11-14), assim agora a misericórdia do Senhor deu refúgio de misericórdia ao nome de Maria até para os homicidas voluntários (*3Qr bis* 6).

Maria é verdadeiramente bendita, porque esperou aquele que é a bênção de todas as coisas e, ao esperar, recebeu-o (*An bis* 4).

Rogamos-te, Senhora nossa, Santa Mãe de Deus, que, no nascimento do teu Filho, sendo Virgem, deste à luz, envolveste em panos e o reclinaste numa manjedoura, dele nos impetres a indulgência, para que, com o emplastro da tua misericórdia, sares a queimadura da nossa alma, contraída no fogo do pecado, a fim de merecermos, chegar ao gozo da festa eterna. Auxilie-nos ele mesmo, que se dignou nascer de ti, Virgem gloriosa, ao qual sejam dadas honra e glória pelos séculos dos séculos. Assim seja! (An 16).

* * *

MISERICÓRDIA

A misericórdia de Deus é maior do que toda a malícia do pecador (*3Qr* 18).

A misericórdia do Pai é agradável, larga e preciosa. Agradável, porque limpa dos vícios; larga, porque se dilata em boas obras; preciosa nas delícias da vida eterna. Também a tua misericórdia para com o próximo deve ser tripla: se pecou contra ti, perdoa-lhe; se se afastou do caminho da verdade, instrui-o; se tem fome, dá-lhe de comer (*4Pn* 3).

Assim como a mãe oferece o seio ao filho, o Senhor nos oferece o seio de sua misericórdia. Seu seio foi ferido pela lança no Calvário, por nossa causa, a fim de nos oferecer o seio, como a mãe oferece leite ao filho (*2Ps* 3).

A misericórdia do Senhor consiste em duas coisas: na Encarnação e na Paixão. A misericórdia (isto é, a Encarnação e a Paixão) devemos tê-la diante dos olhos do nosso entendimento para humilhar os olhos da nossa soberba (*16Pn* 8).

A misericórdia do Senhor purifica a alma dos vícios, enche-a das riquezas dos carismas, cumula-a com as delícias dos gozos celestiais (*22Pn* 8).

Deus é fiel, verdadeiro nas promessas, e não permitirá que, atribulados por causa do seu nome, sejais tentados acima de vossas forças; mas o que dá licença ao tentador, dá misericórdia ao tentado (*9Pn* 15).

Na restituição do pecador convertido à sua mãe (a Jerusalém celeste) há a profundidade da misericórdia divina. Ó profundidade da divina clemência, longe do fundo da inteligência humana, porque não tem conta a sua misericórdia. *Tendo Deus disposto*, como se diz no livro da Sabedoria (11,21), *todas as coisas com medida, conta e peso*, não quis incluir nestas leis com estes confins a sua misericórdia, antes ela é que os inclui e os circunda. Por toda a parte está a sua misericórdia, mesmo no inferno, porque não pune tanto quanto exige a culpa do delinquente: *Da misericórdia do Senhor*, diz o salmista (119,64), *está cheia toda a terra*, e todos nós, miseráveis, recebemos de sua plenitude. Pela misericórdia de Deus, sou aquilo que sou (*1Cor* 15,10). Sem ela, nada sou. Ó Senhor, se me retiras a tua misericórdia, caio na miséria eterna. A tua misericórdia é a coluna do céu e da terra. Se a retirares, tudo será subvertido. *Mas as tuas misericórdias são muitas*, na frase de Jeremias (*Lm* 3,22), porque não fomos consumidos. Muitas, na verdade! Quantas vezes pecamos mortalmente, de fato, pela alma ou pelo corpo, e não fomos imediatamente sufocados pelo demônio. Tantas vezes devemos atribuir à infinita misericórdia do Senhor o ainda vivermos! É que ele espera a nossa conversão, e por isso não permite sermos sufocados pelo demônio. Logo, por tantas misericórdias devemos dar graças ao Pai misericordioso; quantas vezes pecamos e não fomos consumidos! Ó miseráveis, porque somos ingratos perante tamanha misericórdia? *Deu-lhes tempo de penitência,* diz Jó (24,23), *e ela abusa disto para se ensoberbecer.* E entesoura para si ira para o dia da ira. Compadece-te, pois, da tua alma, porque as misericórdias do Senhor são antigas. Ele não se esquece de ter compaixão de quem se considera digno de compaixão (*16Pn* 12).

Uma coisa é crer a Deus, outra coisa é crer em Deus e outra coisa é crer para com Deus. Crer a Deus é crer que é verdadeiro o que diz, o que também os maus fazem. Crer Deus é acreditar que ele é Deus, o que também os demônios fazem. Crer em Deus é amar acreditando, é ir até ele pela fé, aderir a ele pela fé, é incorporar-se nos seus membros. Por esta fé se justifica o ímpio. Onde há esta fé, aí há confiança na misericórdia de Deus (*19Pn* 10).

Cristo pode ser comparado à abelha: possui o mel da misericórdia (primeira vinda) e o ferrão da justiça (segunda vinda) (*20Pn* 6).

Jesus toma a nossa mão na sua, quando, por sua misericórdia dá o querer, o conhecer e o poder (*24Pn* 8).

As chagas de Jesus Cristo falam de nós ao Pai não vingança, mas misericórdia (*1Ad* 8).

Na vida Jesus foi conduzido a três desertos: o primeiro é o ventre da Virgem; o segundo, o deserto das tentações; o terceiro, o patíbulo da cruz. Ao primeiro foi conduzido só por misericórdia; ao segundo para nosso exemplo; ao terceiro por obediência ao Pai (*Qr* 2).

Sê para mim um Deus protetor, reza o Salmo (31,3-4). Com teus braços estendidos na cruz, protege-me e defende-me, como a galinha protege e defende os pintinhos debaixo das asas. No teu lado, traspassado pela lança, encontre eu lugar de refúgio, onde possa esconder-me dos inimigos. Se eu cair, possa eu me abrigar junto de ti e não de outrem. Sê para mim, que sou cego, um guia: dá-me a tua mão misericordiosa e alimenta-me com o leite da tua graça (*Qn* 8).

Jesus não respondeu palavra à Cananeia. Ó arcano do divino conselho! Ó profundo e imperscrutável mistério da eterna sabedoria! O Verbo, que no princípio existia junto do Pai, por meio do qual tudo foi feito, não responde à mulher Cananeia, à alma penitente, uma palavra! O Verbo, que torna disertas as línguas das crianças, que dá a boca e a sabedoria, não responde uma palavra! Ó verbo do Pai, criador e conservador de tudo, providência e sustento de quanto existe, responde-me ao menos uma palavra para mim, mulher infeliz, a mim, penitente! E provo, com a autoridade do teu profeta Isaías, que deves responder. De fato, o Pai, a teu respeito, promete aos pecadores, dizendo em Isaías (55,11): *A palavra que sair de minha boca não tornará para mim vazia, mas fará tudo quanto eu tenha querido, e surtirá os seus efeitos naquelas coisas para as quais eu a enviei.* E que quis o Pai? Certamente que recebesses o penitente, lhe respondesses uma palavra de misericórdia. Acaso não disse: *O meu alimento é fazer a vontade daquele que me enviou?* Filho de Davi, tem, portanto, piedade de mim! Responde uma palavra, ó Verbo do Pai!

Igualmente provo com a autoridade do teu profeta Zacarias que deves ter piedade e responder. Assim de ti ele profetizou (13,1*): Naquele dia haverápara a casa de Davi uma fonte aberta, para lavar as manchas do pecador.* Ó fonte de piedade e de misericórdia, que nasceste de terra bendita da Virgem Maria, que foi da casa e família de Davi, lava as manchas do pecador! Por que é que o Verbo não responde uma palavra? Certamente para excitar o ânimo do penitente a maior arrependimento e estímulo de dor maior. Por isso, dele fala a esposa nos Cânticos (5,6): *Procurei-o e não o encontrei. Chamei por ele e não me respondeu* (*2Qr bis* 14).

Em cada canto da cruz há uma pedra preciosa: a misericórdia, a obediência, a paciência e a perseverança (*Rm* 12).

O monte das Oliveiras era chamado o monte das três luzes, porque era iluminado pelo sol, por si mesmo e pelo templo. Pelo sol, porque olhava para o oriente e recebia todos os raios solares; por si mesmo, pela obediência do azeite que possuía; pelo templo, porque de noite as luzes do templo iluminavam o monte. Assim é a pessoa penitente: é iluminada pelo sol da justiça, Jesus Cristo luz do mundo; é iluminada por si mesmo, porque inteiramente revestido de misericórdia; iluminada pelo templo, porque está inteiramente inserido na comunidade, que é o templo do Senhor (*Rm* 5).

As tribos foram ter com Davi e lhe disseram (*2Sm* 5,1): *Aqui estamos, somos teus ossos e tua carne.* Também os penitentes devem dizer a Cristo: Tem compaixão de nós e perdoa os nossos pecados, porque somos os teus ossos e tua carne. Por nossa causa te fizeste homem, a fim de nos remires. De fato, pelo que padeceste aprendeste a ser compassivo. Não podemos dizer a um anjo: Aqui estamos, somos teus ossos e tua carne. A ti, porém, ó Deus, ó Filho de Deus, que te revestiste não de forma angelical, mas da forma da descendência de Abraão, verdadeiramente podemos dizer: Aqui estamos, somos tua carne e teus ossos. Tem, portanto, compaixão dos teus ossos e da tua carne. Alguém, porventura, teve algum dia ódio à sua carne? És nosso irmão e nossa carne e, por isso, estás obrigado a ter piedade e a compadecer-te das misérias de teus irmãos. Tu e nós temos um só Pai; mas tu o tens por natureza; nós o temos por graça. Tu, que és poderoso na casa paterna, não nos prives daquela herança santa, porque somos os teus ossos e a tua carne (*3Pn* 4).

Quando Cristo estendeu na cruz a mão e quis que ela, assim estendida, fosse aberta com um cravo, derramando, então, pela ferida um tesouro de misericórdia, encheu de bênçãos todas as almas (*12Pn* 10).

No dia de Natal, uma fonte – Cristo – brota do útero da santíssima Virgem para irrigar e purificar a nossa miséria (*5Qr* 12).

Para ser bom pastor é necessário ser semelhante a Jesus e possuir sete predicados: pureza de vida, ciência da divina escritura, eloquência de linguagem, perseverança na oração, misericórdia para com os pobres, disciplina com os súditos, cuidado solícito pelo povo que foi confiado (*2Ps* 6).

Pecador, refugia-te em Maria. Ela é a cidade do refúgio. Como outrora, o Senhor separou cidades de refúgio para os que tivessem cometido crimes involuntários (*Nm* 35,11-14), assim agora a misericórdia do Senhor deu refúgio de misericórdia ao nome de Maria até para os homicidas voluntários (*3Qr bis* 6).

Ó inestimável dignidade de Maria! Ó inenarrável sublimidade da graça! Ó inescrutável profundidade da misericórdia! Nunca tanta graça nem tanta misericórdia foi nem pode ser concedida a um anjo ou a um homem, como a Maria Virgem Santíssima, que Deus Pai quis fosse mãe de seu próprio Filho, igual a si, gerado antes de todos os séculos! Verdadeiramente superior a toda graça foi a graça de Maria Santíssima, que teve um filho com Deus Pai e por este motivo mereceu ser na Assunção coroada no céu (*As* 3).

Maria é chamada mãe de misericórdia: é misericordiosa para os miseráveis, é esperança para os desesperados (*Pr* 9).

O sacramento da confissão se chama 'porta do céu'. Verdadeiramente, é porta do paraíso. Por ela, como através de uma porta, é admitido o penitente ao ósculo dos pés da divina misericórdia; é erguido ao ósculo das mãos da graça celeste; é recebido ao ósculo da face da reconciliação paterna (*1Qr* 19).

Quanto de mais longe o pecador voltar ao Pai, tanto mais misericordiosamente por ele é recebido (*7Pn* 7).

O gênero humano chamou pela salvação, pediu misericórdia, e o Senhor fez uma e outra coisa, pois, com o sangue da redenção e com a água do batismo limpou-o de toda a lepra da infidelidade e da iniquidade (*14Pn* 10).

Onde há guarda dos preceitos aí se encontra, à direita e à esquerda, a salvação e a misericórdia, que conservam aquele que os guarda, como bem disse o Eclesiastico (15,16): *Se quiseres guardar os mandamentos, eles te conservarão* (*14Pn* 12).

A oliveira é amarga na raiz, forte e quase imputrescível no tronco, verde nas folhas, suave no fruto. Também o cristão deve ser amargo no arrependimento, constante no propósito, fiel na palavra, suave nas obras de misericórdia ((*Si* 8).

Diz a Escritura que Moisés era o mais manso de todos os homens que habitavam sobre a terra. Entende-se a mansidão da paciência e da misericórdia (*2Qr* 12).

Moisés significa mansidão e misericórdia. Elias significa zelo pela justiça. Sua presença junto com Jesus transfigurado no monte santo dizem que estas são as virtudes do justo (*2Qr* 12).

São Gregório nos ensina que a caridade se levanta admiravelmente para o alto, quando, cheia de misericórdia, se aproxima do último dos próximos; ela, que desce benignamente ao mais baixo, com valentia volta às alturas (*21Pn* 12).

Quem se esquece da misericórdia recebida não se compadece de ninguém (*22Pn* 10).

Quem é para com os outros, Deus será misericordioso para com ele (*23Pn* 16).

A misericórdia para com os pobres cura a lepra da avareza e torna bela a alma (*2Ps* 6).

Assim como a corda dobra a madeira do arco, a misericórdia dobra a justiça (*2Ps* 8).

Com nossos olhos cheios de misericórdia, devemos olhar os pobres, que sofrem necessidade e contemplar atentamente os bens celestes (*Pn* 8).

Ao que peca contra ti deves ter misericórdia de coração e de boca, a fim de lhe perdoares de coração e de boca (*4Pn* 4).

Os pregadores devem ser como a madeira de oliveira: é uma madeira durável, que significa a constância; é uma madeira que distila óleo, que significa misericórdia (*5Pn* 1).

Assim como a âncora apanha com a sua curvatura, e enquanto apanha é apanhada e, apanhada, retém o navio, também a misericórdia, enquanto pelo coração apanha o próximo, é apanhada pelo próximo e, enquanto detém é detida, e enquanto liga é ligada (*5Pn* 7).

Assim como a água morna provoca o vômito, assim também a tibieza e a negligência expulsam do ventre da divina misericórdia o ocioso e o tíbio (*Qn* 7).

Jovem éaquele que é capaz de ajudar (*10Pn* 10).

> Para podermos chegar à glória eterna, roguemos ao Senhor Jesus Cristo, Pai misericordioso, que nos infunda a sua misericórdia, a fim de termos misericórdia para conosco e para com os outros. E não julguemos nem condenemos ninguém. Perdoemos aos que pecam contra nós e demos a todos os que nos pedem o que temos e o que somos. Isto se digne conceder-nos aquele que é bendito e glorioso pelos séculos dos séculos. Assim seja! (*4Pn 8*).

* * *

MORTE

'**M**orte' vem da 'mordedura' do primeiro homem, porque ao morder a maçã da árvore proibida, incorreu na morte (*5Qr* 8).

O Espírito Santo desceu em forma de línguas de fogo, porque foi através das línguas – a da serpente, a de Eva e a de Adão – que a morte entrou no mundo. O Espírito Santo apareceu em forma de línguas de fogo para opor línguas a línguas, fogo ao veneno (*Pn* 3).

O último lugar é a memória da morte. Quem nela se assenta não deseja assentar-se no primeiro lugar (*17Pn* 14).

Escreve São Jerônimo: facilmente tudo despreza quem continuamente pensa que há de morrer (*17Pn* 14).

Hoje existirás e amanhã não existirás. Vive, portanto, hoje, como se hoje houveras de morrer. Nada há mais certo do que a morte e nada mais incerto do que a hora da morte (*4Pn* 10).

Quem está cheio de glórias do mundo assemelha-se à bexiga que, cheia de vento, parece maior do que é; basta uma picadinha da agulha da morte e se verá o pouco que é (*12Pn* 5).

A âncora retém o navio para que não se desfaça contra as rochas. A lembrança da morte retém a nossa vida para que não se destrua no pecado (*19Pn* 6).

Aquele que se humilha com a memória da morte dispõe bem toda a sua vida, olha em redor de si, sabe sacudir a preguiça, conforta-se no trabalho, na adversidade espera na misericórdia do Senhor e dirige bem a sua vida para o porto da vida eterna (*Cp* 10).

Disse Deus: *faça-se a luz!*. Esta luz é a sabedoria de Deus Pai, que habita em luz inacessível ... Esta luz, que era inacessível e invisível, fez-se visível na carne, iluminando os que estavam sentados nas trevas e na sombra da morte (*Sp* 4).

Para que a morte eterna e o poder do diabo não nos espezinhassem, o Senhor de todas as coisas, o Filho de Deus, foi atado a uma coluna como bandido e flagelado de maneira tão atroz que seu sangue corria por toda a parte. Ó mansidão da piedade divina! Ó paciência da benignidade paterna! Ó profundo e imperscrutável mistério do eterno desígnio! Vias, Pai, o teu Unigênito, igual a ti, ser amarrado à coluna como um bandido e flagelado como um homicida; e como pudeste te conter, nós te agradecemos, Pai Santo, por termos sido libertados das cadeias do pecado e dos flagelos do diabo por meio das cadeias e flagelos de Jesus (*Qn* 17).

Jesus foi crucificado pelos soldados. Ó vós todos que passais pelo caminho, parai e vede se há dor semelhante à minha dor. Os discípulos fogem, os conhecidos e amigos afastam-se, Pedro nega, a Sinagoga coroa de espinhos, os soldados crucificam; os judeus zombeteiros blasfemam; dão-lhe para beber fel e vinagre. Suas mãos, 'feitas ao torno, de ouro e cheias de jacintos' (cf. *Ct* 5,14) foram transpassadas por cravos. Os pés, a que o mar se mostrou como solo resistente, foram pregados à cruz. A face que brilha como o sol em plenitude (cf. *Ap* 1,6), transformou-se em palidez mortal. Os olhos amados, para os quais não há nenhuma criatura invisível, estão fechados pelo sono da morte (*Qn* 19).

Pensa sempre que o fim da tua vida será estreito e aguçado: estreito, porque importará passares pela estreitíssima abertura da morte, através da qual não poderás levar nada contigo (*13Pn* 10).

O homem humilde está atento ao pensamento da morte a fim de que o Senhor o encontre vigilante, quando vier (*Ps* 3).

A névoa e o orvalho, ao chegar o sol, põem-se em fuga e desaparecem. A poeira é arrebatada pelo vento. A fumaça se dissolve. São figuras dos bens temporais que, ainda que abundantes, desaparecerão ao chegar o ardor da morte (*3Ps* 3).

Ligeira e fácil foi a criação, porque bastou uma palavra apenas à vontade de Deus, cujo dizer é querer. Muito difícil foi a re-criação, porque se operou pelo sofrimento e pela morte (*4Ps* 5).

Na miséria deste exílio, há três males: a angústia, que nos atormenta; a culpa, que nos traz a morte; a vaidade, que nos engana (*6Ps* 4).

Quanta caridade teve o Pai para conosco! Enviou-nos o seu Filho unigênito, para que nós, vivendo por seu intermédio, o amássemos. Sem ele, a vida é morte, porque *quem não ama permanece na morte* (*1Pn* 7).

A memória da morte é a mais amarga de todas as amarguras (*8Pn* 8).

Do verbo *mordeo* (morder) vem a palavra *morbo* (doença). Chama-se morbo por ser caminho para a morte. De fato, a detração é um morbo, através do qual, como se fora caminho, vem a morte à alma (*8Pn* 3).

Tem como coisa firme e de forma alguma duvides de que todo o homem, nascido de homem e mulher, nasça com o pecado original, súdito da impiedade e sujeito à morte e, por natureza, filho da ira (*15Pn* 3).

A lâmpada tem duas propriedades a luz e o calor. O avarento tem a luz do favor humano e o ardor do lucro temporal. Quando se extinguir na morte, será privado duma e doutro (*Ep* 11).

São quatro os adventos de Jesus Cristo: o primeiro foi na carne; o segundo é no espírito, como bem diz Jesus (*Jo* 14,23): *Viremos e nele faremos nossa morada*; o terceiro é na morte; o quarto será na majestade do julgamento final (*1Ad* 3).

A vida de Jesus some-se para entre os mortos. Ó olhos do nosso amado, fechados na morte! Ó face, para a qual os Anjos desejam olhar, transformada em palidez! Ó lábios, favo a destilar palavras de vida eterna, tornados lívidos. Oh! Pende inclinada a cabeça que faz tremer os Anjos! Aquelas mãos, a cujo tato a lepra desaparecia, a vida voltava, a luz perdida era restituída, fugia o demônio e o pão se multiplicava, aquelas mãos, ai! Estão perfurada por cravos e tingidas de sangue (*Cs* 8).

> *Rogamos-te, Senhora nossa, esperança nossa, que tu, Estrela do Mar, irradies luz para nós, feridos pela tempestade deste mar, nos encaminhes para o porto, protejas a nossa morte com a tutela da tua presença, a fim de merecermos sair seguros do cárcere e alegres chegarmos ao gozo infindo. Ajude-nos aquele que trouxeste no teu bem-aventurado ventre, aleitaste nos teus seios sacratíssimos. A ele são devidas honra e glória pelos séculos eternos. Assim seja! (3Qr bis 7).*

* * *

OBEDIÊNCIA

Enquanto o primeiro homem guardou a obediência, não perdeu a imagem e semelhança de Deus (*2Ps* 10).

A obediência é o caminho para o Reino de Deus (*8Pn* 11).

Ensina São Gregório: a obediência é a única virtude que reúne em si todas as demais e as guarda (*19Pn* 12).

A obediência deve ser rápida e alegre (*Njb* 10).

Se o coração é humilde, os sentidos do corpo lhe obedecem (*21Pn* 13).

Da humildade nasce a obediência (*21Pn* 13).

A verdadeira obediência é humilde, devota, apressada, alegre e perseverante (*2Ad* 18).

Não serás obediente de verdade, se não fores paciente, pois é viúva a obediência não corroborada pela paciência (*1Ep* 4).

Os caminhos da equidade são a pobreza e a obediência. Cristo, pobre e obediente, com seu exemplo te conduz por elas. Aqui não há tortuosidades, mas equidade e retidão (*Je* 3).

A obediência é boa conselheira: ensina a mortificar a vontade própria, que é caminho do inferno, e a cumprir a vontade de outro, que é caminho para o céu (*19Pn* 12).

Em cada canto da cruz há uma pedra preciosa: a misericórdia, a obediência, a paciência e a perseverança (*Rm* 12).

Ao ouvires coisas boas e agradáveis, precisas da temperança. Quando o que te é mandado te desagrada ou te encontras com coisas adversas, a obediência te é mais necessária, porque mais frutuosa (*Pn* 8).

Quando humildemente te pões debaixo de outrem, então admiravelmente te elevas acima de ti mesmo (*11Pn* 9).

Diz a ciência que o elefante é o mais domesticável e o mais obediente dos animais selvagens; aceita bem a instrução e atende. Por este motivo é ensinado a adorar o rei e possui bom sentimento. O elefante é símbolo da Santíssima Virgem, que foi entre todas as criaturas a mais humilde e obediente, e adorou o rei por ela gerado (*An* 3).

Quem está cheio do Espírito Santo fala várias línguas. As várias línguas são os vários testemunhos de Cristo, tais como a humildade, a pobreza, a paciência e a obediência. Falamos com estas virtudes, quando as mostramos aos outros em nós mesmos (*Pn* 16).

Na vida Jesus foi conduzido a três desertos: o primeiro é o ventre da Virgem; o segundo o deserto das tentações; o terceiro o patíbulo da cruz. Ao primeiro foi conduzido só por misericórdia; ao segundo para nosso exemplo; ao terceiro por obediência ao Pai (*Qr* 2).

E era-lhes submisso (*Lc* 5,21). Submisso a quem? A um carpinteiro e a uma Virgem pobrezinha. Ó primeiro, ó último, ó prelado dos anjos e submisso aos homens. O criador do céu submete-se a um carpinteiro; Deus da glória eterna, a uma Virgem pobrezinha. Quem ouviu jamais tal coisa? E quem viu coisa semelhante a esta? (*2Nt* 13).

O Filho chama-se servo do Pai, porque lhe foi obediente até a morte (*1Ad* 1).

Jeremias disse (1,11): *Vejo uma vara vigilante.* Jesus Cristo foi vara flexível pela obediência e humildade, sutil pela pobreza (*1Ad* 9).

Em Cristo houve a pobreza, a obediência e a humildade. Quem encontra motivo de escândalo nestas coisas ou acerca destas coisas, em Cristo se escandaliza (*2Ad* 13).

> *Roguemos, caríssimos, ao mesmo Senhor Jesus Cristo que nos faça entrar, por meio da obediência, na barca de Simão; nos faça assentar no trono ebúrneo da humildade e da castidade; conduza a nossa barca dos bens terrenos ao alto da contemplação; lance as nossas redes para pescar, a fim de podermos chegar com a multidão de boas obras a ele, que é bom e sumo Deus. Isto se digne conceder-nos aquele que vive e reina por todos os séculos dos séculos. Assim seja! (5Pn 16).*

* * *

OCIOSIDADE

São Jerônimo nos aconselha a sempre estarmos ocupados em fazer alguma coisa, porque, como ensina o Eclesiástico (33,29), a ociosidade ensina muita maldade. O poeta latino Ovídio nos diz que Egisto se tornou adúltero, porque vivia ocioso. As Ciências nos alertam: o ociosidade produz a obesidade (*Cp* 12).

A ociosidade e a tibieza geram a concupiscência (*16Pn* 4).

Assim como a água morna provoca o vômito, assim também a tibieza e a negligência expulsam do ventre da divina misericórdia o ocioso e o tíbio (*Qn* 7).

A ociosidade é a sentina de todas as tentações e pensamentos maus e inúteis (*3Qr* 20).

A sensualidade ataca mais gravemente quem se encontra ocioso (*3Ps*16).

Ninguém julgue pouco o tempo consumido em palavras ociosas (*4Ps* 14).

Rogamos-te, Pai, que nos faças árvore boa, nos concedas produzir frutos dignos pela penitência, para que, radicados e fundados na raiz da humildade, mereçamos chegar a colher o fruto da vida eterna. Auxilia-nos tu, que és bendito pelos séculos dos séculos. Amém! (8Pn 10).

* * *

ORAÇÃO

A oração é afetuosa aderência a Deus, entretenimento familiar e piedoso, estado da alma iluminada para gozar enquanto lhe é permitido (*5Ps* 5).

É tripla a oração: mental, vocal e manual. Da terceira podemos dizer que não cessa de orar quem não cessa de fazer o bem (*6Ps* 9).

A oração unge, as lágrimas pungem (*15Pn* 9).

Pelo ministério de nosso Anjo da Guarda, nossa oração sobe à presença de Deus, e sua graça desce até nós. Um dia, por este mesmo caminho, subiremos em pessoa (*Rg* 13).

A devoção de quem ora com humildade sobe até Deus. Mas nos nossos dias muita oração devota se corrompe com misturas adulterinas, ou seja, com vaidades e cobiça de posse de bens. A verdadeira devoção arde no fogo do amor divino. Mas vira fumaça corrupta com a vaidade e se anula com a cobiça (*Ep* 7).

Com a oração limpamos o coração do pensamento impuro; com o jejum refreamos a petulância da carne (*Sp* 19).

Em primeiro lugar o pregador deve dedicar-se à oração. Só em segundo lugar vem o êxtase e a reflexão do espírito (*OitPs* 1).

Enquanto estamos em oração, no ofício divino e na pregação, somos muitas vezes atacados pelo diabo, com as setas da vaidade e, muitas vezes, elas nos atingem. De fato, há gente que, durante a oração e ao fazer genuflexões e dar suspiros, querem ser vistos. Outros desejam ser ouvidos quando cantam, quando fazem tremer a voz e quando procuram imitar a cítara com a garganta. Há outros ainda que, ao pregarem, ao fazerem voz trovejante, ao multiplicarem as citações, interpretando-as a seu modo, e ao girarem em volta de si mesmos, querem fazer-se aplaudir. Crede-me: são mercenários e prostituidores da oração (1Qr 25).

A oração perseverante ilumina o entendimento (*2Ps* 6).

A inocência e a simplicidade são como candelabros que iluminam o espírito de quem reza (*2Ps* 6).

Na oração não dividam o espírito a ponto de terem uma coisa na boca e outra no coração. O espírito dividido é incapaz de pedir (*10Pn* 15).

O justo oferece preces à Santíssima Trindade na prosperidade e na adversidade (*15Pn* 9).

Estavam lá seis talhas de pedra preparadas para a purificação judaica (Jo 2,6). Em Cana da Galileia, na alma, que pelo zelo do amor já transmigrou dos vícios para as virtudes, há seis talhas: a confissão, a contrição, a oração, o jejum, a esmola e o perdão sincero da injúria sofrida. Estas coisas são as que purificam os penitentes de todos os pecados. A oração purifica. Diz o Senhor em Jeremias (31,9): *Virão chorando, e eu, por entre orações, os tirarei e os levarei às torrentes de água.* E no Eclesiástico (35,17-21): *Não desprezará as súplicas do órfão,* do penitente humilde, que diz: *O meu pai e a minha mãe,* isto é, o mundo e a concupiscência carnal, *abandonaram-me; o Senhor, porém, tomou conta de mim. Aquele que adora a Deus com alegria será por Deus amparado, e a sua prece chegará às nuvens. A oração do humilde atravessa as nuvens (1Ep 7).*

Quem segue verdadeiramente a Cristo deseja que todos o sigam, e, por isso, vira-se para o próximo com solicitude de ânimo, devota oração e pregação da palavra (*Je* 4).

> *Nós que de Cristo tiramos o nome de cristãos, roguemos unânimes e de coração devoto, ao mesmo Jesus Cristo, Filho de Deus, e instantemente lhe peçamos nos conceda chegar, de espírito contrito, ao deserto da confissão, a fim de merecermos receber o perdão da nossa iniquidade, para que, renovados e purificados, mereçamos fruir as alegrias da sua santa ressurreição e ser colocados na glória da eterna beatitude. Auxilie-nos ele mesmo, a quem são devidas a honra e a glória pelos séculos dos séculos. Assim seja (1Qr 26).*

* * *

ORGULHO

Diz o profeta Miqueias: *A tua humilhação está no meio de ti*. Ou seja, se consideramos o que há no nosso ventre, a nossa soberba se humilha, a arrogância se apequena, a vanglória desaparece (*Sp* 13).

Dizia São Bernardo: não temo tanto o fogo nem a espada como temo o prazer de dominar (*2Pn* 6).

Há quatro espécies de orgulho: quando alguém possui um bem e julga ter ele vindo de seu trabalho; ou, se o julga dado por Deus, considera-o dado em razão de seus méritos; ou se jacta de possuir o que não possui; ou despreza os outros e procura pôr em evidência o que possui (*11Pn* 3).

Quando nos orgulhamos da perfeição de uma vida boa, mostramos não a ter sequer começado ainda (*11Pn* 3).

Ó Pai, na tua verdade, isto é, no teu Filho, humilhado, pobre e peregrino, me humilhaste. Ele foi humilhado no ventre da Virgem; foi pobre na estrebaria de animais; foi peregrino no alto da cruz. De fato, nada humilha tanto o pecador soberbo como a humilhação da humanidade de Jesus Cristo. Amém! (Qn 6).

* * *

PACIÊNCIA

Para que a morte eterna e o poder do diabo não nos espezinhassem, o Senhor de todas as coisas, o Filho de Deus, foi atado a uma coluna como bandido e flagelado de maneira tão atroz que seu sangue corria por toda a parte. Ó mansidão da piedade divina! Ó paciência da benignidade paterna! Ó profundo e imperscrutável mistério do eterno desígnio! Vias, Pai, o teu Unigênito, igual a ti, ser amarrado à coluna como um bandido e flagelado como um homicida; e como pudeste te conter, nós te agradecemos, Pai Santo, por termos sido libertados das cadeias do pecado e dos flagelos do diabo por meio das cadeias e flagelos de Jesus (*Qn* 17).

Havia no Antigo Testamento (*Ez* 43,13) o preceito de se fazer no altar um fosso de um côvado, onde seriam postas as cinzas do sacrifício. Se não houve no altar do nosso coração a paciência, bastará uma brisa para dispersar o sacrifício das boas obras (*7Pn* 1).

Quando não se perde a paciência, conserva-se a unidade (*7Pn* 1).

Quando irrompem as tentações ou a perseguição, o justo se aninha na paciência (*Je* 11).

Se resolves ir à feira das tribulações, onde se vendem as verdadeiras riquezas, vê antes se tens na bolsa do teu coração o preço da paciência e da alegria, com que possas comprar. Se não tiveres a paciência e a alegria, te aconselho não ires, porque voltarás sem nada. Se confias no preço, vai e compra (*9Pn* 3).

Jesus foi crucificado pelos soldados. Ó vós todos que passais pelo caminho, parai e vede se há dor semelhante à minha dor. Os discípulos fogem, os conhecidos e amigos afastam-se, Pedro nega, a Sinagoga coroa de espinhos, os soldados crucificam; os judeus zombeteiros blasfemam; dão-lhe para beber fel e vinagre. Suas mãos, 'feitas ao torno, de ouro e cheias de jacintos' (cf. *Ct* 5,14) foram transpassadas por cravos. Os pés, a que o mar se mostrou como solo resistente, foram pregados à cruz. A face que brilha como o sol em plenitude (cf. *Ap* 1,6), transformou-se em palidez mortal. Os olhos amados, para os quais não há nenhuma criatura invisível, estão fechados pelo sono da morte (*Qn* 19).

Diz a Escritura que Moisés era o mais manso de todos os homens que habitavam sobre a terra. Entende-se a mansidão da paciência e da misericórdia (*2Qr* 12).

Em cada canto da cruz há uma pedra preciosa: a misericórdia, a obediência, a paciência e a perseverança (*Rm* 12).

Quem está cheio do Espírito Santo fala várias línguas. As várias línguas são os vários testemunhos de Cristo, tais como a humildade, a pobreza, a paciência e a obediência. Falamos com estas virtudes, quando as mostramos aos outros em nós mesmos (*Pn* 16).

A cruz da verdadeira penitência tem o comprimento da perseverança, a largura da paciência, a altura da esperança (*6Pn* 13).

Um dos Frutos do Espírito Santo é a paciência. E note-se que a virtude da paciência se exercita de três modos. Efetivamente, sofremos umas coisas vindas de Deus, como os flagelos; outras, vindas do adversário, como as tentações; outras vindas do próximo, como as perseguições, os danos e as injúrias. Devemos vigiar contra tudo isto, a fim de que não nos precipitemos no excesso da murmuração contra os flagelos do Criador, não sejamos seduzidos a consentir no delito e arrastados à perturbação do mal, e, procedendo assim, não procuremos que os bens presentes nos sejam dados em troca (*14Pn* 18).

A paciência, diz um filósofo, é um ótimo meio de vencer (*16Pn* 5).

A verdadeira paciência não se prende com as correias do favor humano e do medo, mas é entretecida só pelos vínculos da inflexível caridade (*17Pn* 1).

O pregador deve revestir-se da couraça da paciência para que seja constante quando fala e seja paciente quando ladram os cães contra ele (*17Pn* 1).

Repare-se que, se a rola perder a companheira, dela carecerá sempre, caminha sozinha e de cá para lá, não bebe água clara, não sobe a ramo verde. Por outro lado, a pomba é simples, tem um ninho mais áspero e pobre do que as demais aves, não fere ninguém com o bico ou com as unhas, não vive de rapto, com o bico alimenta os filhos, com aquilo de que se alimentou; não come carne morta; não se intromete na vida de outras aves, nem sequer das mais pequenas; alimenta-se de grão limpo; protege os filhos alheios como se fossem próprios; reside sobre as correntes das águas para evitar os depredadores; faz ninho entre as pedras; ao sobrevir uma tempestade foge para o ninho; defende-se com as asas; voa em bando; em vez de canto tem o arrulho; é fecunda; nutre os gêmeos. Observe-se ainda que, enquanto a pomba está na criação e crescem os filhotes, vai o pombo sugar a terra salgada e põe no bico dos filhos o que suga, para se acostumarem ao alimento. Também os pobres de espírito, os verdadeiros penitentes, porque perderam, ao pecarem mortalmente, o seu par, Jesus Cristo, vivem sós, separados do tumulto das coisas seculares, na solidão do espírito e até do corpo; não bebem a água clara do gozo mundano, mas água turva da dor e do pranto. Não sobem ao ramo verde da glória temporal. São simples como as pombas. O ninho onde vivem e até o próprio leito, em que dormem corporalmente, é áspero e pobre. Não fazem mal a ninguém, antes perdoam a quem lhes faz mal. Não vivem da rapina, antes distribuem o que é seu. Alimentam com a palavra da pregação os que lhes foram confiados; e de graça dividem com os outros o que de graça lhes foi concedido. Não comem carnes mortas, isto é, o pecado mortal. Não escandalizam nem o maior nem o mais pequeno. Alimentam-se com o grão limpo, isto é, com a pregação da Igreja, não com a dos hereges, que é suja.

Feito tudo para todos, zelam a salvação dos outros como a dos seus: a todos ama nas entranhas de Jesus Cristo. Residem sobre as torrentes da Sagrada Escritura, a fim de prevenirem de longe a tentação do diabo, que maquina raptá-los. É mais fácil acautelar-se da tentação, quando prevista. Nos buracos das pedras, isto é, no lado de Jesus Cristo, fazem o ninho, e se sobrevier alguma tempestade da tentação da carne, refugiam-se no lado de Cristo e ali se escondem, dizendo com o salmista: *Sê para mim, Senhor, torre de fortaleza perante o inimigo* (61,4). E noutro lugar (71,3): *Sê para mim um Deus protetor*. Defendem-se não com as unhas da vingança, mas com as asas da humildade e da paciência. A paciência é a melhor maneira de vencer (*Pr* 8).

Para ser puro, são necessários seis coisas: pureza de coração, castidade de corpo, paciência na adversidade, constância na prosperidade e, para que nisto possa perseverar, a humildade e a pobreza (*2Nt* 3).

Não serás obediente de verdade, se não fores paciente, pois é viúva a obediência não corroborada pela paciência (*1Ep* 4).

Ó humildade do nosso Redentor! Ó paciência do nosso Salvador! Carrega sozinho, por todos, o madeiro. Nele é suspenso, crucificado e morto (*Nt* 13).

Ninguém foi mais paciente e mais humilde do que Jesus Cristo, quando o flagelaram, coroaram de espinhos e o esbofetearam (*Cp* 14).

A soberba e a vanglória matam no homem o terror do juízo e o horror do inferno (*Es* 3).

A paciência alegra-se com as dificuldades (*Es* 5 e 10).

Roguemos e com lágrimas peçamos ao Senhor Jesus Cristo que não nos encubra a sua face e não saia do templo do nosso coração, e não nos argua de pecado no seu juízo; antes, nos infunda a sua graça, para que diligentemente ouçamos a sua palavra; nos conceda paciência na injúria sofrida, nos livre da morte eterna; nos glorifique nos seu reino, a fim de merecermos ver o dia da sua eternidade juntamente com Abraão, Isaac e Jacó. Ajude-nos ele mesmo, a quem são devidos honra e poder, decoro e império pelos séculos dos séculos. Diga toda a Igreja: Assim seja! (5Qr 14).

* * *

PALAVRA DE DEUS

O *Senhor falou a João, filho de Zacarias.* Se o pregador for filho de Zacarias, o Senhor lhe dirá a palavra da vida e da paz, a palavra da graça e da verdade. Ó palavra que não verbera, mas inebria o coração! Ó palavra doce, que reconforta o pecador e enche de ditosa esperança! Ó palavra, água fresca para alma sedenta! Ó palavra, mensageira de boas novas! Realize-se, Senhor, na paz a tua palavra sobre o teu servo, segundo a tua palavra! (*4Ad* 3).

Ó pregador, lança à terra a tua semente da palavra; a tua, isto é, a que te foi confiada. E verás como é verdade que a palavra de Deus se chama semente (*Sx* 5).

O Evangelho não diz que a semente caiu no caminho, mas à beira do caminho, porque o luxurioso, simbolizado nesse caminho, não recebe a palavra dentro do ouvido do coração, mas ela lhe passa de leve pelo ouvido do corpo, como se fora um som sem sentido (*Sx* 6).

Assim como o homem exterior vive do pão material, assim o interior vive do pão celeste, que é a Palavra de Deus. A

Palavra de Deus é o Filho, Sabedoria que procedeu da boca do Altíssimo (*Qr* 4).

É grande sinal de predestinação ouvir de bom grado as palavras de Deus e ouvir notícias da pátria celeste, como alguém que gosta de ouvir notícias da pátria terrena (5Qr 4).

Quem não ouve as palavras de Deus e não conhece a sua lei, que é a caridade, queima inutilmente o incenso da oração (*5Qr* 4).

Se alguém exerce o ministério da palavra ou qualquer outro ofício da caridade, exerça-o, não com a sua força, mas com aquela que Deus lhe concede, para que em todos os atos seja honrado Deus por meio de Jesus Cristo Senhor nosso (*6Ps* 11).

Sobre a tua palavra, lançarei a rede: lança a rede sobre a palavra de Jesus Cristo quem não atribui nada a si, mas tudo a ele; quem vive segundo o que prega (*5Pn* 17).

Quem dispensa fielmente o pão da palavra de Deus e não oculta o testemunho da verdade, será abençoado no presente e no futuro (*12Pn* 13).

Escreveu o profeta Sofonias (1,12): *Eu esquadrinharei Jerusalém com lanternas*. Repara que são quatro as lanternas. A primeira é a palavra de Deus, da qual diz o Salmo: *Lâmpada para os meus passos é a tua palavra e luz para os meus caminhos*. E atenda-se que primeiro disse para os meus passos e depois para os meus caminhos. De fato, quando ouvimos a palavra de

Deus, primeiro somos iluminados pelo coração, para depois andarmos com passadas diretas. A segunda lanterna é a das boas obras, acerca da qual se escreve: *Estejam cingidos os vossos rins e nas vossas mãos lâmpadas acesas* (*Lc* 12,35). Seguramos as lâmpadas acesas nas mãos, quando mostramos boas obras ao próximo. A terceira é a da intenção, que ilumina o conjunto das boas obras, de que se diz em São Mateus (6,22): *A lanterna do teu corpo*, isto é, das obras, *é o teu olho*, isto é, a tua intenção. Se o teu olho for simples, todo o teu corpo terá luz. A quarta lanterna é a da humanidade de Jesus Cristo, da que se lê em São Lucas (15,8): *Qual é a mulher que tendo dez dracmas, e perdendo uma, não acende a lâmpada e não sai à procura até encontrá-la?* (*24Pn* 4).

Traz nos braços a Cristo quem abraça a palavra de Deus não só com a boca, mas também com as obras de caridade (*Pr* 7).

> *Roguemos, irmãos caríssimos, ao Verbo de Deus Pai, a fim de lançarmos a rede da pregação sobre a sua palavra, não sobre a nossa, e assim podermos extrair do profundo dos vícios os pecadores e junto com eles conseguirmos subir até ele. Auxilie-nos ele mesmo, que é bendito pelos séculos dos séculos. Assim seja! (5Pn 19).*

* * *

PARAÍSO

O paraíso é a primeira casa da criatura humana (*19Pn* 13).

Para conseguires ver Sião, a cidade do céu, unge com o colírio da humildade os teus olhos, e então ouvirás: a tua humildade te iluminou! (*2Ad* 7).

O paraíso é a terra dos vivos, possuída pelos humildes (*23Pn* 13).

Como a mãe cheia de carinhos toma o filho pequenino pela mão para fazê-lo subir escada acima, assim o Senhor toma a mão do penitente humilde para que ele possa subir pela escada da cruz ao mais alto grau da perfeição e mereça contemplar na sua glória o Rei de aspecto encantador (*Pl* 3).

O sacramento da confissão se chama 'porta do céu'. Verdadeiramente, é porta do paraíso. Por ela, como através de uma porta, é admitido o penitente ao ósculo dos pés da divina misericórdia; é erguido ao ósculo das mãos da graça celeste; é recebido ao ósculo da face da reconciliação paterna (*1Qr* 19).

Queixou-se Deus através do profeta Jeremias (2,31-32): *Por acaso tenho sido para o povo um deserto ou uma terra tenebrosa?* O Senhor não é deserto nem terra de trevas, que não dão fruto algum ou dão pouco fruto, mas é paraíso de delícias e terra de bênção, na qual recebemos o cêntuplo de tudo o que tivermos semeado (*5Qr* 14).

Disse Jó: *Javé faz coisas grandes, incomparáveis, maravilhosas e inumeráveis.* Fez coisas grandes na criação; incomparáveis na restauração; far-nos-á maravilhosas na eterna beatitude (*5Ps* 11).

Assim como na romã todos os grãos se ocultam debaixo duma só casca, e cada grão tem o seu alvéolo distinto, assim na vida eterna todos os santos terão uma só glória. Todavia, segundo o próprio trabalho, cada um receberá recompensa maior ou menor (*2Pn* 4).

Quem se fixa no desejo da eternidade, nada há no mundo que deseje, nada há do mundo que tema (*13Pn* 17).

Com Jesus não há nenhuma miséria, mas glória total; no paraíso não há angústia alguma, mas alegria total (*16Pn* 12).

Onde houver justiça, haverá sabedoria; onde houve sabedoria, haverá o paraíso do Senhor (*2Ad* 14).

Rega o coração do pobre miserável com a esmola, a que chamam de água de Deus, a fim de colheres o fruto na vida eterna (*Cn* 6).

O céu seja para ti o pobre; põe nele o teu tesouro, a fim de que o teu coração esteja ali sempre (*Cn* 6).

Diz o livro do Gênesis que o Senhor Deus plantou um paraíso de delícias e pusera o homem para que o cultivasse e dele cuidasse. Mas o homem cultivou-o mal e não cuidou dele. Foi necessário que o Senhor Deus plantasse outro paraíso muito melhor, Maria Santíssima, ao qual voltassem seus exilados. Neste paraíso foi o posto o segundo Adão, Jesus, que o cultivou e o guardou (*Pr bis* 1).

> *Rogamos-te, Senhor Jesus Cristo, que nos guardes a nós e à nossa cidade da perdição e do incêndio da geena, nos faças subir à festa dos tabernáculos, nos livres da embriaguez do vinho e da sua luxúria, para que mereçamos beber e comer à tua mesa no reino dos céus. Auxilia-nos tu, que és bendito pelos séculos dos séculos. Assim seja! (20Pn 7).*

* * *

PAZ

Maria Madalena e Maria mãe de Tiago e Maria Salomé compraram aromas para ungir Jesus. Nestas três mulheres designam-se as três virtudes da nossa alma: a humildade do coração, o desprezo do mundo, a beleza da paz (*Ps* 3).

Nota que na palavra *pax*, paz, há três letras e uma sílaba, em que se designa a Trindade e a Unidade: no *P*, o Pai; no *A*, primeira vogal, o Filho, que é a voz do Pai; no *X*, consoante dupla, o Espírito Santo, procedente de ambos. Assim, ao dizer 'a paz esteja convosco', recomenda-nos a fé na Trindade e Unidade (*OitPs* 6).

A ambição não permite a paz da alma. [O mercenário], quando o ventre está saturado, de bom grado canta o *miserere* (*2Ps* 9).

Os olhos misericordiosos do Senhor estão sobre os que procuram a paz (*5Pn* 16).

Busca a paz dentro, em ti mesmo. Se a encontrares, sem dúvida nenhuma terás paz com Deus e com o próximo (*5Pn* 16).

Quem possuir a paz do coração merece de verdade ser chamado filho de Deus Pai, ao qual, juntamente com seu Unigênito, diz na hora da morte: Pai, nas tuas mãos entrego o meu espírito, porque da paz do coração passa à paz da eternidade (*23Pn* 18).

Há os que pregam a paz, para parecerem pacíficos, mas sequer são capazes de encontrar o caminho da paz (*8Pn* 3).

Fruto do Espírito é a paz, que é liberdade tranquila (*14Pn* 18).

A Virgem Maria é semelhante à oliveira. Oliveira significa paz e misericórdia; a Virgem Santa Maria, nossa medianeira, reformou a paz entre Deus e o pecador (*An* 11).

Diz Isaías (26,3): *Foi-se o antigo erro; guardarás a paz, sim, a paz, porque esperamos em ti, Senhor.* A noite e o erro significam a cegueira do pecado; o dia e a paz, a iluminação da graça. A repetição da paz significa a quietude exterior e interior, que o homem possui sempre que o Senhor está sentado sobre o alto e elevado trono (feito de humildade e contemplação) (*1Ad* 12).

A modéstia consiste, sobretudo, na paz do espírito e na honestidade do corpo (*3Ad* 4).

Lê-se no Levítico (26,5): *Comereis o vosso pão com fartura e habitareis na vossa terra com segurança.* O Senhor promete aqui duas coisas que, de modo perfeito, possuiremos no futuro: a saciedade da caridade, com o que se sacia a alma, e paz da terra, isto é, da nossa carne. Qualquer cristão, filho da graça, deve pedir este pão a Deus, para que o ame acima de tudo e ao próximo como a si mesmo (*Lr* 6).

Na água turva e movida não se reproduz a imagem de quem a olha. Se pretendes que o rosto de Cristo, que te olha, se reproduza em ti, repousa na paz e humildade de coração (*Asc* 2).

O azeite é o mais excelente de todos os líquidos; a paz de consciência excede o gozo dos bens temporais (*Ft* 15).

Irmãos caríssimos, peçamos humildemente ao Senhor Jesus que nos conceda entoar o cântico da santa solenidade, alegrar-nos só nele, viver modestamente, pospor a inquietação e manifestar-lhe todas as nossas necessidades, a fim de que, protegidos pela sua paz, possamos viver na pacífica Jerusalém celeste. Auxilie-nos aquele que é bendito e glorioso por séculos eternos. Diga toda a alma pacífica: Amém! Aleluia! (3Ad 6).

* * *

PECADO

O ferece todo o teu corpo a Jesus Cristo, que todo se ofereceu a Deus Pai, a fim de destruir por inteiro o teu pecado (*Qn* 10).

O pecado é o caminho do diabo para alma (*22Pn* 1).

A amplidão da caridade alarga o coração estreito do pecador (*Sp* 1).

Deus Pai vestiu seu Filho Jesus com a veste branca da carne limpa de toda mancha de pecado, tomada da Virgem Imaculada. Herodes, mandando vestir Jesus com uma veste branca, mostrou-lhe escárnio e desprezo (*Qn* 16).

Para que a morte eterna e o poder do diabo não nos espezinhassem, o Senhor de todas as coisas, o Filho de Deus, foi atado a uma coluna como bandido e flagelado de maneira tão atroz que seu sangue corria por toda a parte. Ó mansidão da piedade divina! Ó paciência da benignidade paterna! Ó profundo e imperscrutável mistério do eterno desígnio! Vias, Pai, o teu Unigênito, igual a ti, ser amarrado à coluna como um bandido e flagelado como um homicida; e como pudeste te conter, nós te agradecemos, Pai

Santo, por termos sido libertados das cadeias do pecado e dos flagelos do diabo por meio das cadeias e flagelos de Jesus (*Qn* 17).

Jesus foi crucificado pelos soldados. Ó vós todos que passais pelo caminho, parai e vede se há dor semelhante à minha dor. Os discípulos fogem, os conhecidos e amigos afastam-se, Pedro nega, a Sinagoga coroa de espinhos, os soldados crucificam; os judeus zombeteiros blasfemam; dão-lhe para beber fel e vinagre. Suas mãos, 'feitas ao torno, de ouro e cheias de jacintos' (cf. *Ct* 5,14) foram transpassadas por cravos. Os pés, a que o mar se mostrou como solo resistente, foram pregados à cruz. A face que brilha como o sol em plenitude (cf. Ap 1,6), transformou-se em palidez mortal. Os olhos amados, para os quais não há nenhuma criatura invisível, estão fechados pelo sono da morte (*Qn* 19).

Assim como tapamos o nariz diante de uma coisa que cheira mal, também devemos fechar o nariz da alma à imundície do pecado (*2Qr* 10).

Você deve sentir mais dor por um pecado mortal cometido, do que se perdesse todo o mundo e tudo quanto nele existe, se dele fosse dono. Porque, com o pecado mortal, perdeu o Filho de Deus, mais estimável, mais caro e mais precioso que todas as criaturas (*1Qr* 4).

Possui cara desavergonhada quem, ao ser corrigido, não só despreza a correção, mas também não se envergonha do pecado *(2Qr* 12).

O pecado é a transgressão da lei divina e a desobediência aos mandamentos celestes (*5Qr* 3).

Os judeus pegaram pedras para lapidar Jesus. Os falsos cristãos, que mentem ao Senhor, violando o pacto feito no Batismo, apedrejam todos os dias, com as duras pedras de seus pecados, o seu Pai e Senhor Jesus Cristo, do qual tiraram o nome de cristãos (*5Qr* 14).

Enquanto o coração espera pelo Senhor, a graça o ajuda. O coração espera indulgência, quando a dor da contrição pelo pecado cometido o mortifica (*Rm* 4).

Assim como a chama do fogo dissolve o gelo, a graça dissolve o coração congelado do pecador (*2Ps* 5).

Quantos pecados mortais tiveres, tantos deuses adoras (*3Ps* 15).

Na Paixão Cristo foi coroado com os espinhos dos nossos pecados (*4Ps* 4).

Não pode suceder pior mal à alma pecadora do que o Senhor deixar o pecador na maldade do seu coração e não o corrigir com o flagelo da sua paterna visita (*5Ps* 10).

Quantos pecados mortais cometemos, tantas faces do diabo colocamos sobre a face divina e assim perdemos a noção do rosto de Deus (*6Ps* 9).

A caridade é o Paráclito, o Espírito da verdade, que cobre a multidão dos pecados como o azeite sobrenada a todo líquido (*6Ps* 9).

Quem piedosamente chora os pecados alheios perfeitamente apaga os próprios (*6Ps* 7).

O fogo tem quatro qualidades: queima, limpa, aquece e ilumina. O Espírito Santo queima os pecados, limpa os corações, sacode o torpor e ilumina a ignorância (*Pn* 3).

O estrume reunido em casa exala mau cheiro; espalhado, fecunda a terra. Também as riquezas, quando se acumulam – sobretudo quando não é do seu, mas do alheio – geram o mau cheiro do pecado e da morte. Se, porém, forem espalhadas pelos pobres e restituídas aos próprios donos, fecundam a terra do Espírito e fazem-na frutificar (*Pn* 15).

Nada há mais infeliz do que a felicidade dos que pecam (*1Pn* 6).

Quem fecha o seu coração diante do irmão pobre peca mortalmente (*2Pn* 12).

Quem peca realmente não tem autoridade para castigar o pecador (*4Pn* 18).

Diz-nos Orígenes que vale mais um santo a rezar do que inúmeros pecadores a pelejar (*11Pn* 14).

Tem como coisa firme e de forma alguma duvides de que todo o homem, nascido de homem e mulher, nasça com o pecado original, súdito da impiedade e sujeito à morte e, por natureza, filho da ira (*15Pn* 3).

Serás queimado no fogo que tiveres acendido para ti neste mundo. Queres dele escapar? Não o acendas; ou, se o acendeste, extingue-o, extingue o incêndio do pecado (*15Pn* 13).

Repare-se que, se a rola perder a companheira, dela carecerá sempre, caminha sozinha e de cá para lá, não bebe água clara, não sobe a ramo verde. Por outro lado, a pomba é simples, tem um ninho mais áspero e pobre do que as demais aves, não fere ninguém com o bico ou com as unhas, não vive de rapto, com o bico alimenta os filhos, com aquilo de que se alimentou; não come carne morta; não se intromete na vida de outras aves, nem sequer das mais pequenas; alimenta-se de grão limpo; protege os filhos alheios como se fossem próprios; reside sobre as correntes das águas para evitar os depredadores; faz ninho entre as pedras; ao sobrevir uma tempestade foge para o ninho; defende-se com as asas; voa em bando; em vez de canto tem o arrulho; é fecunda; nutre os gêmeos. Observe-se ainda que, enquanto a pomba está na criação e crescem os filhotes, vai o pombo sugar a terra salgada e põe no bico dos filhos o que suga, para se acostumarem ao alimento. Também os pobres de espírito, os verdadeiros penitentes, porque perderam, ao pecarem mortalmente, o seu par, Jesus Cristo, vivem sós, separados do tumulto das coisas seculares, na solidão do espírito e até do corpo; não bebem a água clara do gozo mundano, mas água turva da dor e do pranto. Não sobem ao ramo verde da glória temporal. São simples como as pombas. O ninho onde vivem e até o próprio leito, em que dormem corporalmente, é áspero e pobre. Não fazem mal a ninguém, antes perdoam a quem lhes faz mal. Não vivem da rapina, antes distribuem o que é seu. Alimentam com a palavra da pregação os que lhes foram confiados; e de graça dividem com os outros o que de graça lhes foi concedido. Não comem carnes mortas, isto é, o pecado mortal. Não escandalizam nem o maior nem o mais pequeno. Alimentam-se com o grão limpo, isto é, com a pregação da Igreja, não com a dos hereges, que é suja. Feito tudo para todos, zelam a salvação dos outros como a dos seus: a todos ama nas entranhas de Jesus Cristo. Residem sobre as torrentes da Sagrada Escritura, a fim de prevenirem de longe a tentação do diabo, que maquina raptá-los. É mais fácil acautelar-se da tentação, quando prevista. Nos buracos das pedras, isto é, no lado de Jesus Cristo, fazem o ninho, e se sobrevier alguma tempestade da tentação da carne, refugiam-se no lado de Cristo e ali se escondem, dizendo com o salmista (61,4): *Sê para mim, Senhor, torre de fortaleza perante o inimigo.* E noutro lugar (71,3): *Sê para mim um Deus protetor.* Defendem-se não com as unhas da vingança, mas com as asas da humildade e da paciência. A paciência é a melhor maneira de vencer (*Pr* 8).

Diz Isaías (26,3): *Foi-se o antigo erro; guardarás a paz, sim, a paz, porque esperamos em ti, Senhor.* A noite e o erro significam a cegueira do pecado; o dia e a paz, a iluminação da graça. A repetição da paz significa a quietude exterior e interior, que o homem possui sempre que o Senhor está sentado sobre o alto e elevado trono (feito de humildade e contemplação) (*1Ad* 12).

Estavam lá seis talhas de pedra preparadas para a purificação judaica (*Jo* 2,6). Em Cana da Galileia, na alma, que pelo zelo do amor já transmigrou dos vícios para as virtudes, há seis talhas: a confissão, a contrição, a oração, o jejum, a esmola e o perdão sincero da injúria sofrida. Estas coisas são as que purificam os penitentes de todos os pecados. A contrição purifica. Diz o Senhor em Ezequiel (36,25): *Derramarei sobre vós água pura, e sereis purificados de todas as vossas imundícies.* E em Jeremias (4,14): *Lava, ó Jerusalém, o teu coração de toda a maldade, para que sejas salva. Até quando permanecerão em ti pensamentos pecaminosos?* A contrição lava o coração da malícia e purifica dos pensamentos pecaminosos.

A confissão purifica. Diz-se que tudo se lava na confissão. Escreve Jeremias nas Lamentações (2,19): *Derrama teu coração como água diante do Senhor.* Diz-se como água e não como vinho, ou leite, ou mel. Quando se derrama vinho, no copo fica o cheiro; quando leite, fica a cor; quando o mel, fica o sabor; quando, porém, se derrama água, não fica vestígio de qualquer dessas substâncias. O cheiro do vinho significa a imaginação do pecado; a cor do leite, a admiração da beleza vã; o sabor do mel, a recordação da iniquidade declarada, acompanhada do deleite do espírito. Quando derramas teu coração ao confessar-te, derrama-o como água, para que as imundícies e os resíduos sejam absolutamente reduzidos a nada. E desta forma serás limpo do pecado.

A oração purifica. Diz o Senhor em Jeremias (31,9): *Virão chorando, e eu por entre orações, os tirarei e os levarei através às torrentes de água.* E no Eclesiástico (35,17-21): *Não desprezará as súplicas do órfão*, do penitente humilde, que diz: *O meu pai e a minha mãe*, isto é, o mundo e a concupiscência carnal, *abandonaram-me; o Senhor, porém, tomou conta de mim. Aquele que adora a Deus com alegria será por Deus amparado, e a sua prece chegará às nuvens. A oração do humilde atravessa as nuvens.*

Igualmente o jejum purifica. Lemos em Joel (2,12): *Convertei-vos a mim de todo o vosso coração, com jejuns, com lágri-*

mas e com gemidos. E em São Mateus (6,17): *Tu, porém, quando jejuas, unge a tua cabeça e lava o teu rosto.* Moisés, depois do jejum de quarenta dias, mereceu receber a lei imaculada do Senhor, que converte e purifica as almas; e Elias mereceu ouvir um sopro de brisa ligeira. Grande virtude do jejum: cura as pestes da alma e vence a fraude do antigo inimigo.

A esmola purifica: *dai esmola, e todas as coisas serão puras para vós* (*Lc* 11,41). Assim como a água extingue o fogo, a esmola extingue o pecado. Dela diz o Eclesiástico (17,18): *A esmola do homem é como uma sacola que o homem leva consigo; nela ficará conservada a graça como os olhos guardam a pupila.* Chama-se saco pequeno à esmola, porque se encontrará na vida eterna o que nele se põe. Isto é o que se diz no Eclesiastes (11,1): *Lança o teu pão sobre as águas que passam,* aos pobres, que de porta em porta passam de lugar para lugar, *e depois de muito tempo,* no dia do juízo, *o encontrarás,* encontrarás a retribuição em lugar do pão. És peregrino, ó homem, leva para o caminho da tua peregrinação esta sacola, para quando, à noite, chegares a um albergue, poderes encontrar nela o pão de que te alimentes.

A esmola conserva também a graça como os olhos guardam a pupila. Para a vista ser penetrante, há a córnea, membrana muito tênue sobre a pupila. Para proteger a saúde dos olhos, foram criadas as pálpebras. E todo o animal fecha os olhos quando se avizinha um objeto estranho, e fá-lo não por vontade, mas por instinto. O homem fecha os olhos muitas vezes, porque tem córnea mais sensível do que todos os animais. A ave, porém, que fecha os olhos, não os fecha senão por meio da pálpebra inferior. Assim como a pálpebra, cobrindo a pupila, a conserva, a esmola conserva a graça, uma espécie de pupila da alma, por meio da qual vê. Isto é o que diz Tobias

(4,11): *A esmola livra de todo o pecado e da morte, e não deixa a alma entrar nas trevas.* Assim como o homem fecha instintivamente muitas vezes os olhos com as pálpebras, também deve dar esmola com frequência, a fim de poder conservar a graça. De fato, a natureza ensina-o e compele-o a proceder assim. A fragilidade da córnea simboliza a compaixão do espírito, que existe e deve existir mais no homem do que em qualquer outro animal. Prova ser animal bruto aquele que não usa compaixão. Moisés no Deuteronômio: Mando-te que abras a mão ao teu irmão necessitado e pobre, que vive contigo peregrino na terra.

O perdão da injúria purifica a alma dos pecados. Diz o Senhor em São Mateus (6,14): *Se perdoardes aos homens os seus pecados, também vosso Pai celeste vos perdoará os vossos delitos.* Quem assim procede assemelha-se à ave, que fecha os olhos com a pálpebra inferior. A ave, enquanto voa, não se serve de caminho. Assim, quem perdoa ao que peca, não tem no coração o caminho do rancor e do ódio. Fecha o olho com a pálpebra inferior, quando de coração perdoa a injúria. Esta é a esmola espiritual, sem a qual todo o bem carece da recompensa da vida eterna. Escreve o Eclesiástico (28,2-5. 8-10): *Perdoa ao teu próximo que te ofendeu, e então, quando pedires, ser-te-ão perdoados os pecados. Se conservas a ira contra o outro, como pode a Deus te curar? Não tem compaixão dum homem seu semelhante, e pede perdão de seus pecados. Ele, sendo carne, conserva rancor, e pede propiciação a Deus. Quem lha alcançará por seus delitos? Lembra-te do temor de Deus e não te ires contra o teu próximo. Lembra-te da aliança do Altíssimo (que diz: perdoai e perdoar-se-vos-á) e não faças caso da ignorância do próximo. Abstém-te de litígios e diminuirás os pecados.* Não faz caso da ignorância do próximo quem dissimula a injúria recebida, imputando-a não à malícia, mas à ignorância. Dissimulando-a, não a conserva no coração (*1Ep* 7 e 8).

Em vão estende as mãos quem vai rogar a Deus pelos pecados, e não as estende aos pobres, segundo as posses (*Cp* 9).

Perde-se tudo o que se deita num vaso cheio. Também na alma, se estiver cheia da graça, não pode entrar o pecado (*An bis* 11).

Há três coisas: o fogo, a panela e o alimento. O fogo arde junto da panela; o alimento está dentro da panela. O fogo, no momento, não toca no alimento, e, todavia, aquece-o, depura-o e coze-o. O fogo é o Espírito Santo; o corpo do homem é como a panela; a alma como o alimento. Assim como se coze o alimento ao calor do fogo, assim o Batismo da água, inflamado pelo Espírito Santo, enquanto molha ao de fora o corpo, purifica a alma de todos os pecados ao de dentro (*Ic* 3).

Nega o Senhor com o coração quem não crê ou quem consente num pecado mortal. Nega o Senhor com a língua quem destrói a verdade com a mentira ou murmura do próximo; nega o Senhor com a mão quem procede com perversidade (*Pp* 3).

Senhor, olha para mim e tem compaixão de mim, porque me vejo só e pobre. Olha para o meu abatimento e para o meu trabalho e perdoa todos os meus pecados, meu Deus. Olha para mim com olhar da misericórdia, tu que olhaste para Pedro; e tem compaixão de mim, perdoando-me os pecados, porque me vejo só, para que tu acompanhes o único e solitário; e vejo-me pobre, isto é, vazio, para que tu enchas o vazio (3Pn 6).

* * *

PENITÊNCIA

Como a mãe cheia de carinhos toma o filho pequenino pela mão para fazê-lo subir escada acima, assim o Senhor toma a mão do penitente humilde para que ele possa subir pela escada da cruz ao mais alto grau da perfeição e mereça contemplar na sua glória o Rei de aspecto encantador (*Pl* 3).

A abundância mata a penitência (*Sp* 6).

A cerâmica se fortalece com o fogo e desfaz-se com a água. A carne se fortalece na penitência e enfraquece nos prazeres (*2Ps* 15).

As lágrimas são o pão e a refeição do penitente (*3Ps* 16).

Assim como a aurora é o início do dia e o fim da noite, assim a contrição é o fim do pecado e o início da penitência (*Sp* 14).

A vida do homem justo se compara à obra do perfumista. O verdadeiro penitente, qual perfumista, no pequeno almofariz do seu coração, em cima do pilão cortante da contrição, todas as espécies de pensamentos, de palavras e obras esmigalha, reduz a pó finíssimo e amassa com o bálsamo das lágrimas. Esta é uma composição de odor suavíssimo (*11Pn* 13).

— 274 —

Como as abelhas, o penitente tem seis pés: os dois anteriores são o amor de Deus e do próximo; os dois centrais, a oração e a penitência; os dois posteriores, a paciência e a perseverança (*11Pn* 13).

Ó bondade divina! Ó dignidade do penitente! Aquele que enche a eternidade habita no coração do humilde e no espírito do penitente (*1Qr* 4).

Jesus não respondeu palavra à Cananeia. Ó arcano do divino conselho! Ó profundo e imperscrutável mistério da eterna sabedoria! O Verbo, que no princípio existia junto do Pai, por meio do qual tudo foi feito, não responde à mulher Cananeia, à alma penitente, uma palavra! O Verbo, que torna disertas as línguas das crianças, que dá a boca e a sabedoria, não responde uma palavra! Ó verbo do Pai, criador e conservador de tudo, providência e sustento de quanto existe, responde-me ao menos uma palavra para mim, mulher infeliz, a mim, penitente! E provo, com a autoridade do teu profeta Isaías, que deves responder. De fato, o Pai, a teu respeito, promete aos pecadores, dizendo em Isaías (55,11): *A palavra que sair de minha boca não tornará para mim vazia, mas fará tudo quanto eu tenha querido, e surtirá os seus efeitos naquelas coisas para as quais eu a enviei.* E que quis o Pai? Certamente que recebesses o penitente, lhe respondesses uma palavra de misericórdia. Acaso não disse: *O meu alimento é fazer a vontade daquele que me enviou?* Filho de Davi, tem, portanto, piedade de mim! Responde uma palavra, ó Verbo do Pai!

Igualmente provo com a autoridade do teu profeta Zacarias que deves ter piedade e responder. Assim de ti ele profetizou (13,1): *Naquele dia haverá para a casa de Davi uma fonte aberta, para lavar as manchas do pecador.* Ó fonte de piedade e de misericórdia, que nasceste de terra bendita da Virgem Maria, que foi da casa e família de Davi, lava as manchas do pecador! Por que é que o Verbo não responde uma palavra? Certamente para excitar o ânimo do penitente a maior arrependimento e estímulo de dor maior. Por isso, dele fala a esposa nos Cânticos (5,6): *Procurei-o e não o encontrei. Chamei por ele e não me respondeu (2Qr bis 14).*

A justiça dos verdadeiros penitentes consiste no espírito de pobreza, no amor da fraternidade, no gemido da contrição, na mortificação do corpo, na doçura da contemplação, no desprezo da prosperidade terrena, no doce amplexo da adversidade, no propósito da perseverança final (*6Pn 3*).

A cruz da verdadeira penitência tem o comprimento da perseverança, a largura da paciência, a altura da esperança (*6Pn 13*).

Maria é a estrela do mar. Ó humildade! Ela é a estrela deslumbrante, que ilumina a noite, dirige ao porto, semelhante a chama coruscante e mostra ser Deus Rei dos reis aquele que diz: *Aprendei de mim, que sou manso e humilde de coração.* Quem carece desta estrela é cego e anda *às apalpadelas*; a sua barca quebra-se com a tempestade, e ele mesmo é submerso no meio das ondas. Por isso, lê-se no Êxodo (*Ex* 14,24-25) que, *olhando o Senhor para o acampamento dos egípcios por entre a coluna de fogo e de nuvem, destruiu o seu exército; e transtornou as rodas dos carros, e eles eram levados para o fundo. Mas os filhos de Israel passaram pelo meio do mar enxuto e as águas eram para eles como um muro à direita e à esquerda.* Os egípcios que a nuvem de trevas obnubilava, simbolizam os ricos e poderosos deste século, entenebrecidos pela escuridão da soberba. O Senhor destruí-los-á. E transtornará as rodas dos carros, isto é, a sua dignidade e glória, que se revolvem durante as quatro estações do ano; e mergulhá-los-á no profundo do inferno. Os filhos de Israel, porém, que o esplendor do fogo iluminava, significam os penitentes e pobres de espírito, iluminados pelo esplendor da humildade. Passam a pé enxuto pelo mar deste mundo, cujas águas, as riquezas amargas, lhes servem como de muro, pois os premunem e defendem, à direita contra a prosperidade e, à esquerda, contra a adversidade, para que o favor popular não os eleve e a tentação da carne não os precipite (*1Nt* 4).

Nos lírios há três propriedades: medicina, candor e perfume. A medicina está na raiz, o candor e o perfume estão na flor, e simbolizam os penitentes, pobres de espírito, que mortificam o corpo com seus vícios e paixões, que possuem a humildade no coração, para reprimir o tumor da soberba, o candor da castidade no corpo e o perfume da boa reputação (*15Pn* 12).

> *Roguemos, irmãos caríssimos, ao Senhor Jesus Cristo que tire de nós a agitação da cana e a preciosidade dos vestidos, para que possamos habitar, pobres, castos e obedientes, no deserto da penitência. Auxilie-nos aquele que é louvável, suave e amável, Deus bendito e bem-aventurado por séculos eternos. Toda a religião pura e imaculada diga: Amém! Aleluia! (2Ad 20).*

* * *

PERDÃO

O perdão da injúria purifica a alma dos pecados. Diz o Senhor em São Mateus (6,14): *Se perdoardes aos homens os seus pecados, também vosso Pai celeste vos perdoará os vossos delitos.* Quem assim procede assemelha-se à ave, que fecha os olhos com a pálpebra inferior. A ave, enquanto voa, não se serve de caminho. Assim, quem perdoa ao que peca, não tem no coração o caminho do rancor e do ódio. Fecha o olho com a pálpebra inferior quando de coração perdoa a injúria. Esta é a esmola espiritual, sem a qual todo o bem carece da recompensa da vida eterna. Escreve o Eclesiástico (28,2-5. 8-10): *Perdoa ao teu próximo que te ofendeu, e então, quando pedires, ser-te-ão perdoados os pecados. Um homem conserva a ira contra outro homem, e pede a Deus remédio. Não tem compaixão dum homem seu semelhante, e pede perdão de seus pecados. Ele, sendo carne, conserva rancor, e pede propiciação a Deus. Quem lha alcançará por seus delitos? Lembra-te do temor de Deus e não te ires contra o teu próximo. Lembra-te da aliança do Altíssimo* (que diz: *perdoai e perdoar-se-vos-á*) *e não faças caso da ignorância do próximo. Abstém-te de litígios e diminuirás os pecados.* Não faz caso da ignorância do próximo quem dissimula a injúria recebida, imputando-a não à malícia, mas à ignorância. Dissimulando-a, não a conserva no coração (*1Ep* 8).

A confissão se compara ao Monte Sinai. De fato, que maior excelência ou altura pode existir do que o perdão do pecado? (*1Qr* 6).

No dia de Natal, uma fonte – Cristo – brota do útero da Santíssima Virgem para irrigar e purificar a nossa miséria (*5Qr* 12).

Aconselha Jeremias (8,22): *Sobe a Galaad e toma resina*. A resina é uma goma produzida por algumas árvores. A mais útil de todas as resinas é a terebintina. Esta é a gota do preciosíssimo sangue que da árvore (do calvário) correu para reconciliação do gênero humano. Toma, portanto, para ti esta resina e aplica-a às tuas chagas, porque é o mais útil de todos os medicamentos e o mais eficaz para curar feridas, para perdoar, para infundir a graça (*Rm* 1).

> *Roguemos, irmãos caríssimos, a Nosso Senhor Jesus Cristo, que nos perdoe e confira a graça, ele que perdoou os pecados e conferiu a graça ao publicano e a Paulo, a fim de com ela merecermos chegar à sua glória. Auxilie-nos ele mesmo, que é bendito e glorioso, vida e salvação, justo e piedoso pelos séculos eternos. Diga toda a alma humilde: Assim seja! Aleluia! (11Pn 12).*

* * *

PERSEVERANÇA

Em cada canto da cruz há uma pedra preciosa: a misericórdia, a obediência, a paciência e a perseverança (*Rm* 12).

A cruz da verdadeira penitência tem o comprimento da perseverança, a largura da paciência, a altura da esperança (*6Pn* 13).

Sobre vós estenderei a pele (*Ez* 37,6). A ação de estender a pele significa a perseverança final. Diz o Senhor em São Lucas (22,28): *vós sois os que tendes permanecido comigo nas minhas tentações*. Ai daqueles que perderam a coragem! A pele seca contrai-se quando a boa obra é despida do efeito da perseverança (*1Nt* 11).

Para ser bom pastor é necessário ser semelhante a Jesus e possuir sete predicados: pureza de vida, ciência da divina escritura, eloquência de linguagem, perseverança na oração, misericórdia para com os pobres, disciplina com os súditos, cuidado solícito pelo povo que foi confiado (*2Ps* 6).

Disse Jesus: *Ser-vos-á dada uma medida boa, cheia, sacudida e transbordante* (*Lc* 6,38). A medida da fé é boa na recepção dos sacramentos; cheia, na execução das boas obras; sacudida, no sofrimento da tribulação ou do martírio pelo nome de Cristo; transbordante, na perseverança final (*4Pn* 9).

A justiça dos verdadeiros penitentes consiste no espírito de pobreza, no amor da fraternidade, no gemido da contrição, na mortificação do corpo, na doçura da contemplação, no desprezo da prosperidade terrena, no doce amplexo da adversidade, no propósito da perseverança final (*6Pn* 3).

Irmãos caríssimos, imploremos humildemente ao Senhor Jesus que nos perdoe os pecados passados, nos conceda a graça de não recair e de perdoarmos de coração aos homens, de modo que mereçamos chegar à sua glória, na qual ele é louvável e glorioso pelos séculos eternos. Assim seja! Aleluia! (22Pn 17).

* * *

PIEDADE

Jesus não respondeu palavra à Cananeia. Ó arcano do divino conselho! Ó profundo e imperscrutável mistério da eterna sabedoria! O Verbo, que no princípio existia junto do Pai, por meio do qual tudo foi feito, não responde à mulher Cananeia, à alma penitente, uma palavra! O Verbo, que torna disertas as línguas das crianças, que dá a boca e a sabedoria, não responde uma palavra! Ó verbo do Pai, criador e conservador de tudo, providência e sustento de quanto existe, responde-me ao menos uma palavra para mim, mulher infeliz, a mim, penitente! E provo, com a autoridade do teu profeta Isaías, que deves responder. De fato, o Pai, a teu respeito, promete aos pecadores, dizendo em Isaías (55,11): *A palavra que sair de minha boca não tornará para mim vazia, mas fará tudo quanto eu tenha querido, e surtirá os seus efeitos naquelas coisas para as quais eu a enviei.* E que quis o Pai? Certamente que recebesses o penitente, lhe respondesses uma palavra de misericórdia. Acaso não disse: *O meu alimento é fazer a vontade daquele que me enviou?* Filho de Davi, tem, portanto, piedade de mim! Responde uma palavra, ó Verbo do Pai!

Igualmente provo com a autoridade do teu profeta Zacarias que deves ter piedade e responder. Assim de ti ele profetizou (13,1): *Naquele dia haverá para a casa de Davi uma fonte aberta, para lavar as manchas do pecador.* Ó fonte de piedade e de misericórdia, que nasceste de terra bendita da Virgem Maria, que foi da casa e família de Davi, lava as manchas do pecador! Por que é que o Verbo não responde uma palavra? Certamente para excitar o ânimo do penitente a maior arrependimento e estímulo de dor maior. Por isso, dele fala a esposa nos Cânticos (5,6): *Procurei-o e não o encontrei. Chamei por ele e não me respondeu (2Qr bis 14).*

Derramemos preces, irmãos caríssimos, a Jesus Cristo, para que nos conceda, depois de termos abandonado tudo, correr juntamente com os Apóstolos, santificá-lo em nossos corações, e com isto merecermos chegar a ele, o Santo dos Santos. Auxilie-nos ele mesmo, que é louvável, amável, doce e suave, ao qual são devidas honra e glória pelos séculos eternos. Diga toda a alma penitente: Amém! Aleluia! (5Pn 21).

* * *

POBREZA

Ó ouro ótimo da pobreza! Quem não te possui, ainda que possua todas as coisas, nada possui (*As* 3).

O trono de Deus na terra foi revestido com o ouro da pobreza. Ó áurea pobreza da gloriosa Virgem, que envolveste o Filho de Deus em panos e o reclinaste num presépio (*5Pn* 14).

No céu, Jesus tinha à mão a abundância de todos os bens; só não se encontrava ali a pobreza; na terra, abundava esta e o homem não sabia apreciá-la. O Filho de Deus, veio procurá-la, para a tornar preciosa com a sua estima (*Pn bis* 4).

A humildade é ornada com o ouro da pobreza (*20Pn* 1).

A humildade se conserva com a pobreza (*As* 3).

A pobreza faz-nos ricos; a humildade faz-nos livres (*Je* 3).

A pobreza reveste a alma de virtudes. As riquezas temporais a espoliam (*5Pn* 14).

Onde há pobreza verdadeira, aí há suficiência; onde há abundância, aí há indigência (*As* 3).

O deserto da pobreza exterior faz as delícias da suavidade interior. O Senhor deste mundo (*Mt* 13,22) chama às riquezas espinhos. Isaías (51,3) chama delícias ao deserto da pobreza. Ó espinhos do mundo! Ó delícias do deserto! Quanta distância vai da verdade à falsidade, da luz às trevas, da glória à pena, tanta é a diferença que separa a pobreza voluntária da cobiça das riquezas (*2Ad* 14).

Não queiras passar por sobre o rio da abundância dos bens terrenos, onde muitos padeceram perigos; mas passa através da indigência e angústia da pobreza, pois que através do ribeiro se passa com segurança (*Sp* 17).

Disse Pedro: "Eis que deixamos tudo e te seguimos". Procedeste bem, Pedro, porque carregado, não podias seguir o corredor (*Sx* 8).

Disse Jesus a Pedro (*Jo* 21,19): *Segue-me*. Diz a Pedro e a qualquer cristão. Nu, segue-me a mim nu; desimpedido, segue-me a mim desimpedido (*Je* 1).

Carregado, não podes seguir-me a mim que ando correndo (*Je* 1).

Diz o Senhor no Levítico (23,40): *Tomareis os frutos da árvore mais bonita*. A árvore mais bonita é a da gloriosa Virgem Maria, cujos frutos foram a humildade e a pobreza (*Rm* 12).

O Senhor apareceu a Moisés numa sarça ardente. E falou do meio da sarça, ou seja, do pobre, do coberto de espinhos, do atribulado, do faminto, do nu, do aflito (*Ps* 16).

O pobre Lázaro da parábola de Lucas representa a pessoa de todos os pobres de Jesus Cristo, que ele ajuda e alivia nas necessidades (*1Pn* 6).

O verdadeiro pobre contenta-se com o mínimo, deseja o mínimo, porque o mínimo, junto à grandeza de Deus, o sacia e o restaura (*1Pn* 6).

Quem morre no ninhozinho da pobreza, planta-se como palmeira na casa da eternidade e da eterna verdura, como diz o Salmo: *O justo florescerá como a palmeira* (*1Pn* 12).

Ditosos os olhos que o esterco das riquezas não cega nem as ramelas da solicitude obnubilam, porque veem o Filho de Deus envolvido em panos, reclinado em presépio, a fugir para o Egito montado num jumento, nu, suspenso num patíbulo (*13Pn* 3).

Disse Isaías (54,12): *Farei os teus baluartes de jaspe.* O jaspe é de cor verde e diz-se que afugenta as fantasias. Significa a pobreza, que conserva o homem na verdura da fé e afugenta as fantasias das riquezas, que iludem o homem. A fé, de fato, despreza os bens temporais. Quem os ama renega a fé (*14Pn* 4).

O justo cresce na terra da pobreza, na humildade do coração (*15Pn* 12).

Contenta-te com o que possuis justamente; grandes riquezas são a pobreza alegre e o bastar-se, contentar-se, com o que se tem (*16Pn* 5).

O fogo é figura do amor de Deus: nele há o calor da humildade, o brilho da caridade e a leveza da pobreza (*18Pn* 1).

O homem de espírito pobre é corredor ligeiro. De quanto peso se alivia quem gosta de não possuir nada! Por isso encurta os seus caminhos (*18Pn* 1).

Dizia Sêneca: não considero pobre aquele cujos haveres vão além do suficiente, por pouco que seja (*As* 3).

Ao dar à luz o Filho de Deus, Maria o envolveu nos paninhos da áurea pobreza (*As* 3).

Quem seria tão avarento se considerasse bem o Filho de Deus envolvido em panos, reclinado num presépio, sem ter tido lugar onde reclinar a cabeça, a não ser a cruz, onde, inclinada a cabeça, entregou o espírito? (*4Ad* 12).

Encontrareis uma criança: significa encontrareis a sabedoria a balbuciar, o poder frágil, a majestade inclinada, o imenso pequenino, o rico pobrezinho, o senhor dos anjos num estábulo, o alimento dos anjos quase feno de jumentos, o inabrangível reclinado numa estreita manjedoura. Este é para a vós o sinal. Pelo Verbo encarnado, pelo parto virginal, pelo Salvador nascido seja dada glória a Deus Pai no mais alto dos céus e paz na terra aos homens objeto da benevolência divina. Digne-se conceder-no-la Aquele que é bendito pelos séculos. Assim seja! (*Nt* 10).

Como um vaso de ouro maciço (*Eclo* 50,10). Maria Santíssima foi vaso pela humildade, de ouro pela pobreza, maciço pela virgindade (*As* 3).

Maria é a estrela do mar. Ó humildade! Ela é a estrela deslumbrante, que ilumina a noite, dirige ao porto, semelhante a chama coruscante e mostra ser Deus Rei dos reis aquele que diz: *Aprendei de mim, que sou manso e humilde de coração*. Quem carece desta estrela é cego e anda *às apalpadelas*; a sua barca quebra-se com a tempestade, e ele mesmo é submerso no meio das ondas. Por isso, lê-se no Êxodo que, olhando o Senhor para o acampamento dos egípcios por entre a coluna de fogo e de nuvem, destruiu o seu exército; e transtornou as rodas dos carros, e eles eram levados para o fundo. Mas os filhos de Israel passaram pelo meio do mar enxuto e as águas eram para eles como um muro à direita e à esquerda. Os egípcios, que a nuvem de trevas obnubilava, simbolizam os ricos e poderosos deste século, entenebrecidos pela escuridão da soberba. O Senhor destruí-los-á. E transtornará as rodas dos carros, isto é, a sua dignidade e glória, que se revolvem durante as quatro estações do ano; e mergulhá-los-á no profundo do inferno. Os filhos de Israel, porém, que o esplendor do fogo iluminava, significam os penitentes e pobres de espírito, iluminados pelo esplendor da humildade. Passam a pé enxuto pelo mar deste mundo, cujas águas, as riquezas amargas, lhes servem como de muro, pois os premunem e defendem, à direita contra a prosperidade e, à esquerda, contra a adversidade, para que o favor popular não os eleve e a tentação da carne não os precipite (*1Nt* 4).

Os magos ofereceram ouro. No ouro, que é brilhante, sólido e não retine quando percutido, nota-se a verdadeira pobreza, que não enegrece com a fuligem da avareza e não incha com o vento dos bens temporais (*Ep* 7).

Na Epifania, o justo oferece ao Senhor o ouro da pobreza pura, o incenso da oração devota e a mirra da mortificação voluntária (*Ep* 8).

José e Maria levam Jesus ao templo; Ana e Simeão louvam-no e bendizem-no. A pobreza e a humildade levam Jesus pobre e humilde. A pobreza leva-o aos ombros (*1Nt* 6).

Maria Santíssima, pobrezinha, pelo Filho pobre faz um sacrifício de pobre, para que em tudo se mostre a humildade do Senhor (*Pr* 2).

Jeremias disse (1,11): *Vejo uma vara vigilante.* Jesus Cristo foi vara flexível pela obediência e humildade, sutil pela pobreza (*1Ad* 9).

Em Cristo houve a pobreza, a obediência e a humildade. Quem encontra motivo de escândalo nestas coisas ou acerca destas coisas, em Cristo se escandaliza (*2Ad* 13).

Os caminhos da equidade são a pobreza e a obediência. Cristo, pobre e obediente, com seu exemplo te conduz por elas. Aqui não há tortuosidades, mas equidade e retidão (*Je* 3).

A pobreza do Filho de Deus foi tamanha, que na morte não teve sudário em que fosse envolvido nem túmulo em que fosse sepultado, se não lhe fossem dados, a título de misericórdia e de esmola, como se tratasse de pobre mendigo (*1Nt* 15).

Se tiveres a pobreza, a humildade, a obediência e a penitência encontrarás Jesus, sabedoria de Deus e poder de Deus (*1Nt* 7).

A pobreza ama a solidão (*2Ad* 14).

Bem-aventurado o pobre que toma por esposa a humildade (*1Nt* 4).

A verdadeira pobreza é sempre alegre (*2Ad* 14).

Todo religioso que deseja possuir verdadeira pobreza precisa, em primeiro lugar, renunciar a todos os bens exteriores; depois, não ter vontade, de futuro, de possuir coisa alguma; finalmente, sofrer com paciência o incômodo da própria pobreza (*2Ad* 16).

José significa o que cresce. Quando o miserável tem afluência de delícias, se dilata em riquezas, então decresce, porque perdeu a liberdade. A solicitude das riquezas torna-o escravo. Servir as riquezas é um decrescer de si em si. Infeliz a alma que se torna pequena por possuir. Ainda mais pequena se torna quando se entrega ao poder das coisas, em vez de ter as coisas em seu poder. Esta submissão servil manifesta-se mais abertamente quando o que se possui com amor se perde com dor. A própria dor é grande escravidão. Que mais direi? Não há verdadeira liberdade senão na pobreza voluntária. Este é o José que cresce, de que se fala no Gênesis : *Deus fez-me crescer na terra da minha pobreza*. Foi na terra da pobreza, e não da abundância, que Deus me fez crescer. Naquela faz crescer; nesta faz diminuir. Por isso, lê-se no segundo livro de Samuel (3,1) que *Davi ia obtendo êxitos e fortalecendo cada vez mais, enquanto que a casa de Saul decaía todos os dias.* Davi diz num salmo (40,18): *Eu sou um mendigo e um pobre, como luz progride esplendente e cresce até o dia perfeito,* e torna-se cada vez mais robusto, porque a pobreza alegre e voluntária dá robustez. Daí Isaías (25,4): *O espírito dos poderosos,* que são os pobres, *é como um furacão que investe contra a parede,* contra a parede das riquezas. Na verdade, as delícias e as riquezas esgotam e debilitam. Donde Jeremias (31,22): *Até quando te debilitarão as delícias? (1Nt 3).*

Para ser puro, são necessários seis coisas: pureza de coração, castidade de corpo, paciência na adversidade, constância na prosperidade e, para que nisto possa perseverar, a humildade e a pobreza (*2Nt 3*).

Os raios da pobreza e da humildade, quando caem em nossos olhos, são como colírio: no princípio perturbam e como que cegam, depois clarificam e iluminam (*11Pn 1*).

Na terra da pobreza, da humildade e da vileza, cresce o amor da divina majestade (*Ft 12*).

A pobreza pode ser comparada a um guarda-sol. Quem carece do guarda-sol da pobreza será queimado pela prosperidade mundana (*20Pn 6*).

Senhor Jesus, nós somos teus mendigos e pobres. Concede-nos morrer juntamente com o mendigo Lázaro no ninhozinho da pobreza, e sermos levados pelos Anjos ao seio de Abraão. Auxilia-nos tu, que és bendito e glorioso pelos séculos dos séculos. Amém! (Pn 13).

* * *

PREGAÇÃO

Disse Jesus: *Eu sou a verdade* (*Jo* 14,6). Quem prega a verdade confessa a Cristo. Quem cala a verdade na pregação, nega a Cristo (*6Ps* 10).

Ditoso o pregador que fala segundo o dom do Espírito Santo, não segundo seu ânimo (*Pn* 16).

O pregador deve saber primeiro o quê, a quem e quando prega e depois deve se perguntar se vive segundo aquilo que prega (*3Pn* 1).

O pregador deve sentar-se na cadeira da humildade, instruído pelo exemplo de Jesus Cristo, que humilhou a glória da divindade na cadeira da nossa humanidade (*4Pn* 1).

Os pregadores devem ser como a madeira de oliveira: é uma madeira durável, que significa a constância; é uma madeira que distila óleo, que significa misericórdia (*5Pn* 1).

O pregador não deve apoiar-se em si, mas em Cristo e tudo atribuir a ele, sem o qual nada de bom pode realizar (*3Qr* 7).

Se o pregador fala somente e sua vida emudece, não sai água da pedra (*Ps* 14).

Os pregadores devem brilhar com a claridade da sabedoria e com a sonoridade da eloquência (*2Ps* 5).

A pregação do Evangelho assemelha-se a uma pena de escrever. Assim como a pena escreve as letras sobre o papel, o pregador deve imprimir no coração do ouvinte a fé e os bons costumes (*2Ps* 1).

A pregação deve ser sólida, isto é, rica da plenitude das boas obras, propondo palavras verdadeiras, e não falsas ou ridículas, frívolas ou mesmo bonitas (*2Ps* 1).

A pregação deve ser reta, quero dizer, não vá o pregador desfazer em seu comportamento o que disse no sermão (*2Ps* 1).

O óleo unge e ilumina. O pregador, com o óleo da pregação, deve ungir o pecador convertido na luta, para que não consinta na sugestão do diabo, esmague as seduções da carne, despreze as coisas mundanas e enganadoras. E como o óleo também ilumina, a pregação ilumina o olho da razão, a fim de poder ver o raio do verdadeiro sol (*Qn* 1).

Sobre a tua palavra, lançarei a rede: todas as vezes que a lancei sobre a minha palavra, nada apanhei. Ai, quantas vezes a lancei sobre a minha palavra, e não a tua! Preguei-me a mim mesmo e não a ti; preguei as minhas palavras e não as tuas. Por isso nada apanhei. E, se apanhei, não foi peixe, mas rãs loquazes que me louvassem, o que é o mesmo que nada (*5Pn* 17).

Em primeiro lugar o pregador deve dedicar-se à oração. Só em segundo lugar vem o êxtase e a reflexão do espírito (*OitPs* 1).

A Igreja é o corpo místico de Cristo. Nele uns são cabeça, outros são mão, outros são pés, outros corpo. A cabeça são os contemplativos; as mãos os ativos; os pés os pregadores santos; o corpo, todos os verdadeiros cristãos (*Qn* 19).

Como disse São Bernardo, não basta ao pregador pregar a Deus frutuosamente. É preciso que o som de sua língua seja precedido pelo testemunho das obras (*3Qr* 7).

Jesus curou um surdo-mundo. Fala corretamente quem testemunha por ações o que prega com a boca (*12Pn* 13).

Perde-se a autoridade de falar, quando a palavra não é ajudada pelas obras (*2Ps* 1).

Pregar a clérigos e falar a insensatos, que utilidade há numa e noutra coisa senão barulho e trabalho? (*10Pn* 9).

Assim como no arco há a madeira e a corda, na pregação devem se harmonizar a madeira do Antigo Testamento e a corda do Novo (*3Qr* 7).

O cristal, atingido ou ferido pelos raios do sol, transmite centelhas ardentes. Assim, a criatura humana fiel, iluminada pelos raios do sol, deve emitir centelhas de reta pregação e de boas obras que inflamem o próximo (*Sp* 5).

Quem segue verdadeiramente a Cristo deseja que todos o sigam, e, por isso, vira-se para o próximo com solicitude de ânimo, devota oração e pregação da palavra (*Je* 4).

Roguemos, irmãos caríssimos, ao Senhor Jesus Cristo, que nos convidou através desta pregação, se digne chamar-nos com a inspiração de sua graça à ceia da glória celeste. Nela saciados, contemplaremos quão suave é o Senhor. Deus uno e trino nos faça participantes desta suavidade, ele que é bendito, louvável e glorioso por séculos eternos. Diga toda a alma fiel introduzida nesta ceia: Assim seja! Aleluia! (2Pn 12).

* * *

PREGUIÇA

Onde há preguiça, depressa crescem os maus pensamentos (*4Ps* 1).

A preguiça é a sentina dos vícios (*1Nt* 9).

O diabo tenta o homem através do desleixo e da preguiça. De fato, quando o espírito imundo encontra a casa desleixada e vazia pelo ócio, nela faz morada (*3Qr* 20).

A preguiça debilita o homem. Já lembrava o livro dos Provérbios (26,13-14): O preguiçoso se desculpa, dizendo que há um leão no caminho e uma leoa pelas ruas. Assim como a porta gira sobre a dobradiça, o preguiçoso se vira em sua cama (*Je* 10).

O torpor da preguiça impede o homem de galgar às alturas, ficará sempre nos baixios (*1Nt* 9).

Aquele que se humilha com a memória da morte dispõe bem toda a sua vida, olha em redor de si, sabe sacudir a preguiça, conforta-se no trabalho, na adversidade espera na misericórdia do Senhor e dirige bem a sua vida para o porto da vida eterna (*Cp* 10).

Roguemos, irmãos caríssimos, ao Senhor Jesus Cristo, que nos conceda buscar o seu reino, construir em nós a Jerusalém moral, para que mereçamos chegar à celeste e cantar Aleluia por seus bairros, juntamente com os santos Anjos. Auxilie-nos ele mesmo, cujo reino permanece pelos séculos eternos. Diga toda a alma bem amada: Amém! Aleluia! (15Pn 18).

* * *

PROVIDÊNCIA

D eus que deu o mais – a vida e o corpo –, dará o menos: o alimento e as vestes (*15Pn 7*).

Seja o homem o que deve ser e logo se lhe ajuntarão todas as coisas por causa do qual elas foram criadas (*15Pn 7*).

Tobias é o exemplo do homem justo, que julga não ser seu, mas do Senhor o bem que em si possui, dizendo com o salmista (119,65: *Senhor, tens usado de bondade para com o teu servo*; ou com Isaías (26,12): *Tu fizeste todas as nossas obras, Senhor.* Ele nos fez e não nós a nós mesmos (*15Pn 7*).

> *Olha, Pai, para nós. Por nós morreu o teu Ungido, o teu Filho. Em nome dele, como ele mesmo nos mandou, pedimos-te que te nos dês a nós, porque sem ti não há existência (5Ps 4).*

* * *

PRUDÊNCIA

Estas são as virtudes que fazem o homem circunspeto: o conselho, para que fuja do mundo; a equidade, para dar a cada um o que lhe pertence; a prudência, para se precaver contra os perigos; a fortaleza, para que se mantenha constante na adversidade (*20Pn* 5).

Maria, na Anunciação, pensou qual fosse o sentido da saudação. Perturbou-se por pudor e admirou a nova fórmula de saudação. Ensina o Eclesiástico (19,4): *quem confia depressa demais é leviano de coração*. É bela a mistura de pudor e prudência, desde que o pudor não seja efeminado e a prudência não seja sem-vergonha (*An* 5).

A prudência refere-se a coisas humanas; a sabedoria, às divinas. Parte da prudência são as ciências nos negócios civis, militares, terrestres e náuticos. De igual modo, a prudência do bem e do mal é a ciência do bem e do mal. De tal ciência fazem parte a memória, a inteligência e a providência (*9Pn* 13).

O nariz significa a discrição e a prudência. Por seu intermédio, como pelo nariz, respiramos o ar da contemplação e da caridade, captamos o odor do bom exemplo e purificamos os pensamentos. Assim como o nariz é a via normal de respiração, a discrição e a prudência respiram o amor divino e o manifestam na edificação do próximo (*Pn* 6).

Sobre a prudência, lemos nos Provérbios (3,13): *Bem-aventurado o homem cheio de prudência; ela vale mais que prata e ouro.* O imprudente estará sempre em perigo (*6Ps* 8).

O corpo consta de quatro elementos: terra, fogo, água e ar; e rege-se e governa-se por dez sentidos, como se fossem dez príncipes, que são os dois olhos, os dois ouvidos, o olfato e o gosto, as duas mãos e os dois pés. Deus conferiu à alma, por seu lado, as quatro virtudes cardeais: a prudência, a justiça, a fortaleza e a temperança; e deu-lhe os dez mandamentos (*1Qr* 20).

Observe-se que Maria Santíssima foi como um sol refulgente na Anunciação do Anjo: *como* um *arco-íris refulgente*, na concepção do Filho de Deus; *como rosa* e *lírio*, no seu natal. No sol há três propriedades; o esplendor, o candor e o calor, que respondem às três cláusulas das palavras de São Gabriel. A primeira: *Ave, ó cheia de graça.* A segunda: *Não temas.* A terceira: *O Espírito Santo virá sobre ti.*

Quando diz: *Ave, ó cheia de graça, o Senhor é contigo, bendita és tu entre as mulheres,* eis o esplendor do sol. Pode isto referir-se às quatro virtudes cardeais, cada uma das quais brilhou em Maria de três modos. Assim, da temperança teve a prudência da carne, a modéstia da palavra, a humildade do coração. Teve a prudência, quando perturbada se calou, compreendeu o que ouviu e respondeu ao que lhe foi proposto. Teve a justiça, quando entregou a cada um o que lhe pertencia. Com efeito, tomou uma atitude de coração forte nos seus Desponsórios, na Circuncisão do Filho, na Purificação legal. Mostrou compaixão para com os aflitos quando disse: *Não têm vinho.* Teve a comunhão dos santos, quando perseverava em oração juntamente com os Apóstolos e com as mulheres. Da fortaleza ou magnanimidade tomou o propósito da virgindade, reteve-o e mostrou-se digna de valor tão excelso (*An* 2).

Aprende, ó homem, a amar a Jesus, e então aprenderás onde está a sabedoria. Ele mesmo é a Sabedoria; donde a afirmação nas Parábolas: *A Sabedoria edificou para si uma casa* (*Pr* 9,1). Ele mesmo é a prudência; donde Jó: *A sua prudência*, a do Pai, *feriu o soberbo*, o diabo (*Jó* 26,2). Ele mesmo é a força, donde o Apóstolo: *É força de Deus e sabedoria de Deus* (*1Cor* 1,24) Nele mesmo há a inteligência de tudo: *Aos seus olhos todas as coisas são nuas e manifestas* (*Hb* 4,13). Ele mesmo é a vida: *Eu sou o caminho, a verdade e a vida* (*Jo* 14,6). Ele mesmo é o sustento, porque o pão dos anjos, a refeição dos justos. Ele mesmo é a luz dos olhos: *Eu sou luz do mundo* (*Jo* 18,12). Ele mesmo *é nossa paz, ele que de duas coisas fez uma só* (*Ef* 2,14).

Ó homem, aprende esta sabedoria, para que saboreies; esta prudência, para que te acauteles; esta força, para que possas resistir; esta inteligência, para que conheças; esta vida, para que vivas; este sustento, para que não desfaleças; esta luz, para que vejas; esta paz, para que descanses. Ó Jesus Santíssimo, onde te buscarei e onde te encontrarei? Onde, depois de encontrado, encontrarei tantos bens? Depois de possuído, tenha tantos bens? *Busca e acharás.* E onde, por favor, habita? Onde faz a sesta? Queres saber onde? Diz, por favor! Encontrarás Jesus no meio de José e Maria (*1Nt* 1).

> *Rogamos-te, Senhor Jesus Cristo, que com a medida da fé dividas conosco os carismas do Espírito Santo e nos enchas com a medida da penitência, para que depois o teu rosto nos sacie com a medida da glória. Auxilia-nos tu, que és bendito pelos séculos. Amém! (4Pn 12).*

* * *

RECONCILIAÇÃO

Quem em vida estabelecer com o Senhor a aliança da reconciliação, depois, no reino celeste, repousará na formosura da paz (*9Pn* 15).

O sacramento da confissão se chama 'porta do céu'. Verdadeiramente, é porta do paraíso. Por ela, como através de uma porta, é admitido o penitente ao ósculo dos pés da divina misericórdia; é erguido ao ósculo das mãos da graça celeste; é recebido ao ósculo da face da reconciliação paterna (*1Qr* 19).

Aconselha Jeremias 8,22): Sobe a Galaad e toma resina. A resina é uma goma produzida por algumas árvores. A mais útil de todas as resinas é a terebintina. Esta é a gota do preciosíssimo sangue que da árvore (do calvário) correu para reconciliação do gênero humano. Toma, portanto, para ti esta resina e aplica-a às tuas chagas, porque é o mais útil de todos os medicamentos e o mais eficaz para curar feridas, para perdoar, para infundir a graça (*Rm* 1).

O nosso irmão é todo e qualquer próximo: Cristo, um anjo e o nosso espírito. Se, portanto, fizeres a oferta da oração junto do altar da Santíssima Trindade, e aí te recordares de que um irmão, o teu próximo, tem alguma coisa contra ti, se o lesaste por palavra ou ação, ou, então, se trazes no ânimo acerca dele seja o que for de mal, se está longe, vai, não com os pés, mas com o ânimo humilde prostrar-te na presença daquele a quem hás de fazer a oferta; se, porém, está presente, vai-lhe pessoalmente pedir perdão.

De igual modo, se fazes a oferta da fé junto do altar da humanidade de Jesus Cristo, ou seja, se crês ter ele recebido carne verdadeira de uma Virgem, e aí te recordares de que esse teu irmão, que recebeu por causa de ti a tua natureza, tem alguma coisa contra ti, isto é, te recordas de que está em pecado mortal, enquanto o confessas com a boca, deixa aí a tua oferta, quer dizer, não confies numa fé morta, mas vai antes reconciliar-te, por meio de verdadeira penitência, com o teu irmão Jesus Cristo.

Igualmente, se fizeres a oferta da penitência junto do altar, ou seja, mortificando a carne, e até te recordares de que um irmão, o teu espírito, tem alguma coisa contra ti, isto é, se, quando mortificas o corpo, te recordas de que o teu espírito está manchado por algum vício, deixa aí a tua oferta, quer dizer, não confies na mortificação da carne, se não limpaste antes de toda a iniquidade o teu espírito, e depois vai fazer a tua oferta.

De igual modo, se fazes a oferta da esmola aos pobres, e aí te recordares de que o teu irmão, o Anjo, por graça, por criação com que também tu foste criado, a ti confiado por Deus para levar ao céu as tuas orações e esmolas, tem alguma coisa contra ti, se queixa de ti, porque, quando te sugere o bem, te fazes surdo à voz da obediência, deixa aí a tua oferta, isto é, não confies na tua esmola seca, mas antes vai com os passos do amor reconciliar-te, por meio da obediência, com o Anjo da admoestação, que te foi dado para guarda; e vem então fazer, por suas mãos, a oferta, aceitável a Deus (*6Pn* 14).

Auxilie-nos Jesus, que libertou a ovelha perdida. Adão com a sua posteridade, das fauces do lobo diabo, e carregou com ela satisfeito aos próprios ombros presos na cruz, voltando para a casa da felicidade eterna. Com semelhante achado alegrou também os Anjos, que se alegram com o homem reconciliado consigo. Isto nos inflame a ser probos, para fazermos o que lhe é agradável. Deles devemos não só ambicionar o patrocínio, mas também temer a ofensa. Ao seu consórcio nos conduza aquele a quem é devida honra e glória pelos séculos dos séculos. Assim seja (*3Pn* 11).

Por meio de Jesus te rogamos, ó Pai, que o fizeste propiciação pelos nossos pecados, recebas as nossas ofertas, nos concedas a graça da tua reconciliação e da reconciliação fraterna. Por ela reconciliados, possamos oferecer-te, ó Deus, no altar de ouro, existente na Jerusalém celeste, as ofertas de louvor, juntamente com os santos Anjos. Auxilia-nos tu, que és Deus trino e uno, bendito pelos séculos eternos. Diga toda a criatura: Assim seja! Aleluia! (6Pn 15).

* * *

REINO DOS CÉUS

Cristo, neste mundo semeava três espécies de sementes: a santidade de vida, a presença do Reino dos céus, a operação de milagres (*Sx 3*).

Disse Jesus: *Procurai em primeiro lugar o Reino de Deus e sua justiça* (*Mt 6,33*). O Reino de Deus é o sumo bem e por isso deve ser procurado. Procura-se pela fé, pela esperança, pela caridade. A justiça consiste em observar tudo o que Cristo ensinou. Buscar o Reino é transformar em obras a própria justiça (*15Pn 15*).

> *Roguemos, irmãos caríssimos, ao Senhor Jesus Cristo que nos conceda buscar o seu reino, construir em nós a Jerusalém moral, para que mereçamos chegar à celeste e cantar Aleluia pelos seus bairros, juntamente com os santos Anjos. Auxilie-nos ele mesmo, cujo reino permanece pelos séculos eternos. Diga toda a alma bem amada: Assim seja! Aleluia! (15Pn 18).*

* * *

RESSURREIÇÃO

Ressurgindo dos mortos, Cristo ressuscitou-nos com ele, isto é, conformes com a sua ressurreição, porque, assim como ele ressuscitou, também nós acreditamos que ressuscitaremos com ele (*5Qr* 12).

Que há de mais claro do que o ouro? Que há mais límpido do que o cristal? Pergunto eu: na ressurreição geral que poderá haver de mais claro e mais límpido do que a alma do homem glorificado? (*Ps* 13).

A carne do homem floriu no paraíso antes de pecado, perdeu a flor depois do pecado, voltou a florir na Ressurreição de Cristo e florescerá plenamente na ressurreição geral (*Rs* 11).

Escreve João que o Senhor Jesus mostrou-lhes as mãos e o lado; e Lucas que o Senhor lhes mostrou as mãos e os pés. O Senhor, segundo me parece, por quatro causas mostrou aos Apóstolos as mãos, o lado e os pés. A primeira foi para mostrar que verdadeiramente ressuscitara e assim nos tirar qualquer dúvida. A segunda, para que a pomba – ou seja, a Igreja ou a alma fiel – construísse ninho nas suas chagas e se escondesse da vista do gavião. A terceira, para imprimir em nossos corações, como insígnias, as marcas de sua Paixão. A quarta, pedindo que nos apiedemos dele, que não o crucifiquemos de novo com os cravos dos nossos pecados. Mostrou-nos, portanto, as mãos e o lado como a dizer: Eis as mãos que vos plasmaram, vede como os cravos as transpassaram; eis o lado donde nascestes, vós fiéis, minha Igreja, tal como Eva nasceu do lado de Adão; vede como foi aberto pela lança, para vos abrir a porta do paraíso (*OitPs* 8).

O Espírito da verdade dá testemunho nos corações dos fiéis da Encarnação de Cristo, de sua Paixão e Ressurreição. E nós devemos testemunhar a todos que Cristo verdadeiramente se encarnou, verdadeiramente sofreu a Paixão e verdadeiramente ressuscitou (*6Ps* 7).

Quem despreza os dez mandamentos dificilmente cumprirá os preceitos do Redentor, ressuscitado dos mortos, que são muito mais subtis. E se não quer cumprir as suas palavras, sem sombra de dúvida, recusa crer nele (*1Pn* 18).

Os homens carnais não ouvem Moisés, isto é, o prelado santo da Igreja nem os profetas, ou seja, os pregadores santos e, o que é pior, não creem em Cristo, que ressuscitou dos mortos (*1Pn* 18).

Foi maior a alegria que os Apóstolos tiveram na ressurreição de Cristo do que toda a alegria tida com ele ainda mortal (*Rs* 3).

Não creem que Cristo haja ressuscitado dos mortos aqueles que negam a futura ressurreição dos mortos (*Asc* 3).

Na ressurreição geral dos corpos, Deus exprobrará e condenará os incrédulos e os duros de coração, que agora não acreditam na ressurreição futura (*Asc* 3).

Ó amor da beleza! Ó beleza do amor! Ó glória da ressurreição, quanto fazes sofrer o homem até chegar às tuas núpcias! Acabada a semana da presente miséria, gozará das desejadas núpcias da ressurreição gloriosa, em que será libertado de todo o trabalho e servidão corruptora (*Cr* 4).

Oremos, irmãos caríssimos, e peçamos humildemente à misericórdia de Jesus Cristo que venha pôr-se no meio de nós, nos conceda a paz, nos absolva dos pecados, tire do nosso coração toda a dúvida e imprima em nossos corações a fé na sua paixão e ressurreição, a fim de com os Apóstolos e com os fiéis da Igreja merecermos receber a vida eterna. Auxilie-nos aquele que é bendito, louvável e glorioso pelos séculos dos séculos. Diga a alma fiel: Assim seja! Aleluia! (OitPs 13).

* * *

RIQUEZAS

A abundância mata a penitência (*Sp* 6).

A gordura das riquezas cega os olhos do entendimento (*5Ps* 5).

A hera por si não pode elevar-se às alturas, mas deve agarrar-se aos ramos de qualquer árvore. Ela significa o rico deste mundo, que se eleva ao céu não por si, mas pelas esmolas aos pobres, como se eles fossem seus braços (*Sp* 16).

Parte da semente caiu entre espinhos. Os espinhos significam os avarentos e usurários, porque a avareza seduz, fere e faz sangue. O próprio Cristo falou que os espinhos se referem à sedução das riquezas (*Sx* 8).

O espinho fere, e ferindo faz sangue. Ora, o sangue da alma é a virtude. O avarento perde a vida da alma, quando amontoa riquezas (*Sx* 8).

Aqueles que trabalham por riquezas e honras tornam-se morada de demônios, eles que deveriam ser o templo de Deus (*3Qr* 8).

Os bens temporais levam ao esquecimento de Deus (*3Qr* 18).

A nuvem impede a vista do sol e a abundância dos bens temporais desvia o conhecimento de Deus (*5Ps* 5).

Assim como num muro se sobrepõem as pedras umas às outras, e se ligam com argamassa, também na abundância dos bens temporais se ajunta dinheiro e dinheiro, casa a casa, campo a campo. E tudo isto se une fortemente com a argamassa da cobiça (*Rm* 6).

A abundância temporal é sempre contrária à pobreza; a soberba é sempre contrária à humildade (*Rm* 7).

É muito difícil guardar a humildade entre as riquezas (*1Ep* 4).

Se encontrares um rico humilde e um homem casto entre prazeres, considera-os dois luzeiros no firmamento (*1Ep* 4).

Todo aquele que deseja ser verdadeiramente humilde, despoje-se das riquezas (*1Ep* 4).

O contacto com as riquezas infecciona a humildade e gera a soberba (*1Ep* 4).

O cinto novo do profeta Jeremias, que ele escondeu no rio Eufrates, em pouco tempo apodreceu de tal modo que não se podia mais usar. Assim também acontece com o cinto da castidade, que apodrece na abundância dos bens temporais (*Rm* 7).

Diz o livro da Sabedoria (5,15) que a esperança do ímpio é como a lanugem, que é levada pelo vento ... também o prazer, esperado da abundância dos bens terrenos, voa como a lanugem (*3Ps* 3).

A névoa e o orvalho, ao chegar o sol, põem-se em fuga e desaparecem. A poeira é arrebatada pelo vento. A fumaça se dissolve. São figuras dos bens temporais que, ainda que abundantes, desaparecerão ao chegar o ardor da morte (*3Ps* 3).

Os sábios deste mundo dão o conselho insensato de procurar os bens temporais, apreender as coisas fugidias, acreditar na promessa falsa do mundo (*3Ps* 7).

Podemos pedir a Deus bens materiais com piedade e confiança. Mas devemos fazê-lo cientes de que só Deus sabe o de que de fato precisamos (*5Ps* 5).

O estrume reunido em casa exala mau cheiro; espalhado, fecunda a terra. Também as riquezas, quando se acumulam – sobretudo quando não é do seu, mas do alheio – geram o mau cheiro do pecado e da morte. Se, porém, forem espalhadas pelos pobres e restituídas aos próprios donos, fecundam a terra do Espírito e fazem-na frutificar (*Pn* 15).

O rico deste mundo é tolo, porque não toma gosto pelas coisas de Deus (*1Pn* 3).

Não há sinal mais evidente de condenação eterna do que o sucesso nos negócios temporais. Por isso Deus subtrai aos santos os bens temporais, para que não percam os eternos (*1Pn* 6).

A fé perece na abundância dos bens temporais (*3Pn* 9).

A pobreza reveste a alma de virtudes. As riquezas temporais a espoliam (*5Pn* 14).

As riquezas não são tuas. Foram-te emprestadas. Não te pertence o que não podes levar contigo na morte (*11Pn* 7).

As riquezas não guardam fidelidade alguma ao seu possuidor (*11Pn* 8).

As riquezas dominam o avarento, não o avarento domina as riquezas (*20Pn* 10).

O desprezo dos bens terrenos gera a confiança nos bens eternos (*12Pn* 6).

Ditosos os olhos que o esterco das riquezas não cega nem as ramelas da solicitude obnubilam, porque veem o Filho de Deus envolvido em panos, reclinado em presépio, a fugir para o Egito montado num jumento, nu, suspenso num patíbulo (*13Pn* 3).

Disse Isaías: *Farei os teus baluartes de jaspe.* O jaspe é de cor verde e diz-se que afugenta as fantasias. Significa a pobreza, que conserva o homem na verdura da fé e afugenta as fantasias das riquezas, que iludem o homem. A fé, de fato, despreza os bens temporais. Quem os ama renega a fé (*14Pn* 4).

Tudo o que se deita num vaso cheio perde-se. Quem está cheio de bens temporais não se pode encher do conhecimento da vontade de Deus (*24Pn* 9).

Onde há pobreza verdadeira, aí há suficiência; onde há abundância, aí há indigência (*As* 3).

Os bens temporais incham, e inchando esvaziam (*As* 3).

Onde houver a afluência de riquezas e delícias, haverá a lepra da luxúria (*2Ad* 9).

Diz-nos o Êxodo (32,2) que foi feito de ouro um bezerro; do ouro da abundância se forma o bezerro da petulante luxúria (*2Ad* 9).

O Senhor consola com seus bens os privados de bens temporais (*2Ad* 14).

O deserto da pobreza exterior faz as delícias da suavidade interior. O Senhor deste mundo (*Mt* 13,22) chama às riquezas espinhos. Isaías (51,3) chama delícias ao deserto da pobreza. Ó espinhos do mundo! Ó delícias do deserto! Quanta distância vai da verdade à falsidade, da luz às trevas, da glória à pena, tanta é a diferença que separa a pobreza voluntária da cobiça das riquezas (*2Ad* 14).

Elevei acima dos coros dos anjos a natureza humana, que deles recebi e a ela me uni. Maior prerrogativa de honra era impossível conferir à natureza humana (*3Ad* 4).

José significa o que cresce. Quando o miserável tem afluência de delícias, se dilata em riquezas, então decresce, porque perdeu a liberdade. A solicitude das riquezas torna-o escravo. Servir as riquezas é um decrescer de si em si. Infeliz a alma que se torna pequena por possuir. Ainda mais pequena se torna quando se entrega ao poder das coisas, em vez de ter as coisas em seu poder. Esta submissão servil manifesta-se mais abertamente quando o que se possui com amor se perde com dor. A própria dor é grande escravidão. Que mais direi? Não há verdadeira liberdade senão na pobreza voluntária. Este é o José que cresce, de que se fala no Gênesis : *Deus fez-me crescer na terra da minha pobreza.* Foi na terra da pobreza, e não da abundância, que Deus me fez crescer. Naquela faz crescer; nesta faz diminuir. Por isso, lê-se no segundo livro de Samuel que *Davi ia obtendo êxitos e fortalecendo cada vez mais, enquanto que a casa de Saul decaía todos os dias.* Davi diz num salmo (40,18): *Eu sou um mendigo e um pobre, como luz progride esplendente e cresce até o dia perfeito,* e torna-se cada vez mais robusto, porque a pobreza alegre e voluntária dá robustez. Daí Isaías (25,4): *O espírito dos poderosos,* que são os pobres, *é como um furacão que investe contra a parede,* contra a parede das riquezas. Na verdade, as delícias e as riquezas esgotam e debilitam. Donde Jeremias (31,22): *Até quando te debilitarão as delícias?* (*1Nt* 3).

Maria é a estrela do mar. Ó humildade! Ela é a estrela deslumbrante, que ilumina a noite, dirige ao porto, semelhante a chama coruscante e mostra ser Deus Rei dos reis aquele que diz: *Aprendei de mim, que sou manso e humilde de coração.* Quem carece desta estrela é cego e anda *às apalpadelas;* a sua barca quebra-se com a tempestade, e ele mesmo é submerso no meio das ondas. Por isso, lê-se no Êxodo que, olhando o Senhor para o acampamento dos egípcios por entre a coluna de fogo e de nuvem, destruiu o seu exército; e transtornou as rodas dos carros, e eles eram levados para o fundo. Mas os filhos de Israel passaram pelo meio do mar enxuto e as águas eram para eles como um muro à direita e à esquerda. Os egípcios, que a nuvem de trevas obnubilava, simbolizam os ricos e poderosos deste século, entenebrecidos pela escuridão da soberba. Os Senhor destruí-los-á. E transtornará as rodas dos carros, isto é, a sua dignidade e glória, que se revolvem durante as quatro estações do ano; e mergulhá-los-á no profundo do inferno. Os filhos de Israel, porém, que o esplendor do fogo iluminava, significam os penitentes e pobres de espírito, iluminados pelo esplendor da humildade. Passam a pé enxuto pelo mar deste mundo, cujas águas, as riquezas amargas, lhes servem como de muro, pois os premunem e defendem, à direita contra a prosperidade e, à esquerda, contra a adversidade, para que o favor popular não os eleve e a tentação da carne não os precipite (*1Nt* 4).

Quem não conhece os seus bens interiores volta-se para os bens exteriores alheios. Alheio é tudo quanto na morte não podes levar contigo (*2Nt* 1).

Que aproveita ao ladrão, se é conduzido à forca através de verde prado? Que aproveitou ao rico avarento a púrpura e o bisso, se pouco depois é sepultado no inferno? Jó lembrava bem (20,4-5): *Sei que a glória dos ímpios é breve e a alegria do hipócrita dura um momento*. É manifesto que a erva das riquezas não sara a alma da doença do pecado, antes a trucida (*2Ep* 1).

Insensato é o conselho do sábio do mundo que aconselha juntar o alheio, que não podemos levar conosco, a onerar-nos de coisas emprestadas, que não podemos fazer passar pelo buraco estreito. Com efeito, é tão estreito o buraco da morte, que dificilmente a alma sozinha e nua pode passar por ele. Quando chegamos à porta estreita, devemos depor todo o peso dos bens temporais (*Ep* 3).

Lembra Sêneca que o caminho mais curto para ser rico é o desprezo das riquezas (*Njb* 10).

Senhor Jesus, te pedimos que nós, teus mendigos e pobres, possamos morrer juntamente com o pobre Lázaro no ninhozinho da pobreza, e que sejamos levados pelos anjos ao seio de Abraão. Auxilia-nos tu, que és bendito e glorioso pelos séculos dos séculos. Amém! (1Pn 13).

* * *

SABEDORIA

O nde houver justiça, haverá sabedoria; onde houver sabedoria, haverá o paraíso do Senhor (*2Ad* 14).

Assim como o homem exterior vive do pão material, assim o interior vive do pão celeste, que é a Palavra de Deus. A Palavra de Deus é o Filho, Sabedoria que procedeu da boca do Altíssimo (*Qr* 4).

O pão da alma é o sabor da sabedoria, com que saboreia os bens do Senhor e experimenta quão suave é o mesmo Senhor. Deste pão se diz no livro da Sabedoria (16.20): Pão do céu lhe concedeste, que contém em si toda a delícia e a suavidade de todo sabor (*Qr* 4).

Os pregadores devem brilhar com a claridade da sabedoria e com a sonoridade da eloquência (*2Ps* 5).

Ensina São Bernardo: embora sejas sábio, falta-te sabedoria, se não o fores para ti (*3Ps* 15).

Para se fazer qualquer boa obra são necessárias duas coisas: sabedoria e virtude. A sabedoria dispõe; a virtude leva a bom termo (*5Pn* 13).

Diz o Eclesiastes (9,14-15) que numa cidade havia um homem pobre e sábio que, pela sua sabedoria livrou a cidade. Este homem pobre é Cristo, homem segundo a divindade, pobre segundo a humanidade (*7Pn* 4).

O fruto da sabedoria é o amor de Deus. Depois da saboreada a sua doçura, a alma experimenta quão suave é o Senhor (*9Pn* 10).

A alma do justo é o assento da sabedoria. O Senhor descansa na alma, exalçada pela humildade, elevada das coisas terrenas pela contemplação das eternas e então a casa dos cinco sentidos enche-se da sua majestade. É que todos os membros entram em repouso quando Deus descansa na alma (*1Ad* 11).

Aprende, ó homem, a amar a Jesus, e então aprenderás onde está a sabedoria. Ele mesmo é a Sabedoria; donde a afirmação nas Parábolas: *A Sabedoria edificou para si uma casa* (*Pr* 9,1). Ele mesmo é a prudência; donde Jó: *A sua prudência*, a do Pai, *feriu o soberbo*, o diabo (*Jó* 26,2). Ele mesmo é a força, donde o Apóstolo: *É força de Deus e sabedoria de Deus* (*1Cor* 1,24) Nele mesmo há a inteligência de tudo: *Aos seus olhos todas as coisas são nuas e manifestas* (*Hb* 4,13). Ele mesmo é a vida: *Eu sou o caminho, a verdade e a vida* (*Jo* 14,6). Ele mesmo é o sustento, porque o pão dos anjos, a refeição dos justos. Ele mesmo é a luz dos olhos: *Eu sou luz do mundo* (*Jo* 18,12). Ele mesmo *é nossa paz, ele que de duas coisas fez uma só* (*Ef* 2,14).

Ó homem, aprende esta sabedoria, para que saboreies; esta prudência, para que te acauteles; esta força, para que possas resistir; esta inteligência, para que conheças; esta vida, para vivas; este sustento, para que não desfaleças; esta luz, para que vejas; esta paz, para que descanses. Ó Jesus Santíssimo, onde te buscarei e onde te encontrarei? Onde, depois de encontrado, encontrarei tantos bens? Depois de possuído, tenha tantos bens? *Busca e acharás.* E onde, por favor, habita? Onde faz a sesta? Queres saber onde? Diz, por favor! Encontrarás Jesus no meio de José e Maria (*1Nt* 1).

Na embriaguez toda sabedoria se torna insípida (*2Nt* 14).

O insensato colhe desagrado donde pensa agradar (*1Qr* 9).

O lenitivo da sabedoria do mundo não dá saúde, porque *a sabedoria daqueles que sempre aprendem e nunca chegam à ciência da verdade foi devorada* (cf. *2Tm* 3,7). A alma dos que procuram o Senhor não vá atrás dos conselhos dos sábios do mundo (*2Ep* 1).

Diz o livro dos Provérbios (4,11): *Eu te mostrarei o caminho da sabedoria.* O caminho da sabedoria é a humildade. Qualquer outro caminho é tolo, porque é da soberba (*Je* 3).

A avareza cega os olhos dos sábios (*Pr* 11).

Rogamos-te, Senhor Jesus, que nos faças pobres humildes, ricos de verdade, velhos sábios, para que mereçamos chegar às eternas delícias e riquezas. Auxilia-nos tu, que és bendito pelos séculos dos séculos. Assim seja! (11Pn 9).

* * *

SAGRADA ESCRITURA

N ão conhece as letras quem ignora a Escritura Sagrada (*Pl* 2).

Como o ouro está acima de todos os metais, assim a ciência sagrada sobressai toda a ciência (*Pl* 2).

A Sagrada Escritura se compara a um espelho: nele podemos ver o rosto do nosso nascimento, de onde nascemos, como nascemos e para que nascemos. O donde nascemos refere-se à vileza da matéria (*Gn* 3,19). O como nascemos à fragilidade da substância (*Sl* 90,9). O para que nascemos à dignidade da glória a que estamos destinados (*Tg* 1,23) (*5Ps* 7).

O homem montado tinha um arco (Ap 6,2). O arco significa a divina Escritura; a madeira designa o Antigo Testamento; a corda, que afrouxa a dureza, o Novo. O bom pastor deve ter na mão este arco (*2Ps* 9).

Para ser bom pastor é necessário ser semelhante a Jesus e possuir sete predicados: pureza de vida, ciência da divina escritura, eloquência de linguagem, perseverança na oração, misericórdia para com os pobres, disciplina com os súditos, cuidado solícito pelo povo que foi confiado (*2Ps* 6).

Reza o Salmo: *Cantai ao Senhor Deus um cântico novo*. Todas as ciências mundanas e as que ensinam a ter lucro são cântico velho. Só a teologia é cântico novo, que ressoa doce aos ouvidos de Deus e renova a alma (*2Ps* 6).

Repare-se que, se a rola perder a companheira, dela carecerá sempre, caminha sozinha e de cá para lá, não bebe água clara, não sobe a ramo verde. Por outro lado, a pomba é simples, tem um ninho mais áspero e pobre do que as demais aves, não fere ninguém com o bico ou com as unhas, não vive de rapto, com o bico alimenta os filhos, com aquilo de que se alimentou; não come carne morta; não se intromete na vida de outras aves, nem sequer das mais pequenas; alimenta-se de grão limpo; protege os filhos alheios como se fossem próprios; reside sobre as correntes das águas para evitar os depredadores; faz ninho entre as pedras; ao sobrevir uma tempestade foge para o ninho; defende-se com as asas; voa em bando; em vez de canto tem o arrulho; é fecunda; nutre os gêmeos. Observe-se ainda que, enquanto a pomba está na criação e crescem os filhotes, vai o pombo sugar a terra salgada e põe no bico dos filhos o que suga, para se acostumarem ao alimento. Também os pobres de espírito, os verdadeiros penitentes, porque perderam, ao pecarem mortalmente, o seu par, Jesus Cristo, vivem sós, separados do tumulto das coisas seculares, na solidão do espírito e até do corpo; não bebem a água clara do gozo mundano, mas água turva da dor e do pranto. Não sobem ao ramo verde da glória temporal. São simples como as pombas. O ninho onde vivem e até o próprio leito, em que dormem corporalmente, é áspero e pobre. Não fazem mal a ninguém, antes perdoam a quem lhes faz mal. Não vivem da rapina, antes distribuem o que é seu. Alimentam com a palavra da pregação os que lhes foram confiados; e de graça dividem com os outros o que de graça lhes foi concedido. Não comem carnes mortas, isto é, o pecado mortal. Não escandalizam nem o maior nem o mais pequeno. Alimentam-se com o grão limpo, isto é, com a pregação da Igreja, não com a dos hereges, que é suja. Feito tudo para todos, zelam a salvação dos outros como a dos seus: a todos ama nas entranhas de Jesus Cristo. Residem sobre as torrentes da Sagrada Escritura, a fim de prevenirem de longe a tentação do diabo, que maquina raptá-los. É mais fácil acautelar-se da tentação, quando prevista. Nos buracos das pedras, isto é, no lado de Jesus Cristo, fazem o ninho, e se sobrevier alguma tempestade da tentação da carne, refugiam-se no lado de Cristo e ali se escondem, dizendo com o salmista (61,4): *Sê para mim, Senhor, torre de fortaleza perante o inimigo*. E noutro lugar (71,3): *Sê para mim um Deus protetor*. Defendem-se, não com as unhas da vingança, mas com as asas da humildade e da paciência (*Pr* 8).

Roguemos, irmãos caríssimos, ao Senhor Jesus Cristo que nos tire a jactância do fariseu, imprima o Evangelho da humildade em nossos corações. Com ele mereçamos subir ao templo da glória e gozar juntamente com ele, colocados na ressurreição geral à sua direita. Auxilie-nos ele mesmo, que morreu e ressuscitou, ao qual são devidas honra e glória pelos séculos dos séculos. Amém! (11Pn 5).

* * *

SANTIDADE

Cristo, neste mundo semeava três espécies de sementes: a santidade de vida, a presença do Reino dos céus, a operação de milagres (*Sx* 3).

O nascimento de santos traz alegria a muitos, porque é um bem comum; quer dizer, os santos nascem para utilidade comum. De fato, a justiça é uma virtude comum ou social, enquanto aproveita a todos (*Njb* 4).

A castidade do corpo, a humildade no trabalho, a abstinência no alimento, a vileza no vestido são prenúncios da santificação interior (*1Ad* 11).

As mãos que trabalham na lama não conseguem limpar as sujidades. Se queres repreender alguém, vê primeiro se tu és semelhante a ele. Se és, bate no peito e não pretendas que ele te obedeça, mas manda e admoesta que se esforce juntamente contigo (*4Pn* 18).

Diz-nos Orígenes que vale mais um santo a rezar do que inúmeros pecadores a pelejar (*11Pn* 14).

Nos frutos temos três propriedades: a cor, o sabor e o perfume. O homem justo se assemelha ao fruto: nele há a cor da santidade, o gosto da contemplação e o perfume de sua boa fama (*19Pn* 3).

Virtude rara a de apenas tu ignorares a tua manifesta santidade (*An* 13).

> *Eia, irmãos caríssimos, roguemos devotamente ao mesmo Senhor Jesus Cristo que faça parar o nosso sangue com a fímbria da sua Paixão, para que possamos dar-lhe dignamente graças e reinar com os Santos na luz. Auxilie-nos ele próprio, glorioso nos seus milagres e Deus bendito pelos séculos eternos. Diga toda a alma ressuscitada e curada: Assim seja! Aleluia! (24Pn 12).*

* * *

SANTÍSSIMA TRINDADE

Nota que na palavra *pax*, paz, há três letras e uma sílaba, em que se designa a Trindade e a Unidade: no *P*, o Pai; no *A*, primeira vogal, o Filho, que é a voz do Pai; no *X*, consoante dupla, o Espírito Santo, procedente de ambos. Assim, ao dizer 'a paz esteja convosco', recomenda-nos a fé na Trindade e Unidade (*OitPs* 6).

O Espírito Santo é enviado pelo Pai e pelo Filho. Os três são de uma só substância e de inseparável igualdade. A unidade está na essência; a pluralidade nas pessoas (*6Ps* 3).

O Senhor indica abertamente a unidade na essência divina e a Trindade das pessoas, quando diz em Mateus (28,19): *Ide, batizai todos os povos em nome do Pai e do Filho e do Espírito Santo*. Em nome, sim, não nos nomes, para se mostrar a unidade da essência (*6Ps* 3).

Na Trindade não se devem fazer degraus, de modo que o Pai se creia maior que o Filho ou o Filho menor que o Pai, ou o Espírito Santo menor que ambos; mas deve-se acreditar que são simplesmente iguais, porque qual é o Pai, tal é o filho e tal é o Espírito Santo (*6Pn* 11).

Na Trindade se encontra a origem suprema de todas as coisas e a beleza perfeitíssima e o deleite beatíssimo (*6Ps* 3).

O Pai é a origem suprema de todas as coisas. Dele provêm o Filho e o Espírito Santo. A beleza perfeitíssima é o Filho, verdade do Pai, que lhe é semelhante em tudo. Nós veneramos tal beleza juntamente com o Pai e no mesmo Pai. O deleite beatíssimo e a soberana bondade é o Espírito Santo, dom do Pai e do Filho; este dom de Deus, igualmente incomutável com o Pai e o Filho, devemos adorá-lo (*6Ps* 3).

Na qualidade de criaturas, nos elevamos até a Santíssima Trindade: uma só substância, a saber, um só Deus Pai, de que tiramos o ser; um Filho, por meio do qual existimos; um Espírito Santo, no qual estamos; princípio a que recorremos, modelo que seguimos, graça que nos reconcilia (*6Ps* 3).

Embora o espírito humano não seja da mesma natureza que o de Deus, é, todavia, imagem daquele. Acima dele não há nada melhor. No espírito deve procurar-se e encontrar-se o que a nossa natureza tem de melhor. O espírito lembra-se de si mesmo, se compreende e se ama. Se vemos isto, vemos a Trindade, não certo a Deus, mas a sua imagem. Aqui, de fato, aparece uma certa trindade: memória, inteligência e vontade. E estas três faculdades não são três vidas, mas uma só vida, não são três espíritos, mas um só espírito; e não são três essências, mas uma só essência (*6Ps* 3).

A língua tem parentesco com a palavra: não pode separar-se uma da outra. Também o Verbo do Pai, isto é, o Filho, e o Espírito Santo são inseparáveis, possuem uma só natureza (*Pn* 3).

O justo oferece preces à Santíssima Trindade na prosperidade e na adversidade (*15Pn* 9).

Assim como o dinheiro se cunha com a imagem do rei, também a nossa alma é gravada com a imagem da Santíssima Trindade, segundo o verso do salmo 7: *gravada está sobre nós, Senhor, a luz do teu rosto* (*23Pn* 10).

Somos imagem e semelhança de Deus. A imagem de semelhança é aquela, segundo a qual foi feito o homem à imagem e semelhança de toda a Trindade: pela memória assemelha-se ao Pai; pela inteligência, ao Filho; pelo amor, ao Espírito Santo. Por isso Santo Agostinho escreveu: Lembre-me eu de ti, entenda-te eu e ame-te (*23Pn* 10).

Louvor ao Pai invisível! Louvor ao Espírito Santo! Louvor ao Filho Jesus Cristo, Senhor do céu e da terra. Amém. Alfa e Ômega! Sejam dadas glória, honra e reverência! Sejam dados louvor e bênção ao Princípio sem-fim. Amém (*Epílogo*).

Jesus Cristo, Filho de Deus Pai, desceu do céu e recebeu a nossa carne mortal, e subiu ao céu com ela já imortal, donde enviou o Espírito Santo da graça septiforme, que retém nas mãos do seu poder. Isto significa que dá a quem quer e quando quer (*Asc* 8).

O Espírito Santo Paráclito é inspirado pelo Pai e pelo Filho nos corações dos Santos; graças a ele se santificam, a ponto de merecerem ser santos (*Pn bis* 5).

Rogamos-te, Senhor Jesus Cristo, que abras os nossos ouvidos com os dedos da tua Encarnação, toques a nossa língua com a saliva do sabor da tua sabedoria, a fim de merecermos obedecer-te, louvar-te e bendizer-te e chegar a ti, que és bendito e glorioso. Auxilia-nos tu, que vives e reinas juntamente com o Pai e o Espírito Santo pelos séculos eternos. Diga toda a alma fiel: Assim seja! Aleluia! (12Pn 14).

* * *

SENTIDOS

O corpo consta de quatro elementos: terra, fogo, água e ar; e rege-se e governa-se por dez sentidos, como se fossem dez príncipes, que são os dois olhos, os dois ouvidos, o olfato e o gosto, as duas mãos e os dois pés. Deus conferiu à alma, por seu lado, as quatro virtudes cardeais: a prudência, a justiça, a fortaleza e a temperança; e deu-lhe os dez mandamentos (*1Qr* 20).

Os olhos são a primeira seta da luxúria. Por isso disse Jeremias: *O meu olho quase que me roubou a vida*. E Santo Agostinho escreveu que o olho impudico é o mensageiro do coração impudico (*2Qr bis* 8).

A perturbação ou a alegria da alma aparece nos olhos, porque de todos os sentidos são os mais próximos da alma (*4Pn* 19).

Assim como o sol ilumina a todo o mundo, a vista ilumina todo o corpo (*Asc* 6).

Pentecostes é palavra grega e significa 50 dias, ou seja, cinco vezes dez. São os cinco sentidos do corpo e os 10 mandamentos. Se os sentidos tiverem sido aperfeiçoados pelos 10 mandamentos, então se completará em nós o sacratíssimo dia de Pentecostes, em que é dado o Espírito Santo (*Pn* 4).

Os homens carnais amam como irmãos os cinco sentidos do corpo. Os justos, porém, tem-nos como servos (*1Pn* 17).

A alma do justo é o assento da sabedoria. O Senhor descansa na alma, exalçada pela humildade, elevada das coisas terrenas pela contemplação das eternas e então a casa dos cinco sentidos enche-se da sua majestade. É que todos os membros entram em repouso quando Deus descansa na alma (*1Ad* 11).

Quando a alma do homem é iluminada pela glória do Senhor, então os sentidos andam na luz da vida honesta, e os afetos no esplendor da pureza (*1Ad* 13).

> *Falemos conforme o Espírito Santo nos tiver concedido que falemos, pedindo-lhe humilde e devotamente que nos infunda a sua graça, a fim de completar o dia de Pentecostes na perfeição dos cinco sentidos e na observância dos Dez Mandamentos, e nos enchamos do espírito impetuoso da contrição e nos abrasemos com as línguas de fogo da confissão, para que, acesos e iluminados pelos esplendores dos Santos, mereçamos ver Deus uno e trino. Auxilie-nos aquele que é Deus uno e trino, bendito pelos séculos dos séculos. Diga todo o espírito: Amém! Aleluia! (Pn 16).*

* * *

SERVIÇO

Porque Adão no paraíso não quis servir ao Senhor, o Senhor assumiu a forma de servo, a fim de servir ao servo, para que de futuro o servo não se envergonhasse de servir ao Senhor (*Rm* 9).

A forma de servo que Jesus Cristo assumiu para nos salvar aparentemente o mostra impotente. Mas ele é o forte que venceu o diabo com suas mãos pregadas com cravos na cruz (*Rm* 10).

Ninguém pode servir a dois senhores. Sobre estes dois senhores há concordância no livro de Tobias, onde faz menção de Salamanasar e Senaquerib: Deus concedeu graça a Tobias diante do rei Salamanasar, o qual *lhe deu permissão de ir aonde quisesse, tendo liberdade de fazer tudo o que queria.* Salamanasar interpreta-se pacificador de angustiados e significa a razão. Quando esta reina, pacifica o espírito angustiado, clarifica a consciência, dulcifica o coração, suaviza as coisas ásperas, torna leves as coisas pesadas. Se o homem a serve, *encontra tudo o que quiser.* Ó livre servidão, ó serva liberdade! Não é o temor que faz o servo nem é o amor que faz o livre, mas antes o temor é que faz o livre, o amor que faz o servo. A lei não foi posta para o justo, porque para si mesma é lei. De fato, tem caridade, vive segundo a razão, e, por isso, vai para onde quer e faz o que quer. *Eu*, diz o profeta, *sou teu servo e filho da tua serva.* Repare-se nas palavras *servo* e *filho*; porque é servo, é filho. Ó suave temor, que dum servo fazes um filho! Ó benigno e verdadeiro amor, que dum filho fazes um servo! *Filho da tua serva.* Portanto, ó homem, se queres gozar de liberdade, mete o teu pescoço na sua argola, e o teu pé nos seus grilhões. Não há gozo acima do gozo da liberdade. Não podes consegui-la, se não meteres o pescoço da soberba na argola da humildade, e o pé do afeto carnal nos grilhões da mortificação. Então poderás dizer : *Eu sou o teu servo* (*15Pn* 4).

A natureza do homem envergonha-se de não amar quem o ama, de não abraçar com os braços da caridade quem o serve devotamente (*2Ep* 10).

Roguemos, irmãos caríssimos, ao Senhor Jesus Cristo, que nos conceda, a exemplo da santa mulher, prepararmos com a estopa da penitência o candeeiro, que é a memória da nossa fraqueza. Conceda-nos ainda acendermos o azeite da misericórdia com o fogo da caridade divina, e com ela varrermos os cantos da nossa consciência e procurarmos diligentemente a dracma da dupla caridade há muito tempo perdida, para que, na posse dela, mereçamos chegar até ele, que é caridade. Auxilie-nos ele mesmo, ao qual são dividas honra e glória, louvor e império pelos séculos eternos. Diga toda criatura: Amém! Aleluia! (3Pn 15).

* * *

SOBERBA

A palavra "soberba" vem de *super* (sobre) e *eo-is* (verbo ir); o soberbo como que caminha sobre si (*Sx* 7).

A águia, voando mais alto que todas as aves, significa o soberbo, que deseja a todos parecer mais alto com as duas asas da arrogância e da vanglória (*Qn* 3).

Deus detesta acima de tudo a soberba (*3Qr* 13).

Nada existe de mais abominável a Deus e aos homens do que a soberba (*20Pn* 9).

Diz o profeta Miqueias: "A tua humilhação está no meio de ti". Ou seja, se consideramos o que há no nosso ventre, a nossa soberba se humilha, a arrogância se apequena, a vanglória desaparece (*Sp* 13).

O soberbo se parece a um ninho que, no interior é forrado de matérias brandas; exteriormente é construído de matérias duras e ásperas; é colocado em lugar incerto, exposto ao vento. Assim a vida do soberbo tem interiormente a brandura do

— 334 —

deleite carnal, mas é rodeada no exterior por espinhos e lenhas secas, isto é, por obras mortas; também está colocada em lugar incerto, exposta ao vento da vaidade (*Qn* 4).

Ó rígida soberba, que forcejas subir acima das nuvens, que estabeleces o teu trono acima dos astros do céu, desce, por favor, porque Jesus desceu (*2Nt* 11).

Ó pobreza! Ó humildade! O Senhor do universo é envolvido em panos; o Rei dos Anjos é reclinado num estábulo. Envergonha-te, insaciável avareza! Desaparece, soberba do homem! (*Nt* 7).

Ó soberbo, vai para a terra do Cristo, considera a sua humanidade, olha para sua humildade e espreme o tumor do teu coração (*Qn* 6).

Nada humilha tanto o pecador soberbo como a humilhação da humanidade de Jesus Cristo (*Qn* 6).

O soberbo não pode pensar no presépio do Senhor, do Senhor que, por nossa causa, foi posto numa manjedoura de animais (*3Qr* 13).

Os soberbos e os avarentos, enquanto procuram os bens temporais, atiram fora a fé de Jesus Cristo e a graça do batismo, com que foram ungidos (*3Pn* 9).

A misericórdia do Senhor consiste em duas coisas: na Encarnação e na Paixão. A misericórdia (isto é, a Encarnação e a Paixão) devemos tê-la diante dos olhos do nosso entendimento para humilhar os olhos da nossa soberba (*16Pn* 8).

Existe a soberba dos hipócritas, que disfarçam a própria soberba na simulação beata. Já dizia São Gregório: a humildade é preciosa; com ela deseja a soberba encobrir-se, para não se tornar desprezível (*3Qr* 14).

Assim como todo o sangue parte do coração, todo o mal procede da soberba do coração (*3Qr* 15).

Quem mata em si a soberba, repele todos os vícios (*14Pn* 13).

A soberba é o caminho de que procedem todos os caminhos do diabo (*20Pn* 6).

Ninguém vence a luxúria, se antes não expulsa de si o espírito da soberba (*3Qr* 15

Costuma acontecer que aquele que não reconhece sua soberba oculta, seja reconhecido pelo vício da luxúria (*3Qr* 14).

Dizem que tudo o que o lobo pisa com a pata não vive ... o diabo, como o lobo, tudo o que pisar com a pata da soberba mata. Por isso Davi (*Sl* 36,12), temendo ser pisado por sua pata, orava com estas palavras: *Que não me pise o pé do soberbo!* Assim como todos os membros se apoiam no pé, também todos os vícios se apoiam na soberba, início de todo o pecado (*2Ps* 11).

Há duas espécies de soberbos: uma, a dos que se ensoberbecem com as dignidades recebidas; outra, a dos que se ensoberbecem com o pensamento de a ter (*5Ps* 6).

Na soberba há dispersão, na humildade há concórdia (*Pn* 3).

A soberba é como a chuva: está sempre em descida, sempre caindo (*3Pn* 9).

O Eclesiastes nos ensina que mais vale um cão vivo do que um leão morto (9,4). Mais vale um publicano humilde do que um fariseu soberbo (*11Pn* 3).

O soberbo é pobre por carecer da riqueza da humildade. Quem dela carece coloca-se em miséria extrema (*11Pn* 4).

Escreve São Gregório: não consegue aprender a humildade no cume de alto posto quem mostra soberba quando colocado em posições inferiores (*17Pn* 13).

A virgem soberba não é virgem (*20Pn* 1).

A virgindade conserva-se com a humildade. A virgem soberba não é virgem, mas corrupta (*Je* 8).

Hoje há muitos que, enquanto são implumes, isto é, pobres e sem glória, vivem no ninho da humildade, mas quando adquirem asas e penas, riquezas e dignidades, voam e ensoberbecem-se e põem a glória nas asas, quando deveriam lembrar-se da miséria de suas origens (*23Pn* 8).

Deus deu o peso da carne às criaturas humanas para que não se perdessem na soberba como aconteceu com Lúcifer (*24Pn* 1).

Não há soberba superior à do hipócrita. A equidade simulada não é equidade mas dupla iniquidade (*1Nt* 19).

Que prelatura mais louvável do que alguém se governar a si mesmo e humilhar a soberba própria? (*Nt* 2).

A soberba e a vanglória matam no homem o terror do juízo e o horror do inferno (*Es* 3).

Assim como o vento arranca violentamente a árvore, a soberba separa o homem de Deus (*Ep* 10).

Diz o livro dos Provérbios (4,11): *Eu te mostrarei o caminho da sabedoria.* O caminho da sabedoria é a humildade. Qualquer outro caminho é tolo, porque é da soberba (*Je* 3).

Um povo soberbo é um povo dividido (*Ep* 10).

Se alguém tivesse no seu quintal uma árvore frutífera e bela, e o vento a arrancasse pela raiz, não se doeria? Com certeza. Quanto mais nos devemos doer, quando a nossa alma pelo vento da soberba é separada do seu Criador? (*Ep*10).

Davi (*1Sm* 17,36) diz: *Eu, teu servo, matei um leão e um urso.* Aquele que em si mesmo se denomina servo mostra-se humilde. O leão designa a soberba; o urso a luxúria. Matar em si estas duas coisas, só quem experimentou sabe quanto trabalho exige. E repare-se que põe primeiro leão e depois urso, porque, se primeiro não é domada a soberba do coração, a luxúria da carne não será vencida (*Pr* 11).

Três coisas são, sobretudo, nocivas ao justo: o vento da soberba, o fumo da avareza, os prazeres da carne (*Pr* 11).

Em parte alguma pode um homem compreender melhor a sua dignidade do que no espelho da cruz, que te mostra a maneira como dever inclinar a tua soberba, mortificar a lascívia da tua carne, orar ao Pai pelos que te perseguem e encomendar o teu espírito na sua mão (*Ic* 7).

Diz-se que a corça, quando pressente o ladrar dos cães, toma um caminho em que o vento lhe seja favorável, para que o cheiro se afaste com ela. Quando o penitente pressente as sugestões do demônio, toma o caminho dos ventos favoráveis, ou seja, corre para a humildade em todos os seus atos internos e externos. O vento favorável é a humildade; o vento contrário é a soberba (*Njb* 10).

Rogamos-te, Senhor Jesus Cristo, que deponhas a mentira da nossa soberba com a humildade; expulses a nossa avareza com a pobreza; esmagues a ira com a paciência; reprimas a desobediência com a obediência da tua Paixão, para que mereçamos ser-te apresentado e receber a remissão dos pecados e gozar sem-fim contigo. Auxilia-nos tu, que és bendito pelos séculos dos séculos. Assim seja! (19Pn 11).

* * *

SOFRIMENTO

O que a fornalha faz ao ouro, a lima faz ao ferro, o triturador faz ao grão, a tribulação faz ao justo (*Sp* 1).

Escuta como a Escritura consola o que padece tribulação (*Is* 43,2-3): quando tu passares pela água, eu estarei contigo e os rios não te cobrirão. Quando caminhares por entre o fogo, não serás queimado e a chama não arderá em ti, porque eu sou o Senhor teu Deus (*2Ad* 5).

Cristo teve dupla herança. Uma da parte da Mãe: o trabalho e a dor. Outra da parte do Pai: o gozo e o descanso. E porque somos seus co-herdeiros, devemos buscar a dupla herança. Erramos, quando pretendemos a segunda sem a primeira. Deus plantou a segunda na primeira, para que não buscássemos uma sem a outra (*4Ps* 7).

Para que a morte eterna e o poder do diabo não nos espezinhassem, o Senhor de todas as coisas, o Filho de Deus, foi atado a uma coluna como bandido e flagelado de maneira tão atroz que seu sangue corria por toda a parte. Ó mansidão da piedade divina! Ó paciência da benignidade paterna! Ó profundo e imperscrutável mistério do eterno desígnio! Vias, Pai, o teu Unigênito, igual a ti, ser amarrado à coluna como um bandido e flagelado como um homicida; e como pudeste te conter, nós te agradecemos, Pai Santo, por termos sido libertados das cadeias do pecado e dos flagelos do diabo por meio das cadeias e flagelos de Jesus (*Qn* 17).

Jesus foi crucificado pelos soldados. Ó vós todos que passais pelo caminho, parai e vede se há dor semelhante à minha dor. Os discípulos fogem, os conhecidos e amigos afastam-se, Pedro nega, a Sinagoga coroa de espinhos, os soldados crucificam; os judeus zombeteiros blasfemam; dão-lhe para beber fel e vinagre. Suas mãos, 'feitas ao torno, de ouro e cheias de jacintos' (cf. *Ct* 5,14) foram transpassadas por cravos. Os pés, a que o mar se mostrou como solo resistente, foram pregados à cruz. A face que brilha como o sol em plenitude (cf. *Ap* 1,6), transformou-se em palidez mortal. Os olhos amados, para os quais não há nenhuma criatura invisível, estão fechados pelo sono da morte (*Qn* 19).

Ligeira e fácil foi a criação, porque bastou uma palavra apenas à vontade de Deus, cujo dizer é querer. Muito difícil foi a re-criação, porque se operou pelo sofrimento e pela morte (*4Ps* 5).

Na criação, o Senhor não trabalhou, porque realizou tudo o que quis. Mas para nos recriar, trabalhou tanto que o seu suor se tornou como que gotas de sangue, que corria por terra (*4Ps* 5).

O sofrimento passa, a glória, porém, permanece por séculos de séculos (*4Pn* 8).

Disse Jesus: *Ser-vos-á dada uma medida boa, cheia, sacudida e transbordante* (*Lc* 6,38). A medida da fé é boa na recepção dos sacramentos; cheia, na execução das boas obras; sacudida, no sofrimento da tribulação ou do martírio pelo nome de Cristo transbordante, na perseverança final (*4Pn* 9).

Assim como o filho pequeno, chorando, volta ao seio da mãe, e ela, acariciando-o, lhe enxuga as lágrimas, também os santos voltam do choro deste mundo ao seio da glória, onde Deus enxugará as lágrimas de todos os rostos (*4Pn* 11).

Fruto do Espírito é a paciência. E note-se que a virtude da paciência se exercita de três modos. Efetivamente, sofremos umas coisas vindas de Deus, como os flagelos; outras, vindas do adversário, como as tentações; outras vindas do próximo, como as perseguições, os danos e as injúrias. Devemos vigiar contra tudo isto, a fim de que não nos precipitemos no excesso da murmuração contra os flagelos do Criador, não sejamos seduzidos a consentir no delito e arrastados à perturbação do mal, e, procedendo assim, não procuremos que os bens presentes nos sejam dados em troca (*14Pn* 18).

O bom senso pacifica o espírito angustiado, clarifica a consciência, dulcifica o coração, suaviza as coisas ásperas, torna leves as coisas pesadas (*15Pn* 4).

Todos os mártires, antes de suportarem o sofrimento, ignoravam a força da dor e por isso não se doíam tanto quanto se doeriam se a conhecessem. O Senhor, porém, que tudo conhece antes de acontecer, antes de chegar a hora da paixão, conhecia inteiramente a força da sua dor e, por isso, não admira que se doesse mais do que todos os outros (*1Nt* 15).

> Ó Deus, nosso protetor, olha para nós e põe os olhos no rosto do teu ungido. Se não queres olhar para nós por nossa causa, olha ao menos para o rosto do teu ungido, por nossa causa esbofeteado, coberto de escarros, de palidez mortal. Olha para o rosto do teu ungido! E qual o pai que não olharia para o rosto do seu filho morto? Olha, portanto, também tu, Pai, para nós. Por nós, causa da sua morte, morreu o Ungido, o teu Filho. Em seu nome, pois, como ele mesmo nos mandou, pedimos-te que te nos dês a nós, porque sem ti não há existência. Repetimos com Santo Agostinho: Senhor, se queres que me afaste de ti, dá-me um outro tu; do contrário, não me afastarei de ti (5Ps 4).

* * *

TEMOR DE DEUS

O homem justo possui duas asas: o amor e o temor de Deus (*1Qr* 1).

A alma tem dois pés que a sustentam: a esperança e o temor (*24Pn* 11).

Onde há o temor e a esperança, aí há a solícita intimidade com Deus (*23Pn* 19).

A alma amargurada pelo pecado torna-se grávida do Senhor pelo temor de Deus (*NT* 4).

A face de Cristo, quando vem para o juízo, emprenha a alma de temor, a fim de conceber e dar à luz o espírito de salvação (*Nt* 4).

A súmula de tudo quanto foi escrito para nosso ensino consiste em três coisas: criação, redenção e julgamento no juízo final. A criação e a redenção nos ensinam a amar a Deus; o juízo final ensina-nos a temê-lo (*2Ad* 5).

— 344 —

Pedimos-te, bendito Jesus, que nos faças aproximar de Jerusalém pelo teu amor e temor; desde a aldeia desta peregrinação a ti nos reconduzas; sobre as nossas almas, tu, nosso Rei, descanses, a fim de com as crianças, escolhidas deste mundo, isto é, com teus Apóstolos, merecermos bendizer-te, louvar-te e glorificar-te na cidade santa, na eterna felicidade. Auxilia-nos tu, a quem são devidas honra e glória pelos séculos eternos. Diga toda a alma fiel: Amém! (Rm 12).

* * *

TEMPERANÇA

Ao ouvires coisas boas e agradáveis, precisas da temperança. Quando o que te é mandado te desagrada ou te encontras com coisas adversas, a obediência te é mais necessária, porque mais frutuosa (*Pn* 8).

O corpo consta de quatro elementos: terra, fogo, água e ar; e rege-se e governa-se por dez sentidos, como se fossem dez príncipes, que são os dois olhos, os dois ouvidos, o olfato e o gosto, as duas mãos e os dois pés. Deus conferiu à alma, por seu lado, as quatro virtudes cardeais: a prudência, a justiça, a fortaleza e a temperança; e deu-lhe os dez mandamentos (*1Qr* 20).

São Paulo nos ensina que devemos nos revestir da armadura de Deus (*Ef* 6,10-11). Todo aquele que se quer soldado de Deus e revestir-se da sua armadura e resistir fortemente às ciladas do diabo, importa que possua o cavalo da boa vontade, a sela da humildade, os estribos da constância, as esporas do duplo temor, o freio da temperança, o escudo da fé, a couraça da justiça, o capacete da salvação, a lança da caridade (*21Pn* 11).

Observe-se que Maria Santíssima foi como um sol refulgente na Anunciação do Anjo: *como* um *arco-íris refulgente*, na concepção do Filho de Deus; *como rosa* e *lírio*, no seu natal. No sol há três propriedades; o esplendor, o candor e o calor, que respondem às três cláusulas das palavras de São Gabriel. A primeira: *Ave, ó cheia de graça*. A segunda: *Não temas*. A terceira: *O Espírito Santo virá sobre ti*.

Quando diz: *Ave, ó cheia de graça, o Senhor é contigo, bendita és tu entre as mulheres*, eis o esplendor do sol. Pode isto referir-se às quatro virtudes cardeais, cada uma das quais brilhou em Maria de três modos. Assim, da temperança teve a prudência da carne, a modéstia da palavra, a humildade do coração. Teve a prudência, quando perturbada se calou, compreendeu o que ouviu e respondeu ao que lhe foi proposto. Teve a justiça, quando entregou a cada um o que lhe pertencia. Com efeito, tomou uma atitude de coração forte nos seus Desponsórios, na Circuncisão do Filho, na Purificação legal. Mostrou compaixão para com os aflitos quando disse: *Não têm vinho*. Teve a comunhão dos santos, quando perseverava em oração juntamente com os Apóstolos e com as mulheres. Da fortaleza ou magnanimidade tomou o propósito da virgindade, reteve-o e mostrou-se digna de valor tão excelso (*An* 2).

> *Ó profundidade da divina clemência, longe do fundo da inteligência humana, porque não tem conta a sua misericórdia! Ó Senhor, se me retiras a tua misericórdia, caio na miséria eterna! (16Pn 12).*

* * *

TEMPO

Adverte-nos o Eclesiástico (4,23) que cuidemos do tempo que temos, porque ele é sagrado (*1Qr* 20).

Nada é mais precioso do que o tempo. Mas também nada se acha hoje mais desprezado do que ele. Passam os dias de salvação e ninguém leva em conta o tempo perdido, ninguém faz caso de ter perdido um dia, que não voltará mais. Assim como não perecerá um cabelo da cabeça, também não perecerá um segundo do tempo. Escreveu Sêneca: se nos sobrasse muito tempo, devê-lo-íamos gastar prudentemente; agora, porém, que o tempo é tão apertado, que devemos fazer? É o Eclesiástico (4,23) que nos responde: *Meu filho, guarda o teu tempo*, como se fora sagrado (*1Qr* 20).

Todos os amantes do mundo fogem, todos pagam o débito da morte. Os amantes do mundo abandonam o que não podem levar consigo. Nenhum deles volta, porque os dias do homem são como a sombra e sua vida como o vento que passa e não volta (*11Pn* 8).

> Ó fiéis, salvos e renovados pelo Filho do homem, entoai um cântico novo, porque deveis pôr fora o que é velho e revestir-vos do novo (*4Ps* 5).

* * *

TENTAÇÃO

Deus é fiel, verdadeiro nas promessas, e não permitirá que, atribulados por causa do seu nome, sejais tentados acima de vossas forças; mas o que dá licença ao tentador, dá misericórdia ao tentado (*9Pn* 15).

A maneira mais prudente de vencer as tentações é desprezá-las (*Pp* 19).

É mais fácil acautelar-se da tentação, quando prevista (*Pr* 8).

Quem vigia sobre si mesmo prevê a tentação e o diabo se envergonha de ser apanhado como tentador e a tentação perde a sua força (*2Ps* 11).

Só o Senhor põe diques à tentação diabólica. Cessará a tentação com a presença da misericórdia de Jesus. Por isso, quando somos tentados pelo diabo, devemos dizer assim, cheios de devoção: Em nome de Jesus Nazareno, que mandou aos ventos e ao mar, mando-te a ti, diabo, que te afastes de mim (*3Ep* 4).

Nome de Jesus: se o pregas, amolece os corações duros; se o invocas, dulcifica as tentações ásperas; se pensas nele, ilumina o coração; se o lês, sacia o espírito (*Cr* 6).

A obscuridade da tentação diabólica não extingue o lume da alma constante (*Es* 9).

A noite da tentação é solitária, quando não encontra no homem consentimento; não é digna de louvor, quando o homem não lhe sorri nem a aplaude (*Rg* 2).

Diz o Apocalipse (3,10): porque guardaste a minha palavra com paciência, também eu te guardarei na hora da tentação. Quem guarda as palavras da paciência, é conservado, para que na hora da tentação não profira palavras injuriosas ou consinta no pecado (*Jb* 5).

Na hora da morte o diabo se esforça por tentar o homem de todos os modos. Procura perverter-lhe o sentimento, porque na morte ou ele ganha ou ele perde inteiramente. Tenta-o, sobretudo, com a infidelidade e o desespero não crer ou não receber os Sacramentos da Igreja ou a não depositar a esperança na divina misericórdia. Feliz quem se conservar firme naquela hora! (*Jb* 5).

Lemos no Cântico de Moisés (*Dt* 32,13): *sugaram mel dos rochedos e azeite de pedra duríssima*. Dá-se isto quando alguém duramente tentado é visitado e iluminado pela graça durante a tentação (*Pp* 15).

Na vida, Jesus foi conduzido a três desertos: o primeiro é o ventre da Virgem; o segundo o deserto das tentações; o terceiro o patíbulo da cruz. Ao primeiro foi conduzido só por misericórdia; ao segundo para nosso exemplo; ao terceiro por obediência ao Pai (*Qr* 2).

O nariz da alma é a virtude da discrição, através da qual, como se fora nariz, deve discernir o bom do mau cheiro, o vício da virtude e pressentir as tentações do diabo (*2Qr* 8).

Para pôr em fuga o demônio, pensa no amor de Cristo e em sua Paixão (*3Qr* 6).

O ócio é a sentina de todas as tentações e pensamentos maus e inúteis (*3Qr* 20).

Rogamos-te, Senhor Jesus Cristo, que nos concedas o teu amor e o do próximo, nos faças filhos da luz, nos libertes da queda do pecado e da tentação do diabo, para que possamos subir à glória da luz inacessível. Auxilia-nos tu, que és bendito e glorioso pelos séculos dos séculos. Assim seja! (9Pn 13).

* * *

UNIDADE

Deveis guardar a unidade, de modo que sejais um só corpo a servir o próximo e um só espírito com Deus, querendo o que ele quer, ou, então, um só espírito com os irmãos, com os quais se tenha o mesmo querer e o mesmo não querer. O luxurioso e o avarento não conservam a unidade (*17Pn* 11).

Guardemos a unidade de espírito com grande solicitude, como as conchas marinhas são muito solícitas em guardar suas pérolas (*17Pn* 12).

> *Rogamos-te, Senhor Jesus Cristo, que nos conserves na unidade, nos guardes na humildade e na pobreza, para que apanhemos os frutos do espírito da árvore da penitência e comamos, na glória celeste, da árvore da vida. Auxilia-nos tu, que és bendito pelos séculos dos séculos. Assim seja (14Pn 18).*

* * *

USURA

P arte da semente caiu entre espinhos. Os espinhos significam os avarentos e usurários, porque a avareza seduz, fere e faz sangue. O próprio Cristo falou que os espinhos se referem à sedução das riquezas (*Sx* 8).

Um povo maldito de usurários, forte e inumerável, cresceu sobre a terra. Os seus dentes são como os dentes de leão. Nota duas propriedades do leão: pescoço inflexível, feito de um só osso, e fedor dos dentes. Assim o usurário é inflexível, porque não reverencia Deus nem teme o homem; os seus dentes cheiram mal, porque na sua boca existem sempre o estrume do dinheiro e o esterco da usura (*Sx* 9).

Há três gêneros de usurários: os que praticam usura às escondidas. Estes se assemelham a répteis, que rastejam e se escondem e são numerosos. Há os que praticam a usura abertamente, mas não em grande quantidade, para assim parecerem ser misericordiosos. Estes se assemelham às pequenas aves de rapina. E há os pérfidos, os usurários profissionais, que recebem e praticam usura diante de todos, às claras e em praça pública. Assemelham-se a feras cruéis. Todos eles serão caçados pelo diabo (*Sx* 9).

Diz-se que a serpente, para não ouvir a voz do encantador, aplica um ouvido à terra e obtura o outro com a cauda. Assim age o usurário. Para não apanhar a palavra da vida ou haurir o som do pregador, obtura os ouvidos do coração com terra, isto é, com o amor ao dinheiro já adquirido, e com a cauda, isto é, com a torpe ambição de adquirir mais. Os que são deste feitio, se quiserem ouvir a Palavra do Evangelho, onde se dizem bem-aventurados os pobres, importa que sacudam dos ouvidos do coração a terra do dinheiro mal adquirido e retirem inteiramente a cauda dos desejos de ganho (*2Ad* 10).

Os usurários e os avarentos têm coração de pedra (*1Nt* 11).

A pompa e glória do mundo não enchem o usurário: ele sempre está triste, porque adquire com trabalho, guarda com temor, perde com dor (*1Ep* 1).

Pergunto ao usurário e ao avarento: ao nasceres não tinhas sacola com dinheiro, nasceste nu; na morte, terás um lençol para cobrir-te; de onde te vêm todos os bens? Não vêm da rapina e da usura? Lembra-te do que disse Habacuc (2,6): *Ai de quem acumula o que não é seu!* Comportas-te, de fato, como o escaravelho: ele reúne muito esterco e, com grande esforço, constrói uma bola redonda. Passa um asno e pisa a bola e o escaravelho, destruindo tanto o escaravelho quanto o que com tanto trabalho construíra. Assim acontece com o usurário. Então sua alma é entregue aos demônios, sua carne aos vermes e seu dinheiro aos parentes (*Es* 3).

O diabo segura firme o usurário: segura-lhe a mão, pela rapina, para que não dê esmola; o coração, despedaçando-o pela ânsia de adquirir, para que não pense em fazer o bem; a língua, pela mentira, para que não reze nem pratique outro bem (*Ep* 11).

O usurário se assemelha ao gafanhoto, que ensina seus filhotes a dar saltos de usura em usura (*Cp* 4).

Diz-nos o livro dos Provérbios (30,14) que há gente que no lugar dos dentes tem espadas e facas. Estes são os usurários, cujos dentes são armas e setas. Devoram os pobres e adquirem as fortunas alheias (*9Pn* 13).

A avareza reclama a usura e a usura reclama a avareza; aquela convida esta, e esta aquela (*1Qr* 11).

Assim como as aves e as feras dilaceram o cadáver, os demônios despedaçam o coração do usurário (*Ep*11).

Diz-se em Ciências Naturais que os elefantes têm sangue muito frio. As serpentes venenosas desejam sobremaneira beber o sangue frio. Por isso, lutam com eles para lhes sugar o sangue. Assim os usurários, infectados com o veneno da avareza, têm sede do alheio. Os pobres têm sangue frio, porque a pobreza e a nudez não lhes permitem o aquecimento. E vem o usurário e lhe suga o sangue (*Ep* 11).

Rouba o alheio quem retém para si o que vai além do necessário (*10Pn* 16).

> *Rogamos-te, Senhor Jesus, que nos infundas a graça, a fim de chorarmos sobre a nossa cidade, desprezarmos os bens temporais, chegarmos à celeste Jerusalém. Auxilia-nos tu, que és bendito pelos séculos dos séculos. Amém! (10Pn 9).*

* * *

VAIDADE (VANGLÓRIA)

A vaidade enreda e aprisiona o homem (*5Qr* 4).

A minha ação é como filha minha. Eu a prostituo, quando a vendo pelo dinheiro da vanglória (*1Qr* 25).

Na miséria deste exílio, há três males: a angústia, que nos atormenta; a culpa, que nos traz a morte; a vaidade, que nos engana (*6Ps* 4).

Debaixo do sol está a vaidade; sobre o sol está a verdade. Debaixo do sol há vaidade e falsidade, calúnias dos poderosos contra os miseráveis, e juízos violentos contra os pobres, caem lágrimas de inocentes, sem ninguém para as consolar (*10Pn* 5).

Diz o profeta Miqueias: *A tua humilhação está no meio de ti.* Ou seja, se consideramos o que há no nosso ventre, a nossa soberba se humilha, a arrogância se apequena, a vanglória desaparece (*Sp* 13).

— 356 —

A águia, voando mais alto que todas as aves, significa o soberbo, que deseja a todos parecer mais alto com as duas asas da arrogância e da vanglória (*Qn* 3).

O soberbo se parece a um ninho que, no interior é forrado de matérias brandas; exteriormente é construído de matérias duras e ásperas; é colocado em lugar incerto, exposto ao vento. Assim a vida do soberbo tem interiormente a brandura do deleite carnal, mas é rodeada no exterior por espinhos e lenhas secas, isto é, por obras mortas; também está colocada em lugar incerto, exposta ao vento da vaidade (*Qn* 4).

A vanglória, a gula e a concupiscência venceram o velho Adão. Foram como que três lanças que o mataram (*Qr* 3).

Depois de haver experimentado e visto quão suave é o Senhor, o homem trocará a pele da pompa secular pela pele da glória celeste (*1Qr* 21).

O sol, ao se pôr, tira as cores de todas as coisas. Assim o verdadeiro sol Jesus Cristo, ao sofrer na cruz o eclipse da morte, desbotou todas as cores da vaidade, das glórias falazes e das honras (*3Qr* 21).

O vento da vanglória amarra o intelecto que procura a verdade, e o afeto, que procura o bem (*23Pn* 8).

O vento que entra pela boca aberta não mata a sede, mas a aumenta mais. O mesmo acontece com a vaidade da dignidade. E por vezes ela mata à sede o que a bebe (*24Pn* 10).

A verdadeira devoção arde no fogo do amor divino (como o incenso); fumega, porém, com a vaidade corrupta (como a resina) e liquefaz-se com a cobiça (como a goma) (*Ep* 7).

O humilde, ainda que ande no fogo das coisas temporais, não se queima nem com a avareza nem com a vanglória (*An bis* 11).

Se queres consagrar a tua obra ao Senhor, previne-te de beber o vinho da vanglória e a sícera da vã alegria (*Njb* 4).

Tudo o que fizeres por vanglória é totalmente perdido (*3Ps* 4).

O sol da glória mundana deve escurecer-se ao nos lembrarmos da Paixão do Senhor (*1Nt* 13).

> *Rogamos-te, Senhor Jesus, que nos dês a abundância das obras de justiça, para que possamos desprezar o mundo, trazer em nós a semelhança da tua morte, subir aos montes dos aromas e juntamente contigo gozar da felicidade da ressurreição. Auxilia-nos tu, que és bendito pelos séculos dos séculos. Amém! (6Pn 7).*

* * *

VERDADE

Disse Jesus: *Eu sou a verdade* (*Jo* 14,6). Quem prega a verdade confessa a Cristo. Quem cala a verdade na pregação, nega a Cristo (*6Ps* 10).

Eu sou o caminho no exemplo, a verdade na promessa, a vida no prêmio; caminho sem desvio, verdade sem engano, vida sem desfalecimento (*Ft* 6).

Ainda hoje existem Judas Iscariotes que vendem a verdade em troca de alguma vantagem temporal, entregam o próximo com o ósculo da adulação (*Qn* 15).

A verdade gera o ódio, dizia o poeta latino Terêncio. Alguns pregadores, para não incorrerem no ódio de desafetos, fecham a boca com o manto do silêncio. Se pregassem a verdade, como a questão se apresenta e a própria verdade requer e a Sagrada Escritura claramente manda, incorreriam no ódio de carnais e, talvez, seriam eliminados. Tais pregadores pensam segundo a carne, temem o escândalo, quando jamais se deve abandonar a verdade por medo de escândalo (*6Ps* 10).

A razão é o espelho da alma. Através dela (e não através do corpo) se vê a verdade. Ou é a mesma contemplação da verdade, sem ser através do corpo. Ou é ainda a mesma verdade que se contempla (*Cp* 10).

Quem dispensa fielmente o pão da palavra de Deus e não oculta o testemunho da verdade, será abençoado no presente e no futuro (*12Pn* 13).

Disse um filósofo pagão: há um meio rápido de chegar à glória: é pôr todo o cuidado em ser o que querem parecer (*3Ps* 4).

A ira impede o discernimento da verdade (*4Ps* 14).

A ira impede o ânimo de poder discernir a verdade, perturba a presença do espírito, mata os afetos da razão (*Si* 8).

Debaixo do sol está a vaidade; sobre o sol está a verdade. Debaixo do sol há vaidade e falsidade, calúnias dos poderosos contra os miseráveis, e juízos violentos contra os pobres, caem lágrimas de inocentes, sem ninguém para as consolar (*10Pn* 5).

O vento da vanglória amarra o intelecto que procura a verdade, e o afeto, que procura o bem (*23Pn* 8).

A verdade da consciência afirma-se com o testemunho da vida (*As* 6).

A verdade mais seguramente se ouve do que se prega (*Cp* 4).

Precisamos viver com sinceridade em relação a nós e com verdade em relação a Deus e ao próximo (*Ps* 4).

> *Rogamos-te, Senhor Jesus, a ti que subiste deste mundo ao Pai com a forma da nossa humanidade, nos puxes atrás de ti com o laço do amor; nos convenças quanto ao pecado; nos faças imitar a justiça dos Santos e temer o teu juízo; e nos infundas o Espírito da verdade, que nos ensina toda a verdade. Auxilia-nos, tu, que és bendito, glorioso por todos os séculos. Diga toda a alma: Assim seja! Aleluia! (4Ps 16).*

* * *

VÍCIO

As virtudes vêm de longe, de lá de cima; os vícios são de perto e familiares, porque vêm de nós (*2Ps* 15).

A entrada do vício opera a saída da virtude (*An* 5).

A memória do crucificado crucifica os vícios (*Qn* 9).

O nariz da alma é a virtude da discrição, através da qual, como se fora nariz, deve discernir o bom do mau cheiro, o vício da virtude e pressentir as tentações do diabo (*2Qr* 8).

Dizem que tudo o que o lobo pisa com a pata não vive ... o diabo, como o lobo, tudo o que pisar com a pata da soberba mata. Por isso Davi (*Sl* 36,12), temendo ser pisado por sua pata, orava com estas palavras: *Que não me pise o pé do soberbo!* Assim como todos os membros se apoiam no pé, também todos os vícios se apoiam na soberba, início de todo o pecado (*2Ps* 11).

Já perguntava o poeta latino: por que é que, ó rameloso, olhas tão atentamente para os vícios dos amigos, quando examinas as tuas más ações de olhos purificados? (*4Pn* 20).

Alguns vícios se apresentam sob a figura da virtude. São os mais perniciosos, porque se escondem sob o véu da virtude (*3Ps* 14).

Sair do mundo e ir a Cristo é superar os vícios e ligar a alma a Deus com os laços do amor (*5Ps* 12).

A misericórdia do Pai é agradável, larga e preciosa. Agradável, porque limpa dos vícios; larga, porque se dilata em boas obras; preciosa nas delícias da vida eterna. Também a tua misericórdia para com o próximo deve ser tripla: se pecou contra ti, perdoa-lhe; se se afastou do caminho da verdade, instrui-o; se tem fome, dá-lhe de comer (*4Pn* 3).

Quem mata em si a soberba, repele todos os vícios (*14Pn* 13).

A misericórdia do Senhor purifica a alma dos vícios, enche-a das riquezas dos carismas, cumula-a com as delícias dos gozos celestiais (*22Pn* 8).

Roguemos, irmãos caríssimos, a nosso Senhor Jesus Cristo que nos conceda levantar-nos do pecado, tomar o leito da nossa carne e voltar para a casa da celeste beatitude. Auxilie-nos ele mesmo, que é bendito e louvável, doce e amável por séculos eternos. Diga toda a alma ao levantar-se do leito da carne: Assim seja! Aleluia! (19Pn 13).

* * *

VIDA

A imagem de Deus, deformada e deturpada no homem, é reformada e iluminada pela inspiração do Espírito Santo, que inspirou no rosto da criatura humana o sopro da vida (*Sp* 10).

O que há de mais caro ao homem do que a vida? A vida do corpo é a alma, a vida da alma é Cristo (*Ic* 7).

A nossa vida passa em sete dias, terminados os quais vem a ressurreição. Dediquemos aos sete dias as nossas boas obras, porque é por elas que, no oitavo, receberemos recompensa (*Cr* 3).

Ai daqueles que perderem a eternidade da vida em troca de uma pequena abundância na vida presente! (*3Ps* 3).

Todos os amantes do mundo fogem, todos pagam o débito da morte. Os amantes do mundo abandonam o que não podem levar consigo. Nenhum deles volta, porque os dias do homem são como a sombra e sua vida como o vento que passa e não volta (*11Pn* 8).

— 364 —

A luz do rosto de Deus é o conhecimento do Filho e a iluminação da fé, que foi assinalada e impressa, como um sinal, no dia de Pentecostes nos corações dos Apóstolos e, desta forma a criatura humana se tornou alma vivente (*Sp* 10).

Diz-nos um filósofo: não vive quem só pensa na vida (*4Pn* 10).

Ensina-nos São Gregório que a vida presente só se possui com lágrimas e só se ama com lágrimas (*11Pn* 8).

O sangue de Jesus é mais eloquente que o sangue de Abel. O sangue de Abel pediu a morte dum fratricida; o sangue do Senhor impetrou a vida aos perseguidores (*13Pn* 4).

Pensa sempre que o fim da tua vida será estreito e aguçado: estreito, porque importará passares pela estreitíssima abertura da morte, através da qual não poderás levar nada contigo (*13Pn* 10).

A vida contemplativa não foi instituída por causa da ativa, mas a vida ativa por causa da contemplativa (*3Ps* 14).

Embora o espírito humano não seja da mesma natureza que o de Deus, é, todavia, imagem daquele. Acima dele não há nada melhor. No espírito deve procurar-se e encontrar-se o que a nossa natureza tem de melhor. O espírito lembra-se de si mesmo, se compreende e se ama. Se virmos isto, vemos a Trindade, não certo a Deus, mas a sua imagem. Aqui, de fato, aparece uma certa trindade: memória, inteligência e vontade.

E estas três faculdades não são três vidas, mas uma só vida, não são três espíritos, mas um só espírito; e não são três essências, mas uma só essência (*6Ps 3*).

> *Rogamos-te, mestre e senhor, bom Jesus, ilumines os cegos, ensines os teus discípulos e lhes mostres o caminho da vida. Por ele possam chegar a ti, que és caminho e vida. Auxilia-nos tu, que és bendito pelos séculos dos séculos. Assim seja! (4Pn 17).*

* * *

VIRTUDE

As virtudes vêm de longe, de lá de cima; os vícios são de perto e familiares, porque vêm de nós (*2Ps* 15).

As virtudes são uma espécie de membros da alma. Estendem-se e se abrem, quando se dedicam a obras de caridade (*Je* 7).

Diz-se que o coração se forma no útero antes de todos os outros membros. O coração simboliza a humildade. É no coração que ela escolhe sua principal morada. Por isso disse Jesus: *Aprendei de mim que sou manso e humilde de coração*. A humildade deve formar-se antes das demais virtudes, porque ela é a fôrma que dá forma às coisas deformadas. De fato, nela toma princípio o movimento de toda boa obra (*3Ps* 13).

A humildade é a raiz de todas as virtudes (*Sx* 7).

A humildade é a mãe e a raiz de todas as virtudes (*3Ps* 13).

A humildade é a criadora das outras virtudes (*2Nt* 12).

A caridade é o cimento das virtudes (*Cp* 7).

As vestes da nossa alma são as virtudes (*2Qr* 11).

A pobreza reveste a alma de virtudes. As riquezas temporais a espoliam (*5Pn* 14).

Quando revestida das virtudes, nossa alma é gloriosa aos olhos de Deus (*2Qr* 11).

A humildade é a mais nobre de todas as demais virtudes (*3Ps* 13).

Como a faia é mais alta que todas as outras árvores, a humildade se ergue acima das outras virtudes (*1Ad* 11).

Bem disse São Gregório: quem reúne virtudes sem humildade se assemelha a quem transporta pó ao vento (*3Ps* 13).

Assim como a mesa sem pão parece denotar miséria, também sem caridade as demais virtudes nada são (*Lr* 6).

O espinho fere, e ferindo faz sangue. Ora, o sangue da alma é a virtude. O avarento perde a vida da alma, quando amontoa riquezas (*Sx* 8).

A cobiça devasta todas as virtudes (*2Qr bis* 8).

A entrada do vício opera a saída da virtude (*An* 5).

O nariz da alma é a virtude da discrição, através da qual, como se fora nariz, deve discernir o bom do mau cheiro, o vício da virtude e pressentir as tentações do diabo (*2Qr* 8).

A santificação da alma e do corpo exige seis virtudes: a mortificação da vontade própria, o rigor da disciplina, a virtude da abstinência, a consideração da própria fraqueza, o exercício da vida ativa, a contemplação da glória celeste (*2Qr bis* 10).

Na cabeça do justo é posta uma coroa de 12 estrelas, que são as virtudes; três na fronte: a fé, a esperança e a caridade; três à direita: a temperança, a prudência e a fortaleza; três na parte posterior: a lembrança da morte, a lembrança do juízo, a lembrança do inferno; três à esquerda: a paciência, a obediência e a perseverança final (*2Ps* 15).

No sol há três propriedades: candura, brilho e calor. O manto da alma fiel é tecido por essas três virtudes (*2Ps* 15).

Alguns vícios se apresentam sob a figura da virtude. São os mais perniciosos, porque se escondem sob o véu da virtude (*3Ps* 14).

As virtudes devem possuir ao mesmo tempo consistência e flexibilidade: vinho e azeite, madeira e maná, ferro e unguento (*3Ps* 14).

Disse Deus: *Dar-te-ei uma terra onde corre leite e mel* (*Ex* 13,5). O leite alimenta, o mel dulcifica. Também o amor de Deus alimenta a alma para crescer de virtude em virtude, e dulcifica os espinhos de todas as tribulações (*5Ps* 4).

As virtudes mais queridas aos homens e a Deus são a mansidão e a humildade (*Pn* 8).

Para se fazer qualquer boa obra são necessárias duas coisas: sabedoria e virtude. A sabedoria dispõe; a virtude leva a bom termo (*5Pn* 13).

Virtude rara a de apenas tu ignorares a tua manifesta santidade (*An* 13).

Ninguém pode vir a Jesus a não ser aquele que é transportado por quatro virtudes: a humildade, a pobreza, a paciência e a obediência (*19Pn* 9).

Todo aquele que quer soldado de Deus e revestir-se da sua armadura e resistir fortemente contra as ciladas do diabo, importa que possua o cavalo da boa vontade, a sela da humildade, os estribos da constância, as esporas do duplo temor, o freio da temperança, o escudo da fé, a couraça da justiça, o capacete da salvação, a lança da caridade (*21Pn* 11).

Estas são as virtudes que fazem o homem circunspeto: o conselho, para que fuja do mundo; a justiça, para dar a cada um o que lhe pertence; a prudência, para se precaver contra os perigos; a fortaleza, para que se mantenha constante na adversidade (*20Pn* 5).

Quando te diminuis pela humildade, em ti cresce a graça do ânimo pela virtude (*Njb* 4).

Só na Virgem ressalta a vida de todos os santos; ela é capaz de todas as virtudes (*Pr* 6).

Maria Santíssima possui as virtudes de todos os justos. Por isso, dela diz o Eclesiástico 24,25): *Em mim há toda a graça do caminho e da verdade; em mim toda a esperança da vida e da virtude* (Pr 6).

Tendo as numerosas virtudes brilhando de modo excelente em Maria Santíssima, a humildade superou-as a todas. Por isso, esquecendo as restantes, coloca à frente a humildade, dizendo: *Olhou para a humildade de sua serva* (Pr 10).

Sendo dotada de tanta riqueza de virtudes, tendo sido elevada com tantas prerrogativas de méritos, Maria foi, contudo, pequena e humilde (Pr 10).

Rogamos-te, Senhor Jesus Cristo, que nas penas das virtudes nos eleves das coisas terrenas e nos vistas com o candor da pureza, a fim de que possamos levar os fardos da fraqueza fraterna e chegar a ti, que suportaste os nossos. Auxilia-nos tu, que és bendito pelos séculos dos séculos. Assim seja! (15Pn 14).

* * *

VONTADE

A santificação da alma e do corpo exige seis virtudes: a mortificação da vontade própria, o rigor da disciplina, a virtude da abstinência, a consideração da própria fraqueza, o exercício da vida ativa, a contemplação da glória celeste (*2Qr bis* 10).

Embora o espírito humano não seja da mesma natureza que o de Deus, é, todavia, imagem daquele. Acima dele não há nada melhor. No espírito deve procurar-se e encontrar-se o que a nossa natureza tem de melhor. O espírito lembra-se de si mesmo, se compreende e se ama. Se virmos isto, vemos a Trindade, não certo a Deus, mas a sua imagem. Aqui, de fato, aparece uma certa trindade: memória, inteligência e vontade. E estas três faculdades não são três vidas, mas uma só vida, não são três espíritos, mas um só espírito; e não são três essências, mas uma só essência (*6Ps* 3).

Apesar de diversas funções, a alma é uma só substância. A alma toma nomes diversos, segundo os efeitos que produz. Enquanto vivifica o corpo, é alma; enquanto comanda, é von-

— 372 —

tade; enquanto sabe, é entendimento; enquanto julga o que é reto, é razão; enquanto espira, é espírito; enquanto sente alguma coisa, é sentido (*13Pn* 13).

Devemos aprender a ficar sós. Fica só quem atribui tudo a Deus e nada a si mesmo; sujeita a própria vontade à vontade dos outros; não se lembra da injúria que foi feita; não despreza quem o desprezou (*6Ps* 7).

Toda obra, onde não se põe o pão da vontade divina, é estéril (*17Pn* 5).

Assim como do Pai procede o Filho, de ambos procede o Espírito Santo, assim da inteligência procede a vontade, e de ambas procede a memória; e não pode haver alma perfeita sem estas três coisas; nem uma só, no que respeita à beatitude, fica íntegra sem as outras. E assim como Deus Pai, Deus Filho e Deus Espírito Santo não três deuses, mas um só Deus, com três pessoas, assim também a alma-inteligência, a alma-vontade e a alma-memória não três almas, mas uma só imagem de Deus. Através destas faculdades superiores somos obrigados a amar o Criador. Deve-se retê-lo sempre na memória, à medida que é objeto da nossa inteligência e amor (*23Pn* 11).

A inteligência não basta a Deus, se não intervier a vontade para o amar; e não bastam estas duas faculdades, se não se ajunta a memória, pela qual Deus permanece sempre no entendimento do que entende e ama (*23Pn* 11).

Quem deseja receber a luz e chegar à salvação precisa lançar para longe a vontade própria. Aquele, porém, que se reveste com o vestido da vontade própria imediatamente é atacado pelo diabo. Isso ficou claro em Adão. Enquanto permaneceu na obediência, o diabo nada conseguiu dele. Mas quando se cobriu com o vestido da vontade própria, a serpente lançou-se sobre ele (*Rg* 7).

Quando a vontade própria do pregador está ligada, a palavra do Senhor sai solta de sua boca e corre livremente aos corações dos ouvintes (*19Pn* 1).

Em vão alguém se apoia no livre-arbítrio, se não se fundamenta no auxílio divino. A nossa justificação, porém, realiza-se por deliberação própria e por inspiração divina. Com efeito, só o querer coisas justas é já ser justo. Só a nossa vontade nos faz de verdade justos ou injustos, ainda que as obras nos auxiliem em ambas. Se tu fizeres, portanto, o que te pertence, oferecendo a tua vontade, Deus fará, infundindo-te a graça, o que lhe é próprio (*Es* 5).

Advirta-se que nem um anjo nem o homem ou o diabo podem coagir o livre arbítrio; nem sequer Deus o quer violentar. Mas, ó alma, ele quer reunir benignamente junto de ti os filhos, os teus afetos, dispersos pelos diversos objetos dos bens temporais e dos vícios, a fim de que habites em casa em boa harmonia. Deves oferecer-te de bom grado a ti própria nisto e querer isto mesmo (*Es* 5).

Roguemos, irmãos caríssimos, ao Pai onipotente que nos conceda cumprir a sua vontade, limpar de toda a imundície o templo do nosso coração e celebrar a verdadeira páscoa, a fim de merecermos chegar à eterna herança, prometida por intermédio do nosso co-herdeiro Jesus Cristo, seu dileto Filho. Auxilie-nos ele mesmo que, Deus uno e eterno, juntamente com o seu caríssimo Filho e o Espírito Santo, vive e reina pelos séculos eternos. Diga toda a Igreja: Amém! Aleluia! (8Pn 14).

* * *

Este livro foi composto com as famílias tipográficas Adobe Garamond e Frutiger
e impresso em papel Offset 63/gm² pela **Gráfica Santuário.**